비교정치학

CONCEPTS AND ISSUES IN COMPARATIVE POLITICS

이명남 · 김왕식 옮김

FRANK L. WILSON

東明社

비교정치학

초판 발행 1999년 9월 15일
10쇄 발행 2017년 9월 8일

지은이 프랭크 윌슨
옮긴이 이명남, 김왕식
펴낸이 최국주
펴낸곳 동명사
출판등록 1950년 11월 1일(제1-76호)
주소 (우 10881) 경기도 파주시 회동길 50(문발동)
전화 031-955-7200(대표)~2, 7203(편집부), 7204(물류)
팩스 031-955-7205
전자우편 webmaster@dmsbook.com
홈페이지 www.dmsbook.com

ISBN 978-89-411-7104-0 93340
값 16,000원

한국어판 머리말

자신의 저서가 외국어로 번역되어 출판될 만큼 중요시된다는 것은 저자에게 언제나 커다란 영광이다. 국가에 따라 접근법과 전통이 다른 정치학과 같은 학문 영역의 경우는 특히 그러하다. 이러한 맥락에서 필자의 『Concepts and Issues in Comparative Politics : An Introduction to Comparative Analysis』가 한국어로 출판되는 것을 대단히 감사하게 생각한다.

정치학 교과서의 명성은 저자뿐만 아니라 그가 가르친 학생들 덕분에 얻게 된다. 바로 이 책이 그런 경우이다. 나는 학생들이 비교정치에 관해 공부하는 것을 보살피는 과정에서 더 나은 책을 만들 수 있었던 것이다. 나는 다행히도 지난 20여 년 간 한국에서 온 많은 훌륭한 대학원생들을 가르치는 기회를 가졌다. 한국 학생들과의 접촉을 통해 나는 한국에 관해 많은 것을 배웠다. 비록 이 책에서 한국이 중요하게 다루어지지는 않았지만, 한국의 정치 경험은 내가 비교정치를 폭넓게 이해하는 데 확실하게 도움을 주었으며, 이 책의 내용을 더욱 알차게 만드는 데 일조했다. 이에 이 한국어판을 나의 한국 제자들에게 바치고자 한다.

이 책의 번역에 착수하여 출판작업이 이루어지도록 끈기 있게 추진해 준 이명남 교수에게 감사를 표명하고 싶다. 더불어 영문원서가 분명하고 정확하게 번역되도록 노력해 준 김왕식 교수에게도 감사한다. 비교정치의 추상적 개념들을 번역하는 고충을 나는 충분히 이해한다. 끝으로 이 책을 준비함에 있어 도움을 준 편집관계자들에게도 고마움을 전한다.

1999년 8월 31일

프랭크 윌슨(Frank L. Wilson)

머리말

여행객이나 학생 신분으로 외국을 방문한 미국 젊은이들은 그곳 사람들이 미국과 미국의 정부 및 정치에 관해 많이 알고 있는 것에 매번 놀란다. 반대로 외국의 젊은이들은 미국인들이 자기들의 국가와 정치에 관해 너무 모른다는 사실에 경악을 금치 못한다. 전자혁명과 커뮤니케이션 혁명으로 규모가 줄어든 대신에 경제·정치·사회적으로 상호의존성이 증대되고 있는 세계에서, 다른 나라들에 대한 지식은 오늘날 모든 분야의 학생들에게 필수적인 것이다. 그렇지만 아마도 미국 학생들만큼 다른 나라가 어떻게 돌아가고 있는지를 모르는 사람도 없을 것이다. 비교정치 초급 과정들은 이러한 약점을 극복하고, 우리들 주위의 세계를 이해하는 토대를 제공하기 위한 것이다.

비교정치 개론은 배우는 사람이나 가르치는 사람 모두에게 도전적인 과목이다. 이 도전성은 초학자(初學者)들에게 비교분석의 방법을 소개하고, 몇몇 상이한 국가들의 정치에 관한 배경을 비교해야 한다는 이 과목의 이중성에서 나온다. 이 두 가지 목표는 필수적이다. 비교는 사회과학을 통찰하는 데 중요한 접근방법이지만, 그런 비교를 위해서는 수많은 '사례(cases)'나 국가들에 관한 정보가 필요하기 때문이다. 하나씩 하는 일련의 국가별 연구로는 비교를 배울 수 없지만, 주제별 접근방법(thematic approach)과 비교에 기초한 연구는 연관성도 없는 사실들의 홍수에 빠져 있다는 느낌을 없애주는 경향이 있다.

학생들에게 이름도 잘 들어본 적이 없는 많은 국가들에 관한 엄청난 사실(정보)들에 압도당하지 않고 비교분석을 하게끔 충분한 정보를 제공한다는 과업은 비교정치 개론을 가르치는 사람들에게는 정말 하나의 도전이다. 이 책은 주로 비교에 도전해 봄으로써 그러한 과업에 도움을 주고자 하는 것이다. 이 책은 한 권 속에 여러 국가들을 다룬 전통적인 교과서와 함께 사용될 수 있고, 한 나라씩 다룬 교과서들을 사용하고자 하는 강사들에게 비교의 틀(comparative framework)을 제시할 수도 있다. 또한 이 책은 비교정치의 쟁점들에 관한 독본들과 함께 사용될 수도 있다.

이 책은 한정된 국가들을 비교함으로써 비교정치의 일련의 쟁점과 주제를 다루었다. 나는 학생들이 관심 있고 유능한 시민이 됨에 따라 이해하고자 하는 세계 여러 나라 정치의 기본적 성격들—예컨대 의회제도, 비례대표제, 정치문제, 정당체제 등—을 소개하기를 원한다. 이러한 정보는 자기 나라의 정치체제의 본질을 이해하고, 그 체제의 문제점을 해결하는 방법들을 찾는 데 도움이 될 것이다. 또 하나의 목표는 비교정치의 고급과정을 준비하는 데 필요한 개념적·이론적 쟁점들—예컨대 민주화, 경제와 정치, 군부 개입 등—을 소개하는 것이다. 그렇게 함으로써 학생들은 앞으로 진행될 비교정치의 코스들에서 이러한 쟁점들을 심도 있게 논의하기 위한 용어와 이론적 토대를 습득하게 될 것이다.

초학자들을 위한 정보의 홍수를 제한하기 위해, 필자는 비교의 주요 범위를 영국, 캐나다, 중국, 프랑스, 독일, 인도, 일본, 멕시코, 나이지리아 등 9개국으로 제한하였다. 이들은 신문에 정기적으로 나타날 정도로 유명한 나라들이다. 이 나라들은 또한 그들의 국제적 지위나 정치적 특성 때문에 비교정치 개론에서 자주 등장한다. 이 국가들은 현대정치에 대한 역사적 영향력, 발전, 변화, 정통성, 민주화, 정치적 성과 같은 쟁점들을 비교하는 데 풍부한 정치적 경험을 제공해 준다.

나의 25년 이상 진행된 비교정치 코스에서 나에게 외국의 정치에 관심과 중요성을 일깨워 준 학생들에게 누구보다 먼저 감사한다. 세계에 관해 배우고 외국의 경험을 통해 자기들의 정치체제를 더 잘 이해하려는 그들의 진지함은 인상적이었으며, 결국 이 같은 교과서를 만들 수 있는 불굴의 도전정신이 되었다. 이 책의 독자들은 비교정치에 관해 나에게 가르쳐 준 이 분야 선배들에게 감사하기를 희망한다.

나는 또한 이 책의 초고를 검토해 준 분들의 제안과 수정에 감사한다. 그 이름들을 적어 보면 다음과 같다. University of Richmond의 Harvey Fireside와 Arthur B. Gunlicks, University of Illinois at Urbana-Champaign의 Richard L. Merritt, Binghampton University의 Andrew Milnor, Dartmouth College의 Thomas Nichols이다. 프렌티스 홀(The Prentice-Hall) 출판사의 관계자와 조이너(Cecile Joyner)는 이 책의 출판에 훌륭한 도움을 주었다. 무엇보다도 이 책과 그 밖의 많은 프로젝트에 대해 나의 아내 캐롤(Carol W. Wilson)이 보내 준 사랑과 인내심 있는 지원에 감사한다. 나는 이 책을 그녀에게 바친다.

프랭크 윌슨

역자의 말

비교정치학을 담당하는 교수들은 그 과목을 개설할 때마다 항상 어려움에 직면한다. 그 이유는 몇 가지 측면에서 살펴볼 수 있는데, 그 하나는 비교정치가 연구의 주제와 연구에 접근하는 수단이라는 두 가지 측면을 포괄하고 있기 때문이다. 정치현상을 체계적으로 이해하기 위하여 비교정치학은 '무엇을' 비교할 것이며, '어떻게' 비교할 것인가라는 두 가지의 측면에 대한 심도 있는 이해가 이루어져야 한다는 것이 일반적인 견해이긴 하지만, 비교정치학을 연구하는 학자들 간에는 비교정치에 대한 개념 규정과 연구 범위의 설정에 명확한 합의가 이루어져 있지 않기 때문에, 강의의 내용을 어떻게 구성할 것인가 하는 고민을 하게 된다. 다른 하나는 비교정치학은 그 발전과정에서 다양한 시각이나 접근법이 혼재해 왔기 때문에, 이러한 시각이나 접근법들을 어떻게 체계적으로 구성할 것이며, 학생들에게 어떠한 방법으로 간결하게 설명할 수 있을 것인가 하는 고민을 하게 된다. 그 점에서 비교정치학은 정치학자들에게 도전적인 분야라 할 수 있다.

'비교정치의 개념과 쟁점들'이라는 원제가 붙어 있는 프랭크 윌슨 교수의 이 책은 이러한 고민들에 대한 하나의 해결책을 제시해 주고 있다. 즉 이 책은 편향된 시각이나 접근법만을 제시하거나 이론적 논의에만 치우치지 않고, 비교분석에 대한 간결한 논의에 이어 정치체제를 이해하기 위한 중요한 주제들을 다양한 국가들의 사례를 들어 설명하고 있을 뿐만 아니라 높은 수준의 전문적 개념과 쟁점들을 간단명료하면서도 알기 쉽게 서술하고 있다. 이러한 점에서 현재 비교정치학과 관련된 교재들이 다양하게 나와 있어 학생들의 연구 또는 학습에 훌륭한 길잡이가 되고 있기는 하지만, 이 책이야말로 학부 학생들의 수준별 교육과정에 적합한 교재라고 확신한다.

이 책은 공동작업으로 이루어진 작품이다. 이명남 교수가 일차적으로, 그리고 김왕식 교수가 이차적으로 번역한 후, 다시 그 원고를 원문과 대조하면서 수정 · 보완함으로써 일반적으로 공동번역서가 갖는 문제점을 극복하려 하였다. 그런 의미에서 이 책은 물리적으로 결합된 공동작업의 결실이 아니라, 두 사람의 노력이 화학적으로 결합된 공동작품이라 할 수 있다. 이 과정을 통하여 선후배 간의 학문을 바탕으로 한 끈끈한 정을 확인할 수 있었다. 공역자들은 이 책을 번역함에 있어 가능한 한 원문의 표현에 충실하되, 경우에 따라서는 문장상의 어색함을 극복하기 위하여 원저자의 의도를 훼손하지 않는 범위에서 보다 우리말 표현에 어울리도록 하였다. 그럼에도 불구하고 역자들이 저자의 의도를 충분히 살리지 못하거나 오역된 부분이 있다면, 그것은 전적으로 역자들에게 책임이 있다는 것을 밝힌다. 그러한 점들에 대하여 독자들의 질정과 관대한 이해를 바란다.

이 번역서가 출간되기까지 도움을 주신 여러분에게 이 자리를 빌어 감사의 말을 전하고자 한다. 우선 색인 및 교정작업을 맡아준 전남대학교 대학원 정치학과 박사과정의 전현곤, 김소연을 비롯한 대학원생 제군, 그리고 이화여자대학교 대학원 사회생활학과 석사과정의 윤혜영, 김보연 양에게 사의를 표한다. 그리고 이 책의 번역, 출판을 기획한 동명사의 임종은 기획실장, 그리고 이 책이 번역될 수 있도록 프렌티스 홀 출판사와의 계약을 통하여 판권문제를 해결하여 준 최국주 사장님께 감사드린다.

이 책의 역자들은 일민 윤형섭 선생님을 사사한 사람들이다. 그분은 개별적 정치체제에 대한 포괄적 서술이 주를 이루었던 한국의 비교정치 학계에서 비교정치 연구의 새로운 이론적 틀을 도입·발전시키는 데 지대한 공헌을 하셨을 뿐만 아니라, 그러한 이론적 틀 안에서 정치과정의 여러 측면들을 분석하는 연구에 크게 기여하셨다. 이 번역서의 간행을 통하여 비교정치 연구를 향한 선생님의 연구 업적을 계승·발전시키는 일에 더욱 정진할 것을 다시 한 번 다짐한다.

끝으로 오늘날 우리들의 학문활동을 가능하도록 길러 주신 은사님과 이 사회에 대하여 감사를 드리며, 이 번역본이 많은 사람들에게 읽혀져서 이러한 마음에 대한 조그만 표시가 되었으면 한다.

1999년 8월

공역자 이명남, 김왕식

차 례

제 2 부

정치 행위자 91

제 I 부

비교정치학의 배경

'비교정치학'이란 일반적으로 세계의 정부와 정치에 관한 연구를 가리킨다. 이 용어는 입문자에게는 별다른 의미가 없지만, 연구의 주제와 그 연구에 접근하는 수단이라는 두 가지를 시사한다. 비교정치에의 이러한 입문을 시작함에 있어서 정치학자, 저널리스트, 그리고 기타 세계문제 관찰자들에 의해 사용된 여러 가지 기본적 용어들의 의미를 배우는 것이 중요하다.

과거에 외국 정부를 연구하는 사람들은 헌법, 의회, 대통령, 수상, 사법제도, 관료제 같은 정부의 공식제도들의 본질과 역사 등에 초점을 두는 경향이었다. 그러나 정치의 세계는 이러한 공식제도들보다 훨씬 복잡하다. 오늘날 정치는 과거에 형성된 국가의 역사적 전통, 정치적 태도와 가치 등에 의해 불가피하게 영향을 받는다. 한 나라의 정부는 그 지리적 위치에 의해 유발된 도전과 자원들에 맞서 항상 싸워야 한다. 모든 국가에서 정치는 그들의 경제와 사회에 긴밀히 연관된다. 이런 것들은 역사학, 지리학, 경제학, 사회학 등에서 연구될 수 있는 쟁점들이지만, 정치학자들에게도 역시 중요하다. 따라서 우리는 '비교정치의 개념과 쟁점들'에 관한 연구를 시작하기 앞서서 정치의 배경적 요소들을 잠깐 살펴보고자 한다.

제 1 장

비교정치의 연구

> 오늘날은 외국적인 것과 국내적인 것의 분명한 경계가 없다.
> —클린턴 미국 대통령의 취임사에서(1993. 1. 21.)

대부분의 미국인들은 대만에서 만든 CD 플레이어를 듣고, 한국이나 필리핀에서 만든 운동화를 신으며, 스위스에서 만든 시계를 차고, 중남미에서 수입한 셔츠나 블라우스를 입는다. 1990년대 초 미국 자동차 제조업자들이 자동차 중의 얼마가 미국에서 생산된 것인가를 의무적으로 밝히려는 입법화 노력은 좌절되었다. 그것은 미국의 자동차들마저도 이탈리아제 타이어, 멕시코제 전기선 장치에 캐나다에서의 부품조립 등 실질적인 외국 생산품임이 표시된 상표(labels)를 부착하고 있음을 깨달았기 때문이었다. 미국 생산자들은 세계의 항공사들에게 여객기를 판매하고, 프랑스의 신생산기술은 미국 농민들이 가축을 유럽에 판매할 능력을 감소시키고 있다. 파리의 은행가들은 최근 달러의 환율을 따라야 하고, 월스트리트 브로커들은 도쿄의 증권거래소의 지난밤 평균 실적을 점검함으로써 그들의 일과를 시작한다. 우리는 몇 블록 건너 친구에게 이야기하듯 깨끗한 접속으로 불과 몇 초 만에 세계 어디에나 전화할 수 있고, 우리 손에 들고 있는 서류를 불과 몇 초 만에 오스트레일리아에 전송할 수 있다. 예전보다 많은 미국인들이 해외여행을 하고, 이와 비슷한 숫자의 외국인 관광객이 플로리다의 해안이나 유타의 국립공원을 즐기고 있다. 독일 생태학자의 주장이 미국의 산성비에 항의하는 환경운동가들을 고무시킨다. 미국 대통령의 새로운 정치적 안건이 러시아나 영국의 정치지도자에게 아이디어를 줄 수 있다. 일본 건설업의 파업은 미국의 목재수출을 둔화시키고, 북아일랜드의 인종분규는 보스턴 거리에서 아일랜드 출신 미국인들의 항의로 이어진다.

이 모든 것은 우리의 경제 · 사회 · 정치 생활이 점차 세계적 상호의존성을 높이고 있음을 보여준다. 세계의 한 부분에서 발생한 사건은 수백 마일 떨어지고 대륙을 달리한 다른 부분에 영향을 미친다. 상호의존성은 20세기 말의 미국인들이 자기들 주위의 세계에서 무엇이 일어나고 있는가에 무관심할 수 없음을 의미한다. 그래서 세계 여러 나라의 정치 과정과 제도들을 이해하는 것이 중요하다. 우리는 멀리 떨어진 상황에서 정치적 변화를 일으키는 사회적 · 경제적 요인들을 인식할 필요가 있다. 마치 정보에 밝은 시민들이 미국정치를 이해하기 위해서는 현재의 사건과 헌법적 규정 그 이상을 아는 것이 중요하듯이, 해외 정치를 보다 완벽하게 이해하기 위해서는 사회와 정치 사이의 상호작용, 정치행태의 일반적 패턴, 정당과 정치집단들이 어떻게 작용하는가에 대한 이론 등을 아는 것 역시 중요하다. 이것이 바로 비교정치의 핵심이다. 그것은 한 나라의 정치현상을 다른 나라들의 그것과 비교함으로써 기본적인 요소들과 과정들에 관한 지식을 탐구하는 것이다.

I. 비교정치란 무엇인가?

비교정치는 다른 나라들(외국)이라는 연구 주제와, 비교라는 연구 방법 등 두 가지를 포함한다. 전통적으로 대부분의 미국 비교정치학자들은 최소한 묵시적으로 미국 정치와 비교하면서 다른 나라들에 관심을 두어 왔다. 외국 정치 실체들에 초점을 둠으로써 세계의 정치들에 대한 우리의 이해를 증진시킬 수 있다. 그러나 외국 정부들에 관한 연구는 어떤 한 정부의 성격과 특성의 묘사에 너무 집착하는 경향이 있다. 따라서 비교방법이 잘 사용될 때 생길 수 있는 풍부한 통찰력을 상실케 한다.

1. 비교방법

물리학자와 생물학자들은 과학적 법칙과 사실들을 탐구하는 실험들을 재생산하기 위해 실험실을 사용한다. 그러나 일반적으로 정치학자들은 정치에 관한 일반화를 추구하기 위해 그러한 실험실의 실험을 수행할 수 없다. 그들은 비교연구를 통해서, 한 상황의 정치적 경험과 현상을 다른 상황의 그것들과 비교함으로써 실험실의 실험을 대신할 수 있다. 그들은 몇 가지 맥락에서 유사한 정치적 현상들을 관찰함으로써 정치의 본질적 요소들을 발견할 수 있다. 그렇게 함으로써 그들은 세상을 비단 일국에 관한 지식만이 아니라, 많은 국가들을 이해하는 데 유용한 정치적 본질을 추구하는 실험실로 만들 수 있다.

비교분석에는 세 가지 단계가 있다. 첫째, 유사성과 차이성을 발견하기 위하여 정치세력, 제도, 관행들을 여러 다양한 상황에서 검토하는 것이다. 예컨대 영국 정당은 조직과 스타일 면에서 미국과 매우 다르다. 둘째, 유사한 정치적 현상들이 국가에 따라 다른 형태를 띠는 이유를 설명하는 것이다. 이것은 상황이 다양함에도 불구하고 정치현상이 유사한 이유를 설명하는 데도 유용하다. 예컨대 우리는 영국 정당과 미국 정당의 차이를 연방제라는 이유에서, 그리고 영국이 의회제이고 미국이 대통령제라는 사실에서 설명할 수 있다. 마지막으로, 훌륭한 비교분석은 이러한 정치적 차이성들의 의미를 고찰하는 것이다. 영·미 간 대조를 다시 한 번 이용하자면, 미국 정당의 느슨한 조직(조직의 유연성) 때문에 미국인들은 정당 명칭만 보고 선거 선택을 결정할 가능성이 적은 것이다.

몇 가지 실험실의 실험보다는 몇 나라의 경험에 기초한 이런 비교분석은 사회적 · 경제적 정책, 정치활동, 변화들의 다양한 패턴을 예측하거나 최소한 이해하도록 해준다. 물리학자들과 생물학자들이 '과학적 법칙(laws of science)'을 제안하는 식으로 사회과학자들도 확고한 '법칙(firm laws)'을 진술하기는 쉽지 않다. 인간행태의 가변성 때문에 사회과학에서 그러한 법칙을 발표하기는 무척 어렵다. 그러나 비교분석은 정치학자나 여타 사회과학자들로 하여금 정확성과 지속성의 확률이 높은 명제와 예측을 가능하게 해준다.

지속성(continuity)과 예측 가능성(predictability)에 대한 이러한 탐구야말로 훌륭한 비교정치와 저널리즘을 구별해 주는 요소이다. 뉴스 분석은 현재의 정치적 진행과 활동들을 중심으로 한다. 그래서 훌륭한 저널리즘은 왜 프랑스 사회당이 1993년 선거에서 패배하였고, 같은 해에 러시아 옐친 대통령이 국민투표에서 어떻게 승리했는지를 설명할 수 있다. 그러나 정치학자들은 이러한 현재의 사태들을 초월하여, 사회민주당들의 쇠퇴의 일반적 원인과 함의 혹은 한 정권이 대중적 인정을 받기 위해 국민투표를 사용하는 배경들을 폭넓게 탐구한다. 저널리스트들은 지도자나 정책의 현재의 인기도를 알아보기 위하여 여론조사에 관심을 쏟는다. 흔히 비교정치에는 현재를 설명할 뿐만 아니라 미래를 예측하는 정치적 경향성을 밝히려는 (명시적은 아니라도) 묵시적 욕구가 있다.

2. 비교정치 연구의 접근법들

비교정치를 가능한 한 '과학적'이게 하려는 사람들이 사용하는 특수한 방법들은 많다.

① 많은 비교정치 연구들은 역사적 패턴에 상당한 관심을 두었다. 역사적 분석(historical analysis)은 과거의 발전이 오늘날 정치에 영향을 미친다는 생각에 입각하고 있다. 국가에 따라 다양한 정치발전의 코스를 이해하는 데 매우 유용했던 비교역사적 분석이 많았다.[1)]

② 제도적 분석(institutional analysis)은 정치과정에서 정당과 집단들

에 관한 서술 그리고 의회, 행정부, 관료제의 작용에 초점을 둔다. 그것은 한 나라의 제도들에 관한 서술보다 훨씬 많은 것을 포함한다. 즉 제도적 분석은 다양한 상황에서 이러한 제도들의 구조와 조직들을 비교하게 된다.[2)]

③ 국가 간 여론조사연구(cross-national opinion survey research)는 동일한 질문을 두 국가 이상에서 추출한 표본에 던짐으로써 정치태도와 가치를 국가별로 비교하는 것이다. 이러한 연구는 비용이 많이 들고, 동일한 질문이 상이한 국가들에서도 동일한 태도를 측정하는지를 확인해야 하는 문제가 흔히 제기된다. 예컨대 가장 중요한 국가 간 조사연구의 하나인 「시민문화론(The Civic Culture)」[3)]은, 다른 정당에 소속된 사람에게 자기 아들이나 딸을 결혼시킨 것에 대해 어떻게 생각하는지 물어서 정당 헌신(party commitment)의 강도를 측정하려 한 데서 과오를 범했다. 그런 질문은 미국에서는 정당 헌신을 잘 측정하지만, 영국에서는 정당 헌신의 강도보다는 사회계급을 측정하는 것이다. 물론, 적절성의 문제는 그 질문이 둘 이상의 언어로 번역될 경우 더욱 중요하다. 그러나 국가별 조사연구는 비교정치에서 여전히 중요한 도구로 남아 있다. 한 가지 중요한 현대적 자료에는 유럽연합(EU)이 12개 회원국 시민들을 대상으로 1년에 두 번 실시하는 여론조사가 있다. 여기서 나온 자료는 산업화된 국가들에서 살고 있는 사람들 사이의 태도 변화에 관한 훌륭한 연

---

1) Theda Skocpol, *States and Social Revolutions : A Comparative Analysis of France, Russia, and China*(New York : Cambridge University Press, 1979); Samuel Huntington, *Political Order in Changing Societies*(New Heaven, CT : Yale University Press, 1968), and Barrington H. Moore, *The Social Origins of Dictatorship and Democracy : Lord and Peasant in the Making of the Modern World*(Boston : Beacon Press, 1966).

2) 다음을 참조할 것. Arend Lijphart, ed., *Parliamentary Versus Presidential Government*(Oxford, England : Oxford University Press, 1992) ; Gerhard Löwenberg and Samuel Patterson, *Comparing Legislatures*(Boston : Little, Brown, 1979).

3) Gabriel A. Almond and Sidney Verba, *The Civic Culture*(Boston : Little, Brown, 1962).

구를 많이 배출해 왔다.[4)]

④ 국가들에 관하여 계량적 자료를 이용하는 것이다. 경제적 실적, 교육, 건강, 인구의 규모 및 구성, 커뮤니케이션, 기타 사회·정치적 상호작용의 패턴들에 관한 통계들은 학자들에게 매우 유용하다. 이와 더불어 특별히 정치적인 수치들을 제공하는 전문적 자료 집합들이 많다. 예컨대 국가별 정당의 수, 의회활동, 정부의 존속 기간, 선거결과, 정치적 반역, 테러리즘의 사건들이다.[5)] 이러한 통계들은 국가 간 비교연구(cross-national studies)에서, 예컨대 경제적 실적과 선거결과, 교육 수준과 투표자 수, 인종적 다양성과 정치적 반역 사이의 상관성을 보여주기 위해 분석될 수 있다. 이 결과들은 겉보기에 반박의 여지가 없는 통계적 결과를 지니고 있어서 흔히 인상적이지만, 이러한 국가별 경험적 연구에는 문제점들이 있다. 흔히 통계는 그것을 수집하는 사람들의 노력에도 불구하고 부정확하다. 추상적 성질의 통계적 측정들을 사용함에 있어 그 밖의 문제들도 발생한다. 예컨대 선거참여자 수는 정치적 소외의 척도—참여자가 적을수록 소외가 크다—로 사용될 수 있다. 그러나 참여자 수는 정치적 소외 이외의 많은 요소들에 의해 영향을 받을 수 있다.

⑤ 비교연구의 가장 일반적인 형태는 사례연구(case study)이다. 사례연구에서 학자들은 예컨대 인도의 정당 연구나 영국 하원의 특별위원회(select committee) 연구같이 단일 국가의 특정한 정치적 특성에 주목한다. 그러나 이러한 일국의 분석은 여타 국가들과의 명시적 혹은 묵시적 비교에 의해 내용이 잘 알려진다. 한 예로서 필자의 학자적 활동은 프랑스 정치에 전적으로 몰두했던 이익집단에 관한 연구이다.[6)] 그러나 이 연

---

4) Ronald Inglehart, *Cultural Shift in Advanced Industrial Society*(Princeton, NJ : Princeton University Press, 1990) ; *The Silent Revolution*(Princeton, NJ : Princeton University Press, 1977).

5) 이에 관하여 비교정치의 초보자나 상급자 모두가 쉽게 접할 수 있는 훌륭한 자료로는 정규적으로 증보되는 다음을 참조하라. *World Handbook*, edited by Charles Taylor and David Jodice(New Haven, CT : Yale University Press, 1983).

6) Frank L. Wilson, *Interest-Group Politics in France*(Cambridge, England : Cambridge University Press, 1987).

그림 [1-1] 정치체계

구는 프랑스 집단들을 미국의 로비, 영국의 집단들, 독일의 조합주의적 집단들과 대조시킴으로써 내용이 더욱 풍부해졌다. 이 같은 많은 사례연구들은 이용 가능한 통계나 여론조사와 더불어 역사적 · 제도적 분석을 이용하는 식으로 접근법에 있어서 절충적인 것이 보통이다.

접근법이 다양해지고, 단일 국가 및 협소한 주제에 대한 사례연구가 널리 보급된 결과로서, 개별 연구들로부터 보다 광범한 결론을 도출할 필요성이 높아지고 있다. 비교정치학자들은 비교정치의 보다 광범한 테마와 이론을 이해하기 위한 동료 간의 적절한 커뮤니케이션이 없이 흔히 별도의 연구실에서 연구하게 마련이다.[7] 오늘날 비교정치는 세계의 정치에 대한 점증하고 있는 지식체계를 종합하고 통합하는 방법을 발견하는 데 보다 큰 관심을 집중할 필요가 있다.

⑥ 정치에 관한 이러한 통합적 이론을 발견하려는 예전의 노력은 정치체계(political system)의 개념이었다.[8] 이것은 체계분석을 정치학에 적용한 것이었다. 그림 [1-1]을 보자. 체계는 복합적이지만, 상호 관련된 요소들로 구성된 목표추구적 실체(goal-seeking entity)이다. 체계는 환경

7) Gabriel Almond, "Separate Tables : Schools and Sects in Political Science?" *PS* 21(December 1988) : 828~842.

8) David A. Easton, *A Framework for Political Analysis*(Englewood Cliffs : NJ : Prentice-Hall, 1965).

안에서 다른 체계들과 상호작용한다. 비행기, 인체, 난방체계, 스테레오 세트 등은 체계의 예이다. 사회체계(social system)는 인간관계의 지속적 패턴인데, 종교집단, 경제적 네트워크, 국가들의 국제관계 패턴 등이 그 예이다. 이러한 체계들은 어떤 목적을 추구하며 인간의 욕구를 충족시키기 위한 특수한 과업을 수행한다.

1950~60년대에 몇몇 학자들은 체계분석을 정치학 특히 비교정치 연구에 적용하고자 하였다. 그것은 세계의 정부들에 대한 초기 연구들의 특징이었던 경직적인 역사적 분석과 공식적 정치제도들의 진술을 회피하려는 수단이었다. 실제로, 체계분석이 구체적인 사례에 적용될 경우, 그 이론은 정치과정의 현실을 설명하는 데 부적절하다는 것이 밝혀졌다. 오늘날 공식적인 체계접근법을 사용하는 정치학자는 많지 않다. 그러나 많은 정치학자들과 정치평론가들은 여전히 '정치체계'의 개념이 국가와 사회간 관계의 유용성을 말해 준다고 믿는다. 정치체계의 개념은, 하나의 실체로서 국가는 사회라는 환경에 의해 영향을 받기도 하고 사회의 다른 부분들에 영향을 주기도 하므로, 정치는 보다 광범한 사회체계의 일부로 이해되어야 할 필요성을 우리에게 일깨워준다. 정치체계라는 용어가 정치학자들과 일반적인 정치관찰자들에 의해 널리 사용되는 것은 바로 이 같은 느슨한 일반적 의미에서이다.

II. 비교정치의 용어 소개

학술적 용어의 정확한 의미를 둘러싸고 논쟁하는 것보다 쓸모 없는 일도 드물 것이다. 이것은 입문 학생에게는 물론 학자에게도 마찬가지이다. 그러나 용어들에 관해 일반적으로 받아들여진 정의는 분석의 명료화에 필요하다. 다음 소개되는 것은 비교정치에 관해 이 책이나 다른 어떤 책에서나 사용되는 주요 용어들의 간단한 정의이다.

1. 권력과 권위

권력(power)에 관한 간단한 정의는, 어떤 사람으로 하여금 그렇지 않으면 하지 않을(즉 자기 의지에 반하는) 어떤 일을 하도록 하는 능력이라는 것이다. 이러한 권력은 설득, 영향력, 힘을 사용하겠다는 위협(threat of force), 강제 등에 의해 행사된다. 아버지가 자녀를 잠자리에 보낼 경우 권력을 행사하는 것이 된다. 권력이 행사될 때 그 결과적 행위는 그렇지 않으면 그가 하지 않았을 어떤 것이어야 한다. 그래서 신문을 읽다가 꾸벅꾸벅 졸고 있는 아버지에게 잠자리에 드시라고 말하는 자녀는 아버지에 대해 권력을 행사하는 것이 아니다. 그 자녀가 잠자리에 드시라고 말하든 하지 않든 아버지는 잠자리에 들게 되어 있기 때문이다. 권력은 가정, 학교, 교회, 사교 클럽에서부터 국가의 정부에 이르기까지 생활의 모든 면에 존재한다. 권력의 행사는 저항하거나 불복하는 사람에 대해 제재를 가하려는 함축적 혹은 명시적 능력을 포함하는 것이 보통이다. 예컨대 불순종적인 어린이를 체벌하는 아버지, 숙제를 안 해온 학생에게 낙제 점수를 주는 선생님, 교회의 가르침에 불복하는 사람에게 벌로서 세례를 거부하는 교회의 경우이다.

국가적인 정치는 타인들의 생활을 통제하려는 권력을 둘러싼 여러 행위자들 사이의 경쟁에서 발생한다. 국가적 수준의 권력은 그 적용의 범위와 강도가 훨씬 더 넓고 강하다. 정치권력의 범위는 예컨대 소수의 권력 장악자에 의해 사람의 행위가 많이 결정될수록 넓다. 또한 정치권력의 범위는 시민들의 경제적 복지, 건강과 교육, 국내외 위협으로부터의 보호 등과 같이 정부가 시민들의 생활에 영향을 많이 미칠수록 넓다. 중앙정부의 권력은 또한 결정을 집행하는 능력이 더욱 광범하기 때문에, 다른 권력보다 더 강력하다. 모든 종류의 정부는 자기들에게 저항하는 사람들에게 벌금, 제한, 심한 경우에 투옥이나 사형 같은 각종 강제(compulsion)에 의해 자기들의 권력을 확실하게 보장하는 능력을 갖게 마련이다.

권력이라는 용어는 강제 또는 제재에의 위협에 의한 확실한 집행(firm enforcement)을 흔히 함축한다. 권총을 겨누고 돈지갑을 내놓으라고 요구하는 적나라한 권력의 상황에서는 흉악범에게 복종하게 마련이다. 그러나 그 밖의 대부분의 인간 관계는 권력을 행사하는 사람들에게 자발적으로 복종하는 것이다. 그래서 자기가 복종해야 한다고 믿는 정부에게 돈지갑의 내용물을 기꺼이 건네줄 것이다. 이처럼 타당하다고 간주되고 피지배자에 의해 자발적으로 받아들여지는 권력을 나타내는 데 흔히 사용되는 용어가 권위(authority)이다. 대부분의 상황에서, 타인에 의해 지배되는 사람은 그 지배를 정당하다고 인정하여 권력장악자의 지시에 자발적으로 따른다. 권위는 강제의 위협 대신에 정당하게 지배하는 지배자에게 복종해야 한다는 의식을 포함한다.

2. 정통성(legitimacy)

자기에게 권력을 행사하는 사람을 자발적으로 받아들일 경우에 권력은 정당화된다. 이처럼 권력이 정당화된 경우, 피지배자는 지배자의 권력을 인정할 뿐만 아니라 권력행사자가 권력을 갖는 것은 당연하며, 따라서 마땅히 그에게 복종해야 한다고 느낀다. 독일 사회학자인 막스 베버는 정치적 정통성의 원천을 전통, 카리스마, 합리성(rationality) 또는 합법성(legality) 등 세 가지로 보았다.

① 때때로 권력은 전통 때문에 정당화된다. 예컨대 과거에 군주가 세습적인 신권(hereditary divine right)에 의해 지배하는 것으로 간주되거나, 오늘날 촌장들이 과거부터 항상 지배해 왔으므로 정당한 지배자로 간주되는 것이다.

② 일부 권력행사자들은 그들이 지닌 카리스마적 호소력 때문에 정통성을 획득한다. 카리스마란 단순한 인기나 매력 이상의 의미를 갖는다. 그것은 지배자와 피지배자 사이의 신비스런 심지어 종교적인 연결을 포함한다. 이 경우 지배자의 권력은, 지배하는 것은 지배자의 운명이고 거기에 복종하는 것은 추종자의 의무라는, 지배자와 추종자 사이에 형성된 공감대에 의해 정당화된다. 많은 지도자들이 추종자들에 대한 개인적 매력 덕택에 혜택을 보고 있기는 하지만, 카리스마적 리더십의 순수한 그

리고 현대적인 예는 많지 않다. 히틀러의 정통성은, 특히 집권 초기 5년 동안, 독일인들에 대한 그의 카리스마적 호소력 덕분이었다.

③ 오늘날 가장 일반적인 정통성의 원천은 지도자의 합리적・합법적 힘이다. 대부분의 현대 지도자들은 헌법이나 그 밖에 확립된 규칙에 의해 규정된 방식으로 권력을 획득했다는 사실에서 정통성을 이끌어낸다. 그들은 지배자들이 경제적 복지와 국내외적 폭력의 위협으로부터 보호해 주리라는 피지배자들의 기대를 충족시켜 줌으로써, 기존의 정통성을 유지한다. 특히 비정상적 통로로 집권한 경우에는 그렇게 함으로써 정통성을 획득하게 된다. 민주적 지도자의 권력은 선거의 승리를 통하여 정통성을 획득한다. 선거의 승리는 대다수 국민들의 지지를 받고 있음을 보여주기 때문이다. 권위주의적 지도자들도 국민이 기대하던 수단에 의해 집권하거나 국민이 기대한 실적을 쌓아올릴 경우 합리적・합법적 수단에 의해 정당화되기도 한다.

정통성은 정권의 생존을 이해하는 핵심 요소이다. 예컨대 나이지리아에서 선거부정과 정치부패가 만연하자, 리더십의 정통성이 박탈되고 마침내 정권이 군사 쿠데타에 의해 쉽게 붕괴되었던 것이다. 소련은 경제성장과 질서에 대한 국민의 기대를 충족시킬 수 있는 동안은 정통성을 견지할 수 있었다. 그러나 1980년대 소련의 경제가 비틀거리자, 정권은 정통성을 잃고 붕괴되었다. 정통성의 부재나 상실이 항상 정권의 붕괴로 이어진 것은 아니다. 때때로 정통성이 없는 정권들도 반역을 억압하는 강제를 사용하거나, 달리 신뢰할 만한 대안적 정권이 없기 때문에 잔존할 수 있다.

3. 주권국가(sovereign state)

정당화된 지도자들은 일정한 지리적 한계 안에서 국민들에 대해 권력을 행사하는 것으로 간주된다. 이러한 정치적 실체를 국가라고 언급하는 것이 보통이다. 국가는 일정한 지역의 국민들에게 권위 있고 구속력 있는 결정을 작성하는 지배자들—지도자와 권력 있는 집단들—뿐만 아니라, 일련의 정치제도들—의회, 행정부, 관료제, 군대—을 포함한다. 국가(state)라는 용어의 사용은 연방을 구성하는 정치적 하위단위체인 주(州)를 언급하기 위해 'state'를 사용하는 미국인들에게는 약간의 혼란을 일으킨다. 그러나 전국적인 정치적 실체(national political entity)를 가리키는 데 사용되는 국가라는 용어는 다음과 같은 대안적 용어들과의 혼란을 피하게 해준다. 민족(nation)은 그 나름의 정치적 실체를 가졌든 갖지 않았든 상관없이 하나의 인종집단(an ethnic group)을 가리킨다. 나라(country) 는 그 나름의 정치적 실체를 가졌든 갖지 않았든 상관없이 단순히 하나의 지리적 영역(a geographic area)을 가리킨다. 정권(regime)은 한 국가에서 권력을 장악하고 있는 지도자와 제도들의 총체(the set of leaders and institutions)를 가리킨다.

전통적으로 국가는 자기의 국민과 영토에 대해 주권적, 다시 말해 전능적(all-powerful)이라고 간주되어 왔다. 국가의 결정은 최종적이며 다른 국가들에 의해 번복될 수 없다는 것이다. 이것이 주권(sovereignty) 개념의 핵심이다. 과거에는 주권이 자기들의 지배를 흔히 세습적 권리나 심지어 신에 의해 정해진 것으로 정당화하던 군주에 의해 장악되었다. (그래서 군주를 monarch 외에도 'sovereign'이라고 표시하기도 하였다). 오늘날은, 비록 실제로는 항상 그런 것은 아니지만, 원칙상으로는 국민주권(popular sovereignty)이 정당화된 정치권력의 토대로 널리 인정되고 있다. 국민주권은 지배자의 권위가 국민에게서 나온다는 독트린이다. 이것은 국민이 지배자를 선택한다는 점에서 민주적 지배의 토대가 된다. 물론, 국민주권은 민주주의를 운영하는 국가들에 의해서나 권위주의적 지배를 위장하기 위해 민주적 특성을 이용하는 국가들에 의해서도 주장되고 있다.

국가주권의 개념은 오늘날 실제 사태 진전에 의해 굉장한 논쟁거리가 되고 있다.[9] 오늘날같이 매우 긴밀하게 상호의존적으로 되고 있는 세계

9) Geraint Parry, "The Interweaving of Foreign and Domestic Policy Making," *Government and Opposition* 28(Spring 1993) : 143~151, David Hill and Anthony McGrew, "Globalization and the Liberal Democratic State," *Govern-*

에서 한 국가의 결정은 그 나라의 지배자나 국민도 제어할 수 없는 영향을 많은 국가들에 미치게 된다. 예컨대 독일연방은행이 독일인들에 대한 이율을 인상시킨다면, 그 결정은 전세계의 이율에 영향을 미친다. 프랑스 정부가 경제성장을 촉진하기 위해 자기 나라의 이율을 낮게 유지하고 싶지만, 그렇게 되면 프랑스 투자자들이 프랑화를 마르크화로 바꾸어 더 높은 이자를 주는 독일은행들에 저축하리라는 것을 알기 때문이다.

때때로 국가들은 자기들 자신의 결정으로 타국의 국내정책에 영향을 미치려는 신중한 시도를 취하기도 한다. 예컨대 1990년대에 미국은 만약 중국이 반체제인사들을 너무 가혹하게 취급하면 중국에 대한 무역특혜를 종식시킬 것이라고 위협함으로써 중국 지도자들에게 온건화(moderation)를 권고하고자 하였다. 중국 정권에 의한 인권의 끈질긴 악용에 관심을 가진 클린턴 대통령은 중국에게 미국과의 무역에서 가장 특혜를 많이 주는 무역 파트너로서의 지위를 허용하는 '최혜국(most favored nation)' 규정을 종식시킬지 여부를 논의하였던 것이다. 그러나 다른 나라의 국내정책에 영향을 미치려는 이러한 시도는 클린턴이 중국과의 무역에 관심을 갖는 미국 기업들로부터의 압력 때문에 '최혜국' 조치를 지속할 수밖에 없음으로써 그 한계점이 드러나고 말았다.

이런 자연스런 상호의존성 말고도, 개별 국가들의 주권에 영향을 미치는 초국가적 단체들도 많다. 가장 중요한 것 중의 하나가 12개 국가들로 구성된 유럽연합(EU)인데, 그 회원국들은 국내정책 및 경제정책에 대한 많은 주권을 자발적으로 EU에 이양하였다. 예컨대 오늘날 EU 국가들의 사실상 모든 농업정책은 개별 국가의 정부에 의해서라기보다 브뤼셀(EU 본부)에서 결정되고 있다. UN은 각국 정부로부터 그들 국민을 보호할 권리가 있음을 주장하곤 한다. 유엔이 근년에 들어 소말리아 및 구(舊) 유고슬라비아에의 개입을 정당화하는 것이 실례이다. 세계은행과 IMF는 세계 여러 나라들의 국내정책에 영향력을 행사한다. 예컨대, 1970년대의 IMF 결정은 당시 영국 노동당 정부로 하여금 선거에서 승리를 가져오게

---

ment and Opposition 28(Spring 1993) : 261~285.

한 핵심적 약속이었던 사회복지 프로그램을 포기하도록 하였다. 그리고 1980년대에 프랑스 정부는 주요 무역 파트너들이 국가 역할의 감소 방향으로 움직이고 있음에 따라, 국내 경제문제에 대한 국가 역할의 확대 계획안이 실행될 수 없음을 인식하게 되었다.

증가일로에 있는 지구적 상호의존성으로 인해 앞으로도 국가주권이 더욱 위축될 가능성이 있다. 정부들은 국제적 관행에 부합되지 않는 국내의 경제적·정치적 정책을 추구하기 어렵게 되고 있다. 개별 국가의 정부들은 국내적 경제 및 사회정책들을 여타의 세계 국가들과 조화시킬 필요성 때문에 자국에서 자기들 활동이 제한되고 있음을 깨닫고 있다. 그리고 그들은 그들의 국내정책들이 IMF와 세계은행 같은 국제기구, EU 같은 지역결사체, UN 등에 의해 영향받고 있음을 알고 있다. 그들은 또한 국제여론이나 국제적인 기업 및 금융 공동체 같은 비공식적이고 비조직적이지만, 여전히 중요한 요소들에 의해 그들의 활동이 제한되고 지시되고 있음도 경험하고 있다.

자기의 국내정책을 자력으로 결정할 수 있는 국가능력의 이 같은 감소는 국민주권의 현실을 유지하는 데 문제를 제기한다. 민주주의 국가에서, 국민 생활에 영향을 미치는 결정에 대한 통제권이 선출된 국가 관리들로부터 무책임한 국제기구나 세력들에게 넘겨지면서부터 문제는 더욱 심각해지고 있다. 예컨대 영국 시민들은 그들 정부의 사회정책안에 대한 IMF의 거부권에 어떻게 항의할 수 있다는 말인가? 또한 사회주의적 정부를 선택한 프랑스인들은 자신들의 정부로 하여금 경제정책을 후퇴시키게 한 국제경제적 기류에 어떻게 반발할 수 있겠는가? 국민주권 및 민주적 통제에 관한 이러한 문제들은 국가주권이 약화됨에 따라 더욱 증대될 것 같다. IMF나 유엔 같은 국제기구를 '민주화'하는 데는 별로 관심이 없는 것 같다. 그러한 무관심은 이 기구들로 하여금 개별 국가들의 국내 정책에 대한 영향력을 증대시킬 수 있는 토대만을 제공할 뿐이다. 국제적인 금융집단처럼 국가주권을 크게 침해하는 상호의존적인 비공식 세력(informal forces of interdependency)을 '민주화'하기도 물론 불가능한 실정이다.

4. 민주주의

민주주의라는 용어는 많은 나라들에 의해 자기들의 정치체제에 적용되어 왔다. 거의 모든 정권들은 민주주의적이라고 주장한다. 심지어 스탈린도 많은 사람들에 의해 무자비한 전체주의 독재라고 비판되어 온 자기 체제를 민주주의의 '개선된 형태(improved version)'일 뿐이라고 주장하였다. 민주주의는 서구적 이념이지만, 바람직한 형태의 정부로서 널리 인정되어 왔다. 20세기 말에 민주주의는 실제상으로 항상 그렇지 않더라도 이상(ideal)으로서는 가장 바람직한 정부 형태가 되었다. 일반적으로 서구적 가치들을 거의 경험하지 못하거나 수용하지 못한 제3세계 국가들은 민주적 지배에 관한 서구적 개념을 지향하고자 노력한다. 동구와 소련에서 공산주의의 붕괴 이후에, 20여 개의 정권들이 새롭게 탄생하여 거의 모두가 민주주의라고 주장했지만, 그들의 광범위한 실제 정치적 관행들은 우리들이 민주주의라고 간주하는 것과 항상 일치하는 것이 아니다.

민주주의의 의미는 무엇인가? 넓은 의미에서 민주주의는 "국민의, 국민에 의한, 국민을 위한 정부"라는 링컨의 말로써 가장 잘 정의된다. 그러나 이것은 국민이 지배해야 한다는 일반적인 느낌만을 제공할 뿐이다. 현대적 용어로서, 민주주의는 국민이 자기를 대신하여 지배할 대표자를 선택한다는 점에서 거의 항상 간접적이다. 이로 인해 자유선거는 근대적인 대의 민주주의에 필수적인 존재가 된다. 민주주의의 두 번째 필수조건은 모든 시민에게 시민적 자유와 인권을 보장하는 것이다. 셋째, 민주주의는 거의 항상 제한된 정부권력을 갖는다. 이 세 가지 요소—즉 자유선거, 인권존중, 제한 정부(limited government)—가 서구적 민주주의 형태의 요체로서, 새로운 세기에 접어들면서 다양한 상황들에서 추구되어 왔던 것이다.

① 자유선거가 될 수 있느냐 없느냐는 다음 몇 가지 특징의 존재 여부에 달려 있다.[10] 첫째, 선거가 전국적 정치에서 주요 정책결정을 내리

10) Robert A. Dahl, *Polyarchy, Participation, and Opposition*(New Haven,

는 직위들에 대해 정규적으로 실시되어야 한다. 둘째, 선거가 상이한 정치적 견해들을 대표하는 대안적 후보자들을 포함하여야 한다. 이러한 후보자들은 매스 미디어나 공개적 모임 혹은 개인적 접촉을 통해 대중들에게 자기들의 프로그램을 설명할 자유를 가져야 한다. 셋째, 투표가 모든 성인에게 보편적이어야 한다. 투표는 선거인들이 제재에 대한 두려움 없이 선택할 수 있도록 비밀투표로 행해져야 한다. 넷째, 선거결과가 공정하게 계산되고 선출된 사람은 적합한 직위에 취임해야 한다.

이것들은 이상(理想)이어서, 사실상 모든 사람들이 민주적이라고 인정한 국가들도 자유선거의 이러한 조건들의 일부를 때때로 충족시키지 못한다. 예컨대 영국에서는 사회적 구성이나 역사적 전통으로 인한 일당 선거구들(one-party districts)이 있어서 후보자들 사이의 진정한 대안이 없는 지역도 많다. 일본 같은 나라에서는 관료제가 자기들보다 강력하지 못한 민선 의회의 실질적 배후 세력인 경우가 허다하다. 1970년대까지도 미국 남부에서 그랬던 것처럼 문자해득 수준 요건(literacy requirements) 때문에 투표권이 박탈되거나 배제의 전통(traditions of exclusion)에 의해 실질적으로 참여가 금지된 시민들이 있었다. 투표 부정은 프랑스의 코르시카, 멕시코의 농촌지역, 혹은 최근까지도 미국의 시카고 같은 민주주의 국가들의 지역에서도 흔한 문제이다. 미국이나 일본에서처럼 선거운동이 유료 광고를 통해서 이루어진 경우 후보자들의 대중매체로의 접근은 평등하지 않을 수 있다. 이러저러한 부정들을 지적한다고 해서 이들 국가의 민주적 성격을 부정하는 것이 아니라 단지 민주적 이상과 실제 관행과의 통상적인 괴리를 지적하는 것이다.

② 민주주의는 긴 항목의 인권과 시민 자유를 준수하는 데 전념한다. 언론의 자유, 집회의 권리, 출판의 자유, 종교의 자유, 인종 · 성 · 종교 · 사회 계급 등으로 인한 차별로부터의 자유, 투표권 등이 그 예이다. 이것들은 기본적인 것들이다. 즉 이것들은 정부로부터 시민을 보호한다. 점차적으로 민주주의는 정치적 권리들의 전통적인 항목에다 사회적 권리들을

CT : Yale University Press, 1971).

추가하고 있다. 거의 모든 곳에서, 교육에의 권리는 기본적인 시민권으로 간주된다. 많은 민주주의에서, 직업에의 권리, 퇴직 후의 생활안정, 의료 등은 중요한 시민권이 되어왔다. 이러한 사회적 권리들은 자유 사회의 나쁜 영향으로부터 시민을 보호하고, 경제적 불평등의 상황에서 정치적 평등을 증진하려는 것이다.

우리는 흔히 이러한 권리와 자유들을 고정적이고 절대적인 것으로 취급한다. 그러나 사실상 이것들은 시간과 더불어 진화하고 문화에 따라 변화한다. 19세기에 대부분의 사람들은 여성의 정치과정에서의 배제를 당연한 것으로 받아들였으나, 20세기에 와서 그런 견해를 주장하는 사람들은 거의 없다. 오늘날 많은 나라에서 사람들은 경제적 평등을 향한 보다 많은 진보를 민주주의 발전의 자연스런 다음 단계로 간주한다. 커다란 경제적 불평등이 있는 사회에서 정치적 평등이 잘 이루어질 수 있는 가능성에 대해서는 실질적인 제한이 있다. 부자는 가난한 사람보다 정부에 영향을 미치는 가능성이 큰 것이 보통이기 때문이다.[11] 이러한 시민권들의 본질과 상대적 중요성에 관해서는 중요한 문화적 차이도 있다. 예컨대 미국으로 이민 온 동남아 친구는 최근에 어떻게 이 나라를 '자유의 땅'이라 부를 수 있는지 나에게 큰 소리로 항의하였다. 그녀는 자기의 조국에서 누렸던 '자유'대로, 자기의 앞마당에 닭을 풀어놓았다는 이유로 이웃 사람과 그리고 마침내는 경찰과의 불쾌한 만남을 경험했던 것이다.

거의 모든 국가들은 UN 인권선언을 수락하고 그럼으로써 긴 항목의 시민권을 보장할 것을 공약한다. 가장 전제적인 정권까지도 이러한 권리들에 대해 입에 발린 말을 한다. 따라서 민주주의를 차별화시키는 것은 이러한 권리들이 단순히 언급될 뿐만 아니라, 법률적 · 정치적 수단들을 통하여 실행되는 것이다. 이런 권리들이 실행될 수 있다는 의미는, 그것들이 공정한 재판관에 의해 판결될 수 있도록 성문법에 법전화되어 있다는 것이다. 실행 가능성의 증거는 법정이 최소한 가끔씩 정부에 맞설 수

11) Robert A. Dahl, *Democracy and Its Critics*(New Haven, CT : Yale University Press, 1991).

있고, 그리고 자기들의 권리가 국가에 의해 침해되었다고 느끼는 개인과 집단들 편에 설 수 있을 때에 생긴다.

③ 마지막으로, 민주정부는 제한 정부이다. 정부(즉 통치)의 범위와 수단 양쪽에 제한이 있다는 것이다. 민주주의에서는 모든 사회적·경제적·문화적 결정들이 정치지배자에 의해 이루어지지는 않는다. 민주정부는 교회, 사기업, 노조, 결사체와 클럽, 공사립 학교, 매스 미디어 같은 독립적인 단체들과 중요한 사회적 결정들을 분담한다. 이처럼 사회에 대한 권력을 정부와 분담하는 수많은 자율적 실체들이 존재하는 것을 다원주의라고 부른다. 다원주의는 정부에 영향을 미치는 권리에 대해서뿐만 아니라, 사회의 협의사항(agenda)과 정책들을 설정하는 권리에 관해서까지 집단들 사이에 경쟁을 시킨다. 다원주의 아래서는 단 하나의 정당이나 정부가 사회의 모든 결정을 내리는 대신에, 정책결정이 수많은 독립적이고 갈등적인 집단들에 의해 분담된다. 교회는 도덕적 가치를 설정하고 결혼, 이혼, 가족관계에 관한 정책을 형성하며, 기업은 무엇을 생산할 것인가를 결정하고 그 생산품과 용역의 가격을 수립하며, 노조는 임금, 작업 조건, 사회적 혜택 등에 관해 고용자들과 협상하고, 전문가 집단은 그들의 윤리헌장, 양성요건, 전문적 수준 등을 수립하고, 사교 클럽들은 레크리에이션 활동을 조직한다. 그 결과 사회는 서로 중복되고 때로는 갈등적인 많은 실체들로 분산된다. 이러한 분산은 어느 한 집단이나 세력이 사회의 전부를 지배할 수 없게 만드는 것이다. 이 같은 정책결정의 분담은 정부의 절대주의화 위험을 감소시킨다.

민주적 정부에서는 또한 그것이 사용할 수 있는 권력들이 제한된다. 이러한 제한은 일련의 용인된 통치의 규범과 절차가 존재하는 데서 생겨난다. 그것들(통치의 규범과 절차)은 적절한 절차로 용인될 뿐만 아니라 실제로 행동화된다. 이러한 기준들로부터의 정부의 일탈은 그러한 권력 남용에 대한 대중의 반발을 두려워하기 때문에, 그리고 궁극적으로 수립된 규범과 절차의 파괴자에 대한 법원의 제재 행위에 대한 두려움 때문에 항상 저지된다. 기준과 규약(code)은 헌법 안에 규정되는 것이 보통이다. 그러나 헌법이 존재한다고 해서 그것이 준수된다는 증거는 없다. 스탈린은 민주적 절차와 광범한 권리들을 갖는 헌법을 제정했지만, 그것은 그의 자의적이고 개인적인 독재를 위한 장식품에 지나지 않았다. 기준과 규약은 반드시 공식적 헌법 속에 존재할 필요는 없다. 영국은 성문헌법이 없지만 민주주의가 잘 기능하고 있다. 중요한 것은 용인된 규범체계를 준수하겠다는 지배자측의 헌신적 자세(commitment)와, 정치지도자들이 일탈할 경우, 그들로 하여금 그것(용인된 규범체계)을 준수토록 하는 대중측의 의지(willingness)이다.

Ⅲ. 결 론

점차 작아지고 상호의존적이 되고 있는 세계에서, 다른 나라의 정치와 사회에 대한 우리의 이해를 증진시키는 것은 중요하다. 비교정치 분석은 우리로 하여금 다른 나라에서 무엇이 발생하고 있나를 이해하도록 도와준다. 그것은 어느 곳의 정치에 대해서나 보다 많은 지식을 발견하도록 도와준다. 그것은 또한 우리들 자신의 정치체제의 장단점을 더 잘 이해하도록 도와준다. 다른 나라들의 경험을 점검함으로써 우리 자신의 국가의 정치적 문제들에 대한 해결책을 발견할 수도 있다.

이제 용어들을 정의하는 좀 무미건조한 과업을 뒤로 남긴 채, 비교정치의 좀더 흥미 있는 토픽으로 옮겨갈 것이다. 초점은 개별 국가들의 많은 연구들로부터 생겨난 개념과 이론들에 모아질 것이다. 우리는 단일 국가의 한계를 초월하여 적합성이 있어 보이는 보다 광범위한 아이디어를 주목하게 될 것이다. 또한 우리가 믿을 만한 과거에 대한 설명과 미래에 대한 제안을 함에 있어서 우리에게 도움이 되는 이론들에 대한 기본원칙들을 세우게 될 것이다.

제 2 장

정치의 배경

한 국가의 정치를 현재의 정치 패턴을 형성해 온 다른 수많은 활동들과 별도로 고찰하는 것은 어렵고 현명치 못한 일이다. 정치체제가 한 나라의 과거 역사에 의해 여러 가지 다양하고 중요한 방식으로 영향을 받아왔다는 데는 의문의 여지가 별로 없다. 현대 정치는 또한 그 나라의 지리적 환경에 의해 크게 영향을 받는다. 우리는 한 나라의 상세한 역사적 설명을 위해서는 역사가에게, 그리고 지형과 기후의 완전한 분석을 위해서는 지리학자에게 기대하게 된다. 정치학자는 한 국가의 현대 정치의 본질과 쟁점을 완전히 이해하기 위해서 그 나라의 과거와 지리적 환경을 깨달아야 하는 것이다.

Ⅰ. 정치에 대한 역사의 영향

1993년 프랑스의 뉴스 잡지와 신문들은 2백여 년 전 루이 16세의 처형에 대해 수많은 페이지를 할애하였다. 저명한 당대의 재판관들이 그 왕의 모의재판에 참여하였고, 모든 수준의 학생들이 그 왕을 처형한 이유와 과격성을 정밀 조사하였다. 여론조사자들은 그 왕의 죄에 대한 견해와 그의 처형의 적절성에 관하여 프랑스 전역의 국민들에게 질문하였다. 또한 심리학자들은 국왕 시해의 지속적인 정신적 상처(traumas)에 관해 전문가로서의 역할을 수행하였으며, 지방 신문들의 여론난은 자기 조상들의 국왕 시해 참여에 관해 다시 맞붙은 보통 시민들의 의견으로 가득 채워졌다. 왕정주의 운동가들은 군주제의 부활을 촉진하려는 대중집회를 열었다. 그런데 국왕의 기일(忌日)이 다가오자 파리 경찰은 처형 장소에서의 시위를 진압하는 특별 조치를 취하였다. 이렇게 2백 년 전의 처형은 그 후의 프랑스 정치발전에 중요한 역할을 수행하였다. 그래서 그것은 오늘날 정치적 사건으로 되돌아온 것이다.

1789년 혁명에 관한 프랑스인들의 기억은 '역사가 어떻게 해서 그 역사의 의미에 대해 분열된 유산을 남겨주는가'를 시사해 준다. 2백여 년 후 프랑스인들은 프랑스혁명을 프랑스뿐만 아니라 여타 수많은 국가에서의 민주화의 시작으로 보는 사람들과, 그 혁명의 폭력성과 과격성을 프랑스의 지속적인 정치적 분열과 불안정 요인으로 보는 사람들 사이에 그 혁명의 사건을 둘러싸고 여전히 분열되어 있는 것이다. 미국인들은 미국혁명의 정당성에 대해 서로 다투지 않는다. 그렇지만 프랑스의 여론조사들은 여전히 그들의 혁명이 지속적인 재난이었다고 느끼는 사람들이 많음을 보여주고 있다.

미국인들은 그들의 역사와 그 영향을 모른다는 점에서 역사의식이 결여되어 있다고 흔히 평가된다. 미국은 거의 대부분 이민자들로 구성되고, 대개 자기가 태어난 공동체로부터 멀리 떠나온 고도로 유동적인 시민들로 구성된 신생국(a new country)이기 때문에, 다른 많은 나라들이 느끼는 역사적 뿌리가 결여되어 있다. 캘리포니아에서 성장한 나는 1945년 이전에 세워진 건물을 거의 보지 못하였다. 나의 증조부모대의 절반 이상은 다른 나라에서 출생하였고, 대부분의 내 친구들은 다른 주(州)에서 태어나 젊었을 때 서부로 이동해 왔다. 그 결과 우리들 중의 누구도 과거에 대해 강렬한 감정적 애착을 느끼지 못한다. 이와 대조적으로 세계의 다른 대부분 지역의 젊은이들은 그들의 부모와 조부모가 태어난 집에서 성장하였다. 세계의 대부분 사람들은 그들의 부모와 조부모가 성장한 도시나 마을에서 그들의 일생을 보낸다. 그들은 2~3세기 이상 거슬러 올라가는 역사적 의미가 담긴 장소를 매일 걷는다. 이들의 역사적 뿌리에 대한 애착은 미국인들의 그것보다 훨씬 강하다.

1. 역사의 정치적 유산

오늘날 정치에 대한 역사의 영향은 이 같은 국민적 뿌리와의 감정적 연결을 훨씬 초월한다. 무역사적인 미국인들도 그들의 오늘날 정치에 대한 역사의 영향에서 벗어날 수 없다. 하물며 훨씬 역사의식이 강한 나라들에서 역사의 영향은 더욱 강하게 마련이다. 모든 나라에서 역사가 남긴 유산은 많다. 예컨대 정치적 이상·태도·가치들의 체계, 정치적 상징, 정치제도, 지속적인 정치적·사회적 문제 등이다.

대개 한 나라의 정치문화는 과거의 산물이다. 정치학자들은 정치문화를 사람들이 정치에 관해 갖는 태도, 정향, 기대, 가치 들이라고 말한다. 4장에서 정치에 대한 정치문화의 중요성을 좀더 면밀히 다룰 것이므로, 여기서는 과거로부터 물려받은 정치문화의 빈번한 패턴에 대해 지적하는데 중점을 둘 것이다. 사람들이 정부에서 무엇을 기대하고, 그들의 지배자가 어떻게 해주기를 기대하고, 지도자의 지시에 어떻게 반응해야 한다고 느끼는가는 대개 그들이 과거에서 물려받은 정향(orientations)에서 비롯된다. 그들 부모들의 경험은 그들의 정향에 영향을 미치고, 그들 자신의 경험은 대개 그들 나라의 역사에 기초한 이 같은 세습적 패턴을 보강할 뿐이다.

역사적 뿌리와 정치문화의 지속적 영향을 설명해 주는 몇 가지 예가 있다. 많은 관찰자들은 러시아인들이 공산주의자들의 엄격한 권위주의적 지배를 기꺼이 받아들이는 것은 수세기 전 러시아가 탄생할 때 수립되었던 전제적 권위의 전통적 패턴에 근거한다고 믿는다. 서구인들은 나이지리아 같은 개도국에서 족벌주의의 명백한 부패에 흔히 비판적이다. 그러나 역사적으로 대가족과 마을에 대한 나이지리아인들의 강렬한 연계는 정부의 업무와 계약을 분배함에 있어서 가족과 친구를 우선시하는 행동규범을 만들어낸다. 외부인들이 오늘날 나이지리아 정치인들의 부패라고 비난하는 것은 그 나라에서 역사적으로 존재해 온 강력한 대가족과 공동체 가치들을 반영한 것에 지나지 않는다. 권위에 대한 독일인들의 복종전통은 항거에 대한 독일인들의 일반적인 거부감을 설명해 준다. 레닌은 한때 독일인들을 비웃으면서, 그들은 기차역을 점령하려 돌진하기 전에 대합실 입장권을 먼저 사야 하기 때문에 결코 혁명을 할 수 없다고 말한 적이 있다. 이것은 과장이기는 하지만, 독일 정치에 오랫동안 영향을 미쳐온 지속적인 권위 정향을 제대로 포착한 말이다.

역사는 또한 중요한 정치적 상징들에 깊은 감정적 힘을 실어준다. 이런 상징들은 국민과 국가 간의 유대를 강화시킬 수 있다. 미국인에게 성조기는 독립혁명의 유산이며, 전투들에서 그것을 고집한 것은 그것이 강력한 상징이 되기 때문이다. 해외에서 대사관이나 영사관에서 휘날리는 국기는 강렬한 애국심을 불러일으킨다. 시위대들이 우리 국기를 불태울 때 우리는 우리 국가 상징을 훼손하는 자들을 향한 강렬한, 심지어 분별력을 잃은 분노를 느낀다. 이와 비슷하게, 영국에서 군주는 그 나라의 지속성과 위엄의 강력한 상징이다. 왕가 자녀들의 비행이 대중을 자극할지라도, 대부분은 여왕이 영국에 대해 고상하고, 선하고, 영속적인 것을 대표한다고 느낀다. 중국에서 마오쩌둥의 오랜 리더십은 그를 국가적 영웅과 정치 상징으로 만들었다. 그의 정책이 거부된 후에도 마오쩌둥 기장(배지), 타이 장식(tie clasps), 펜던트(pendants), 행운을 비는 부적 등은 여전히 인기 있는 정표로 남아 있다. 1993년 한 중국 지도자는 다음과 같이 말했다.

> 모든 국가는 정신을 가지고 있어야 한다. 마오쩌둥 사상은 우리 나라의 주요 정신이다.[12)]

과거에서 연유한 이러한 인간적 · 물질적 상징들은 근대 국가에 존엄을 부여하고 시민들로 하여금 국가를 위해 희생하도록 고무시키는 감정을 북돋워준다.

정치제도들은 흔히 과거로부터 생겨난다. 분명한 예는 영국인데, 여기서는 민주주의와 근대 산업국가의 필수품을 수용할 정도로 발전했으면서도 과거의 제도를 영속시키려는 신중한 노력들이 경주되어 왔다. 의회의 기원은 7세기 이상 거슬러 올라갈 수 있지만, 지금의 의회는 1백 년 전이나 심지어 50년 전의 모습과는 매우 다르다. 그 기능과 권력이 변했기 때문이다. 그러나 영국인들은 이 제도 이면의 역사적 무게를 신중히 보존하고 있다. 이런 전통들이 어떻게 영속화되고 있는가의 한 예로서, 영국의회 의원은 중세 이래 좌석이 긴 의자로 되어 있는 옛 영국교회에서 처음 만났던 것과 마찬가지로, 지금도 가운데 통로를 두고 정당별로 서로 마주 보고 앉는다. 지금도 양측 긴 의자 앞의 양탄자에는 흰 선이 새겨져 있다. 이 선은 원래 중세 때 토론이 격렬해질 경우를 대비해서 양 진영을 칼 길이의 거리만큼 떼어놓기 위해 그려진 것이다. 물론, 오늘날 의원들은 칼을 차고 있지 않지만 연설할 동안 자기 벤치 앞의 선을 넘어선 부주의한 의원은 상대 진영으로부터 야유의 휘파람 소리와 의장으로부터 징계를 받는다.

오늘날 정치에 이 같은 과거의 지속은 일반적이다. 제도와 관행들이 수년 이상 발전해 온 경우에도, 현재를 완전히 이해하기 위해서는 과거를 아는 것이 중요하다. 일본 의회는 19세기에 발생하였고, 그 공식적 절차의 대부분이 그때의 권위주의 시대에서 비롯된 것이다. 그러나 1990년대도 그것은 일본 민주주의의 중심 요소로 작용한다. 정치에 극적인 변화가 있을 때라도 세습적인 제도들은 약간의 변경을 거쳐 지속되는 게 보통이다. 예컨대 대부분의 나이지리아에서는 수세기로 소급되는 이슬람 법률체계와 전통적인 이슬람 법정이 존재한다. 멕시코에서 오늘날 지방 수준의 고객정치(local-level clientele politics)는 150년 전부터 있어 왔

12) *Boston Globe*, 11 May 1993.

던 것이다. 대부분의 예전 식민지들은 그들의 식민지배자들로부터 관료제, 의회구조, 군대 같은 중요한 정치세력들을 물려받았다. 인도는 좋은 예가 되는 국가로, 식민지 시대 동안에 수립된 많은 제도들 가운데는, 50년 전 식민지 시대부터 거의 변화 없이 지속해 온 방대한 관료제가 있다.

마지막으로, 역사는 과거부터 해결되지 못한 문제들을 유산으로 물려준다. 분열적인 쟁점들은 해결하는 데 수십 년 걸린 것이 보통이며, 어떤 쟁점들은 너무 어려워서 해결되지 못하고 임시방편으로 어물어물 다음 세대에게 넘겨진다. 예컨대, 남북전쟁 후 미국 정치지도자들은 흑인 평등대우를 확립하지 못함으로써 오늘날도 여전히 지도자들이 극복하기 위해 분투해야 하는 인종 반목의 유산을 남기게 되었다. 오늘날 영국의 북아일랜드에서 신·구교도들 간의 투쟁은, 잉글랜드와 스코틀랜드의 개척자들이 여타 영국인들이 버지니아와 캐롤라이나에 대농장을 설립하던 것과 동시에 북아일랜드에 정착하던 3세기 전에 시작된 전투를 반영한 것이다. 북아일랜드에서 매년 봄 '행진의 계절(marching season)'[13]은 신·구교도 양측으로 하여금 3백 년 묵은 전투와 순교자들을 기념하고 오늘날 정치가들이 치유해야 할 묵은 상처를 재개봉하기 위해 길거리로 나서게 한 것이다. 발칸 반도에서의 오늘날 갈등의 대부분은 그 지역 민족과 역사에 의해 보존되어 온 수세기 동안 쌓여온 원한에서 생겨난 것이다.

때때로 쟁점뿐만 아니라 그것들에 대한 접근방식도 다음 세대로 물려지며, 대부분의 국가적 도전은 수년 넘게 그대로 남게 된다. 그 결과 오늘날 지도자들은 전임자들이 그 문제를 과거에 어떻게 취급했는지를 알 수 있다. 혹은 그들은 새로운 정책을 수립하는 데 도움을 얻기 위해 해묵은 문제들에 대한 이전 접근방식들의 성공과 실패를 거울삼을 수도 있다. 이것의 좋은 예는 세계에 대한 미국인들의 견해(즉 미국인의 세계관)이다. 미국이 냉전 이후 세계에서의 역할을 재정립하려 할 경우, 21세기를 위한 정책을 수립하는 데 도움이 되게 예전의 고립주의적 접근방식과

---

13) 역주—북아일랜드에서는 '오렌지 공(公)'이라는 별명을 갖고 있던 윌리엄 왕의 개신교측 군대가 제임스 왕이 이끄는 구교도측 군대를 제압했던 1690년의 보인 전투 승리를 기념하여, 개신도들이 매년 봄 '오렌지 행진'을 한다.

간섭주의적 접근방식의 경험을 활용하는 것이다.

역사는 오늘날 정치가들에게 긍정적인 유산과 부정적인 유산의 혼합을 제공하게 마련이어서, 어떤 것은 오늘날 국가를 강화시켜 주고, 또 어떤 것은 반대로 약화시킨다. 이러한 혼합성 때문에 오늘날 정치는 과거에 의해 결정되지 않는다. 노련한 지도자들은 긍정적인 역사적 특성에 의지할 수 있고 부정적인 것들을 무시하거나 극복하려 노력한다.

2. 역사 형성 : 현대 정치의 한 수단

현대 정치에 대한 이러한 모든 역사적 영향력을 검토함에 있어서, 역사는 좀처럼 객관적이 아니라는(즉 대개 주관적이다) 사실을 기억하는 것이 중요하다. 노련한 정치가들은 그들의 이익에 도움이 되게 과거에 관한 집단적 추억을 창조하기 때문에 역사는 조작될 수 있다는 것이다. 오늘날 정치에 중요한 것은 과거에 실제로 발생한 사실보다는 발생했다고 믿는 신념 내용이다. 예컨대 대부분의 미국인들은 1812년 전쟁을 영국이 미국 선원들을 체포하여 영국 전함에 근무하도록 했기 때문에, 그들의 선조들이 어쩔 수 없이 일으킨 항해의 자유를 위한 전쟁으로 간주한다. 그러나 공정한 역사가라면, 그 전쟁은 보다 많은 땅을 차지하려는 동기에서 변경지대 사람들이 일으킨 미국의 캐나다 침략이라고 정확히 설명할 것이다. 그러나 1812년 전쟁에 대한 보다 정확한 후자의 견해는 그 전쟁에 대한 일반적 견해—즉 그 전쟁은 미국이라는 신생국에 국기와 국가(國歌)의 매우 강력한 상징을 제공했다는 견해—에는 별로 영향을 미치지 못하고 있다. 중요한 것은 추상적인 역사가 아니라 인식되어진 역사이다.

스탈린 치하의 소련에서 교과서, 역사, 백과사전 등은 과거에 대한 '올바른' 해석이라는 스탈린의 견해를 반영하기 위해 다시 쓰여졌다. 1930년대에 성장한 러시아인들은 스탈린의 영광으로 인해 몰락한 인물들의 사진을 뜯어내고, 미래의 학생들이 그들의 존재에 관해 알지도 못하게 하기 위해 그 인물들에 관한 교과서를 말소하라는 말을 얼마나 자주 들었는지를 회상한다. 보다 근래의 일로, 1980년대 말 개방(glasnost) 정신이 확산되면서 고르바초프는 도서관과 서점에서 기존 역사책을 보급시키지 말도록 했다. 그와 그 밖의 개혁가들이 생각하기에, 이 책들은 과거에 대한 부정확한 견해를 담고 있었다. 그러나 고르바초프의 그러한 방식 역시 그의 전임자들과 다를 바 없다. 즉, 과거에 대한 자기들의 견해를 지지하도록 역사를 제공한 것이다. 그래서 역사는 현재에 대한 과거 영향력의 원천일 뿐만 아니라 현재 정치의 반영이기도 하다.

사실상, 어느 국가의 역사든 다양한 유산을 많이 제공한다. 전반적인 유산은 너무 다양하여 오늘날 정치 사건을 이해하기 위하여 역사를 들여다보는 것은 별로 도움이 안 되는 것이 보통이다. 역사만이 정치를 결정짓는 것은 아니지만, 역사는 무시할 수 없는 중요한 영향을 오늘날에 미치는 것이 분명하다.

3. 비교정치 연구에의 역사적 접근법

정치사의 발전을 이해하는 가장 유익한 접근법 가운데는 한 나라의 역사를 그 밖에서 발생한 변화를 설명하는 데 이용하려는 시도들이 있다. 근대화 과정을 이해하는 데 일부 흥미롭고 중요한 연구들이 대두되었다. 그 연구들은 신생국들의 발전에 핵심이 되는 것을 규명하고자, 근대적인 안정된 정치체제를 이룩한 선진국들의 경험을 활용하였다. 그러나 그런 핵심 요소들이 무엇인지에 관해서는 별로 합의된 바 없다. 기본적인 가정(假定)은, 정치발전으로의 직선적 과정이 있는데, 이러한 발전선상에 가장 앞서 있는 국가들을 살펴봄으로써, 저발전국들이 더 큰 발전을 향하여 이행해야 할 과정과 변화들을 발견할 수 있다는 것이다.

① 이러한 역사적 분석 중에서 가장 영향력 있는 것 가운데 하나는 헌팅턴의 분석이다.[14] 헌팅턴은 서구와 미국에서의 정치발전 경험을 활

14) Samuel P. Huntington, *Political Order in Changing Societies*(New Haven, CT : Yale University Press, 1968).

용하여, 발전의 정치적 차원들을 강조하였다. 그는 경제적·사회적 근대화가 흔히 정치적 질서와 안정의 성취를 저해하는 긴장을 조성한다고 지적하였다. 헌팅턴에 의하면, 국가들이 사회적·경제적 근대화를 경험하기 전에 강력한 정치제도들을 발전시킬 수 있을 경우에 질서 있는 변화의 가능성이 가장 크다. 가장 중요한 정치제도들 중에는 정당이 있다. 헌팅턴은 정당이 하나 있느냐 여러 개 있느냐에 중요성을 두기보다는, 사회적 변화로 인해 보다 많은 행위자들이 정치무대로 모여들 경우에 그들의 정치참여를 권장하고 통로화할 수 있는 적절한 정당이 있다는 사실에 더 큰 중요성을 부여하였다. 이러한 정치제도들이 원활하게 움직일 경우, 사회 변화의 긴장은 보다 잘 관리될 수 있고 지속적인 근대화로 보다 잘 지향될 수 있다.

② 정치발전을 이해하는 또 하나의 영향력 있는 접근법은 종속학파에 의해 제공된다.[15] 이 접근법에는 다양한 부류가 많이 있으나, 가장 중심적인 명제는 한 나라의 국내정치는 대체로 국제경제적 위상에 의해 결정된다는 것이다. 종속이론은 세계를 핵심적 경제 영역(서구와 북미의 산업화된 자유기업 국가들)과 주변(지역적 혹은 경제적으로 경제적 영향력에서 소외된 국가들)으로 나눈다. 주변국들은 형식상 자율과 독립성을 지닌다 하더라도, 핵심국들에 대한 경제적 예속 때문에 사실상 종속이나 식민주의 상태로 남는다. 세계 경제의 주변국들은—여기에는 제3세계 내지 개발도상국들이 포함됨—그들의 경제적 안녕과 정치적 미래에 대해 세계 경제에, 특히 핵심 경제 세력들에 종속된다. 국제경제 세력들은 종속국들의 국내정치를 좌우하여 그들의 정치적 자율성을 박탈한다. 그 결과 제3세계 정부들은 자체적으로 경제적·정치적 근대성을 추진하기 위한 자원을 통제할 수 있는 힘과 자율성을 결여하고 있다.

---

15) Immanuel Wallerstein, *The Modern World System I : Capitalist Agriculture and the Origins of the World Economy in the 16th Century*(New York : Academic Press, 1974) ; *The Modern World System II : Mercantilism and the Consolidation of the European World Economy, 1600~1750*(New York : Academic Press, 1980).

③ 오늘날 발전 추세를 이해하기 위해 비교역사를 이용하는 마지막 예는 혁명과 변화에 관한 광범한 문헌이다. 스카치폴(Theda Skocpol)[16]은 왜 정치 변화가 혁명적 성격을 띠는가를 이해하기 위해서 프랑스·러시아·중국의 혁명을 분석하였다. 그녀가 각 사례에서 발견한 것은, 혁명은 단순히 개인적 내지 집단적 행동의 극단적 형태가 아니라 사회적·역사적 구조와 과정들의 독특한 접합(conjuncture)이라는 것이다. 예컨대 프랑스의 경우 중앙행정의 붕괴, 농민의 봉기, 중산층의 민족적 급진주의자들의 정치운동 등이 동시적으로 발생했음을 스카치폴은 지적한다. 한 나라의 혁명의 원인과 과정을 다른 나라들의 비슷한 발전들과 비교함으로써, 비교역사가들은 과거 사건을 보다 잘 이해하고 미래에 전개될 유사한 사건들을 예측하고자 한다. 한 혁명의 역동성은 다른 혁명들을 이해하고 어쩌면 미래 혁명들을 예견하는 데 도움을 준다.

④ 근년에 또 하나의 중요한 쟁점은 민주주의의 역사적 원천을 발견하려는 시도이다. 많은 국가들이 이제 민주주의를 수립하는 데 있어서, 안정되고 효율적인 민주주의를 만들어낼 가능성이 가장 큰 요소들을 규명하려는 것에 주된 관심이 모아지고 있다. 전통적으로, 여기에 관심을 둔 학자들은 서구와 북미의 기록에 주목하여 성공적인 민주주의에 도달하는 중요한 역사적 지표를 발견하였다. 그러나 민주주의를 수립하는 데 도움이 되게 미국이나 영국의 경험을 닮아가도록 자기들의 역사를 재구성할 수 있는 나라는 별로 없다. 다행히도, 다양한 역사적 배경들이 민주주의 수립과 양립될 수 있는 증거가 더욱 많아지고 있다.

민주주의는 가장 가능성이 없는 일부 상황에서 발견될 수도 있다. 예컨대 일본과 독일에는 민주주의가 지속적으로 존재하는데, 이곳에서는 민주주의가 군사적 패배에 뒤이은 외국 점령세력들에 의해 강요되었다. 또한 민주주의는 인도와 코스타리카에서 역사적으로 경제적 근대화가 없었음에도 불구하고 번영하고 있다. 이는 민주화의 모든 노력이 성공하리

16) Theda Skocpol, *States and Social Revolutions*(New York : Cambridge University Press, 1979).

라는 것을 의미하는 것이 아니라, 성공적인 민주주의에 이르는 역사적인 통로는 다양하다는 것을 시사한다.

현대 정치를 이해하기 위해 역사를 활용하려는 것은 많은 시도들 중의 일부에 지나지 않는다. 일부 시도들에 관해서는 정치 변화와 민주화의 쟁점을 탐구하면서 다음 장(章)들에서 다시 다루게 될 것이다. 여기서는 과거 역사를 오늘날의 정치에 연결시키려는 노력의 중요성과 더불어 그 한계점을 예증하는 데 사용하였다. 역사를 통한 탐구에서 학자마다 서로 다른—심지어 갈등적인—테마와 이론들을 발견한다. 역사는 오늘날 정치를 이해하는 데 중요하다는 것에는 의심의 여지가 없지만, 근대적 변화의 역사적 뿌리는 그 변화가 발생한 뒤에 규명하는 것이 더욱 유용한 경우가 허다하다.

Ⅱ. 정치문화

모든 나라들은 과거로부터 물려받은 정치문화에 의해 영향을 받는다는 것을 위에서 언급한 바 있다. 정치문화란 사람들이 정치에 관해서 갖는 태도, 가치와 정향들을 말한다.[17] 이 기본적인 가치와 정향들은 사람들이 그들의 정치적 행동을 어떻게 하는가에 영향을 미치기 때문에, 그것들을 이해하는 데 중요하다. 한 나라의 정치문화는 정치체제가 얼마나 잘 기능하는가를 결정하는 중요한 요소로 인정되어 있다.

① 정치문화의 가장 중요한 차원 가운데는 정치권력에 대한 사람들의 일반적인 정향이 있다. 권력행사자는 두려움의 대상인가 아니면 환영의 대상인가? 국민들은 정권에 의해 만들어진 결정들에 어떻게 반응하는가? 일부 국가들, 예컨대 영국에서 국민들은 정치지도자들에 대해 존경하는 태도를 보이고, 정부정책에 자발적으로 따르는 것을 중요하게 여긴다. 다

17) Oliver H. Woshinsky, *Culture and Politics : An Introduction to Mass and Elite Political Behavior*(Englewood Cliffs, NJ : Prentice-Hall, 1995).

른 나라들, 예컨대 프랑스에서 국민들은 정치권력을 행사하는 사람을 의심하는 것은 자연스런 것이며, 그들에게 정기적으로 도전하는 것은 그들의 시민적 의무로 여긴다. 이러한 태도들은 이 두 나라의 상이한 정치적 경험에서 반영된 것이다. 영국은 그의 정치적 발전에서 점진적인 진화를 보아온 데 비하여, 프랑스는 아직도 반란에 취약하다. 멕시코나 나이지리아 같은 그 밖의 국가들에서 오지(奧地)에 살고 있는 국민들은 중앙정치적 실체를 거의 알지 못하며 그것의 존재를 쉽게 무시한다.

② 정치문화는 개인들이 그들의 국가와 정치에 관해 얼마나 자긍심을 갖는가를 포함하기도 한다. 삶의 질과 정치체제에 대한 만족은 정권에 대한 일반적 정향과 지지를 나타내는 중요한 지표이다. 표 [2-1]은 민주주의가 몇몇 서구 민주주의 국가들에서 작용하는 방식에 대한 일반 대중의 태도에 관한 정보를 나타낸다. 이탈리아에서 민주주의에 대한 매우 낮은 수준의 만족도는 이탈리아인들의 정부를 비판하는 일반적 경향과 스캔들에 의해 야기된 정권에 대한 신뢰의 위기를 반영한 것이다.

③ 정치문화의 또 하나의 차원은 정치세계에 영향을 미칠 수 있는 자신의 능력에 대한 인식이다. 정치학자들은 정치적 산출에 영향을 미치는 자신의 능력에 대한 이러한 평가를 정치적 효능(political efficacy)이라 부른다. 정치적 효능감은 개인의 정치적 행동을 형성하는 데 중요하다. 만약 시민들이 정치과정에 자기들이 영향을 미치지 못한다고 느끼면, 거기에 참여할 가능성은 적어진다.

표 [2-1] 1993년 영국, 프랑스, 독일, 이탈리아에서 민주주의에 대한 만족도

설문 : 대체로 당신의 나라에서 민주주의가 운영되는 방식에 대하여 얼마나 만족하십니까?

	영 국	프랑스	독 일	이탈리아
매우 만족	7%	3%	6%	1%
대체로 만족	42	38	45	11
매우 불만족	31	36	36	39
완전 불만족	17	20	10	49
무응답	5	3	3	1

자료 : *Eurobarometer* : 39, June 1993, p. A14.

표 [2-2] 미국, 독일, 영국에서 정치적 효능감

	미 국	독 일	영 국
다음과 같이 응답하는 비율 ;			
정치에 대해 영향력을 행사할 수 있다	30.7%	19.7%	16.3%
정부에 대해 발언권이 있다	38.9	5.1	36.1
지방정부의 운영에 발언권이 있다	32.1	29.8	24.5
공직자에 대해 통제력이 있다	32.1	32.2	12.8
정부의 결정에 영향력을 행사할 수 있다	19.8	7	7.8
다음과 같이 말하는 비율;			
공직자에게 말이 먹혀 들어간다	50.6	48.2	31.6
정부는 여론에 반응을 보인다	45.3	41.7	26.2

자료 : 다음을 참조하여 작성함. Bernadette C. Hayes and Clive S. Bean, "Political Efficacy : A Comparative Study of the United States, West Germany, Great Britain and Australia," *European Journal of Political Research 23*(April 1993) : 264.

표 [2-2]는 몇몇 민주주의에서 정치적 효능의 몇 가지 정도들을 보여준다. 실제 경험이나 추상적 인상에 기초한 효능성의 인식은 이들 국가와 그 밖의 국가들에서 정치참여의 통로와 빈도수에 영향을 미칠 수 있다. 이것들은 정치문화의 여러 차원들 가운데 일부에 불과하다. 국민들의 정치에 관한 기본적 태도와 그들이 참여하는 정치 행위의 종류 사이에 연계가 있다고 우리는 일반적으로 기대한다. 참여가 정치에 아무런 영향을 못 미친다고 믿는 사람은 정치에 참여하려는 노력을 하지 않을 가능성이 크다. 정부 결정이 준수되어야 한다고 믿는 사람들은 특정 정책에 반대하는 경우에도 법을 준수할 가능성이 크다.

1. 정치문화와 정치안정

정치안정(political stability)은 특정한 헌법질서나 정권의 지속성, 혼란과 폭력의 존재 여부, 주요 정치지도자들의 재임 기간 등에 의해 측정된다. 정치체제 전반을 끊임없이 변화시키거나, 커다란 정치적 혼란을 경험

하거나, 리더십이 매우 빈번하게 변화하는 국가들은 불안정하다. 이와 반대로 정권이 지속적이고, 폭력과 혼란이 제한적이고, 지도자들이 수년 동안 재임하고 있는 국가들은 안정적이다. 대부분 사람들은 정치안정을 바람직하다고 보며, 정치체제의 성과(performance)를 평가하는 한 가지 기준으로 간주한다.

정치문화는 기본적인 태도와 가치를 나타내기 때문에, 왜 어떤 국가들이 다른 국가들보다 더욱 안정적인가를 설명하는 데 특히 중요하다. 그래서 분석가들은 프랑스인들의 정치권위에 대한 불신을 지적함으로써, 프랑스에서 민주주의의 험난한 과정과 많은 정권 변화를 설명할 가능성이 크다. 민주주의를 작동시키는 데서 받은 나이지리아의 고통은 다른 나라 사람들이 부패라고 간주하는 것을 증진시키려는 공동체적 가치 탓으로 돌려진다. 중국에서 공산주의의 생존은, 최소한 부분적으로는, 권위에 대한 중국의 전통적 '고두'[18]에 의해 설명된다.

대부분 사람들은 정치문화가 정치안정과 긴밀히 연관된다는 데 동의한다. 그러나 그것은 정치안정의 동태성에 관해 많은 것을 설명하는 데는 가치가 제한된다. 예컨대 대부분 소비에트 연구자들은 러시아인들이 권위주의적 권력에 묵종하는 강력한 문화적 뿌리를 발견하였다. 이러한 러시아 정치문화에 대한 견해는 공산주의 정부의 지속성을 설명하는 데는 유용한 듯하지만, 대부분 관찰자들이 1980년대 말 소련 공산주의의 임박한 붕괴를 인식하지 못한 데도 기여하였다. 전후 독일이 민주주의를 지탱하는 데 적합한 정치문화를 가졌다고 믿은 사람은 거의 없었지만, 수년에 걸쳐 독일 정치문화는 민주주의를 견지하는 것으로 개조되었다.[19] 이러한 동태성(動態性)을 이해하는 데 정치문화를 사용하기는 곤란

---

18) 역주—叩頭 : 무릎을 꿇고 머리를 땅에 대어 복종의 예를 올리는 것.

19) Kendall Baker, Russell J. Dalton, and Kai Hidebrandt, *Germany Transformed : Political Culture and the New Politics*(Cambridge, MA : Harvard University Press, 1981) ; David Conradt, "Changing German Political Culture," in Gabriel A. Almond and Sidney Verva, eds., *The Civic Culture Revisited*(Boston : Little, Brown, 1980).

하기 때문에, 문화는 정치적 안정을 설명하는 데 사용될 수 없다.

더욱이 한 나라의 정치문화를 믿을 만하게 설명하기는 매우 어렵다. 기본적인 태도들이 정치체제를 설명하는 데 중요하다는 견해에 쉽게 수긍되지만, 이러한 태도들이 무엇인지 규정하기는 훨씬 어려운 일이다. 한 나라의 정치문화의 차원들을 규명하는 가장 '과학적' 방식은 여론조사 방법을 사용하는 것이다. 그러나 여론조사는 특정한 쟁점과 퍼스낼리티에 관한 의견을 조사하는 데 유익하지만, 깊숙하게 자리잡은 가치들을 규명하는 데는 유용하지 못하다. 예컨대, 표 [2–1]과 [2–2]에 인용한 여론조사는 민주주의와 정치적 효능에 관한 지속적이고 기본적인 태도를 측정한 것이기보다, 특정 시점에서 특정 지도자와 정책에 대한 응답자의 평가를 나타낸 것이다.

한 나라의 문화를 정확히 규명하기 어렵기 때문에, 정치문화의 서술은 한 나라의 역사와 당대 정치에 대한 근접한 관찰자들의 인상에 불과한 경우가 흔하다. 이러한 주관적인 서술은 사실상 관찰자의 것에 불과하며, 가장 훌륭한 주관적 서술이라도 기본적인 태도와 정향들에 관한 오해의 희생물이다. 이러한 주관적 서술의 위험은 정치문화의 연구가 다양한 사람들을 단순하게 풍자화한다는 데 있다. 예컨대 발꿈치를 맞부딪치는 복종적인 독일인, 반항적인 프랑스인, 공손한 영국인, 유교적인 중국인, 근면한 일본인, 씩씩한 멕시코인 등이다. 이러한 스테레오 타입은 한 나라의 정치문화에 관한 믿을 수 없고 오해를 불러일으키는 표지이거나 관찰자 자신의 편견에 지나지 않는다.

요약하건대, 한 나라의 정치문화와 그것의 변화를 규명하고 설명하기는 어렵다. 변화는 때때로 지속적인 것처럼 보이는 정향과 가치 가운데서 보다 빠르게 발생하기 때문이다. 덧붙여서 정치적 태도와 실제 정치 행위 간의 상관성은 자동적인 것이 아니다. 한 개인이 민주적 가치를 가졌다는 사실은 그가 항상 민주적으로 행동하리라는 것을 의미하지 않는다. 결국 정치적 안정을 이해하는 데 관심 있는 사람들은 정치문화에 기초해서 안정을 설명하지 않는 것이 상책이다.

2. 정치적 가치의 획득

정치적 태도는 인간 행태 속에 본래 있는 것이 아니라 학습된 것이다. 정치적 태도, 정향, 가치들의 발전과정은 정치사회화라고 알려졌다.[20] 정상적 상황에서 정치사회화는 가치와 정향을 한 세대에서 다음 세대로 전달한다. 이것의 대부분은 청년기에 이루어진다.[21] 그러나 정치사회화는 개인의 태도들이 그의 정치적 경험에 따라 변함으로써 일생 동안 지속되는 진행과정(ongoing process)이다.

개인이 경험한 정치 자극으로의 최초의 노출은 가정을 통한 것이다. 기본적인 정치적 가치, 그리고 때때로 정당 선호는 가정에서 무의식적으로 발전하며, 일생을 통하여 여러 사람들에 의해 유지된다. 다음에 소개한 프랑스 어린이들의 사회화에 관한 서술은 그 과정을 예증한다.

> 성장하면서 어린이는 자기 가족이 어떤 상징과 일체화하는지를 배운다. 가족이라는 한계를 벗어나 그는 그의 가족이 교제하거나 교제하지 않는 인간 집단(cercles)을 구분하게 된다. 그는 많은 상징들을 통해서 결사체들을 인식하게 되는데 그 중에는 작은 것, 중요한 것, 분명한 것, 참여자 이외의 모든 사람들에게 숨겨진 것도 있다.[22]

학교는 정치사회화의 또 하나의 매개체이다. 대부분의 나라에서, 학교는 정치체제에 중요하다고 생각되는 정치적 가치와 정향을 젊은이들에게 가르치는 의식적 노력이 경주되는 곳이다. 역사와 시민교육 과목은 대개

---

20) Richard E. Dawson, Kenneth Prewitt, and Karen Dawson, *Political Socialization,* 2nd ed.(Boston : Little, Brown, 1977).

21) M. Kent Jennings, Klaus R. Allerbeck and Leopold Rosenmayr, "Generations and Families," in Samuel H. Barnes et al., *Political Action : Mass Participation in Five Western Democracies*(Beverly Hills, CA : Sage, 1979).

22) Lawrence Wylie, "Social Change at the Grass Roots." in Stanley Hoffmann et al., *In Search of France*(New York : Harper & Row, 1963), p. 231.

필수이며, 국가는 흔히 어떤 교과서가 사용될지를 규정한다. 교실은 국가에 의해 요구된 그러한 시민정신을 젊은이들에게 훈육시키는 데 사용된다. 예컨대 미국에서, 공립학교에서 매일 있는 국기 의식은 국가적 자긍심과 충성심을 교육하며, 학급 임원의 선거는 학생들에게 지도자의 민주적 선택을 가르친다. 일부 국가에서의 군사훈련은 학생들에게 군복무를 준비시키는 것이며, 그 밖의 국가 특히 공산국가의 집단 봉사활동은 자발적인 시민 봉사의 이상을 마음에 심어주는 데 도움이 된다.

사회화의 또 하나의 주요한 매체는 동료집단(peer group)이다. 순응하려는 기본적 욕구의 결과로, 학교나 직장에서 주위의 사람들은 개인의 정치적 정향을 형성하는 데 도움을 준다. 사람들은 대개 동료들과 협동하고 자기들의 태도를 타인들과 일치시키려 한다. 정치사회화의 중요한 매개체는 더 있다. 매스 미디어 · 클럽 · 교회 · 노조 같은 사회집단, 개인의 정치적 경험이 그것이다.

정치사회화의 이토록 다양한 원천들 때문에, 사람들은 대개 상이하고 갈등적인 가치들을 수용하게 되며, 자기 힘으로 분류해야 한다. 예컨대 개도국의 어린이들은 가정에서는 전통적 가치들(가족에 봉사하고 친척이나 인종 집단에 충성하는 것)을 배우고, 학교에서는 세속적 가치들(국가에 대한 시민적 책임과 충성)을 배운다. 따라서 이런 다양한 변형들 가운데서 개인이 할 수 있는 선택은 미리 결정될 수 없다(즉 상황에 따라 다를 수 있다).

3. 문화 변동

대부분의 기본적 정치가치들은 한 개인의 전생애에 걸쳐서 지속되며 사회화 과정을 통하여 미래로 전수되기까지 한다. 그러나 정치문화가 비교적 짧은 기간에 중요하게 변하는 사례들도 있다. 이러한 문화 변동은 정치 엘리트들이 욕구하는 그런 종류의 정치체제를 유지하는 데 도움이 되지 않는다고 생각되는 정치문화를 개조하려는 신중한 노력의 결과로 발생하기도 한다. 그 밖의 정치문화 변동은 개인들의 정치적 견해를 변화시키려는 어느 누군가의 의도적 노력이 없이, 그들의 생활조건과 정치경험의 갑작스런 혹은 점진적인 변화에 반응하면서 자연적으로 발생한 것이다.

정치문화를 변화시키려는 의도적인 노력의 좋은 예는 공산주의혁명 이후 중국에서 볼 수 있다. 지도층은 그들 정권을 지지하는 정치가치들을 수립하려는 중요한 노력을 경주하였던 것이다. 학교는 젊은이들에게 공산주의 가치를 가르치게 지시받았다. 매스 미디어와 개별 접촉을 이용한 거대한 재교육 프로그램들은 전통적인 정치 태도를 지닌 어른들을 숙청하고 새로운 사회적 · 정치적 질서를 유지하는 태도를 지닌 사람들에 의해 대체되도록 계획되었다. 중국은 폭력을 사용하는 데 서슴지 않았으며, 사회화의 모든 매체에 대한 정당의 통제를 수립하고자 하였다. 그 결과, 최소한 겉으로는 정권이 승인한 가치를 반영하는 새로운 정치문화가 급격히 등장하였다.

그 밖의 문화 변동은 무의식적으로 발생한다. 일부학자에 의하면, 이러한 정치문화 변동은 오늘날 산업민주주의에서 발생한다는 것이다.[23] 장기간의 번영과 외국과의 전쟁 위협에서 벗어난 안정의식의 증대로 인하여, 서구와 북미의 대부분 개인들은 물질적 필수품과 국방에 대한 정부의 관심에 우선순위를 낮게 매기게 되었다. 시민들의 초점이 보호와 기본적 욕구에 관한 '물질주의적' 관심으로부터 자기 표현과 평등의 증진, 환경의 보호와 개선, 심미적 잠재력의 완성 등 새로운 '탈물질주의적' 관심으로 옮겨지고 있다. 젊은이들은 전후 호경기 기간에 전쟁의 공포 없이 성장했기 때문에, 특히 이러한 새로운 탈물질주의적 정치가치를 표현하려는 경향이다. 어느 누구도 이러한 문화 변동을 조정하고 있지 않지만, 그것(문화 변동)이 중요한 정치적 의미를 가질 가능성은 크다. 많

---

23) Ronald Inglehart, *The Silent Revolution*(Princeton, NJ : Princeton University Press, 1977) and Ronald Inglehart, *Culture Shift in Advanced Industrial Society*(Princeton, NJ : Princeton University Press, 1991). 또한 다음을 참조할 것. Russell J. Dalton, *Citizen Politics in Western Democracies*(Chatham, NJ : Chatham, 1988), pp. 77~98.

은 관찰자들이 믿는 바로는, 향후 탈물질주의적 세대들이 정치를 지배하는 시대가 오면, 대부분의 서구에서 이 새로운 가치는 정부에 따라 우선순위를 달리할 것이다.

Ⅲ. 지 리

19세기에는 지정학이 지리학자와 정치학자에게 중요한 연구분야로 등장하였다. 지정학에 관심 있는 이 사람들은 지형, 자연자원, 기후, 인간들의 정착 패턴 같은 지리적 특징들이, 다른 나라들과 관련해서 그리고 심지어 국내적으로, 한 국가의 정치상황을 사실상 결정한다고 주장하였다. 지리는 또한 국내정치에 선택의 폭을 제한하였다. 정치가 지리에 의해 결정된다고 보는 지정학자들의 관점을 입증해 줄 예들이 몇 가지 있다.

러시아로부터 독일과 저지대 국가들(네덜란드 · 벨기에 · 룩셈부르크 지방)을 거쳐 프랑스 서해안에 이르기까지 북유럽에 펼쳐진 광활한 평야는 군대들이 쉽게 이동할 수 있는 '침입로(invasion alley)'가 되었다. 그 결과 이 평야를 통해서 1천 년 이상 거의 지속적으로 전쟁이 발생하였다. 이 북유럽 평야지대는 전쟁을 촉진시킴으로써, 도시와 지역들이 싸움에 휘말리고 경쟁하던 군대에 의해 합병되는 정치적 불안정을 초래하였다. 이러한 지형적 특성은 이 지역 사람들의 불안의식을 증진시켜, 침략과 파괴로부터 국민을 가장 잘 보호할 수 있는 강력하고 권위주의적인 지도자들의 등장을 허용하였다.

나일강 삼각주와 중국의 여러 지역은 기후가 건조하고 인구가 많았다. 이 인구들을 위한 식량을 생산하는 농업은 대규모적이고 복합적인 관개체제(irrigation system)의 발전에 좌우되었다. 이 관개체제의 건설 · 유지 · 사용은 강력하고 중앙집권적인 정부를 필요로 하였다. 그 결과 이들 지역은 강력하고 전제적인 정부의 등장을 경험한 데 비하여, 세계의 다른 지역은 여전히 지역 수장(satraps), 종교적 지도자, 마을 원로들에 의해 느슨하게 지배되었다.[24] 그 밖의 세계에서는 국민생활에 대한 정부의 영향은 여전히 적었지만, 관개 필요(irrigation needs)에 기초한 이들 체제에서는 중요한 수자원의 통제 때문에 국민의 일상생활에 대한 비상대권이 정부에 부여되었다. 일부 사람들은 현대적 전체주의 국가의 기원을 이 같은 '동양적 전제주의(oriental despotism)'에서 찾고 있다.

20세기 초 30여 년 동안 지정학은 국제정치상의 지리에 초점을 두었다. 여러 학파의 지정학자들은 핵심적인 산악 통로, 주요 해협, 그 밖에 세계정복에 필요한 전략적 요지들을 규명하고자 하였다. 그들의 사상은, 흔히 그것을 사용하는 사람들에 의해 왜곡되어, 나치 독일과 일본의 전시 전략을 고취시킨 듯이 보였다. 그 결과, 지정학은 2차 대전 후 지적 호기심에서 벗어났다. 그러나 우리는 거의 모든 국가들의 국내정치에 지리가 미칠 수 있는 바로 그 실질적 영향을 알기 위하여 세계대전 이전의 지정학적 결정론과 전략적 견해들을 받아들일 필요는 없다.

가장 좋은 한 가지 예는 영국이다. 영국이 섬이라는 사실은 거의 1천 년 동안 외국 침략의 파괴적 영향으로부터 정권을 보호하였다. 대륙의 '침입로'에 위치한 인접국들과는 달리, 영국 정권은 군사적 패배의 결과로 붕괴되지 않았고 국경은 도전받지 않고 남았다. 영국의 섬나라라는 지위는 강력한 해군력에 관심을 집중하게 하였는데, 이는 국내정치에 간섭을 위협할 만한 대규모 지상군이 거의 존재하지 않았음을 의미한다. 영국 섬들은 작지만 전력, 석탄, 철강 등 초기 산업화를 위해 필요한 자원을 공급하였다.

지리의 중요성의 또 다른 예는 일본과 스위스에서 찾을 수 있다. 영국처럼 일본은 섬나라라는 지정학적 위치에 의해 침략이나 다른 국가를 휩쓸었던 정치사상으로부터 보호되었다. 그러나 영국과 달리 일본은 경제발전에 필요한 자원의 대부분이 부족하여 침략을 통하여 그것을 추구해야 했다. 스위스는 멀리 떨어진 고산지대라는 위치 때문에 다른 작은 국가들이 강대국에 흡수되는 유럽 전쟁의 와중에 말려들지 않고 독립을 유

---

24) Karl A. Wittfogel, *Oriental Despotism: A Comparative Study of Total Power*(New Haven, CT: Yale University Press, 1957).

지할 수 있었다.

정치에 대한 지리적 영향을 인정하면서도 강조되어야 할 것은, 지리는 오늘날 정치를 형성하는 데 작용하는 주요 요소들 가운데 하나에 불과하다는 사실이다. 예컨대 영국의 섬나라라는 지위는 군대의 강력한 정치적 역할이 없음을 설명하는 데 도움이 된다고 지적한 바 있다. 그러나 일본의 섬나라라는 지위는 그 나라에서 수세기에 걸친 군국주의 전통의 발전을 막지 못하였다. 지리는 정치에 영향을 미치지만 정치를 결정하지는 않는다.

Ⅳ. 결 론

이 장에서는 정치에 대한 중요한 역사적 · 지리적 배경을 간단히 살펴보고, 과거 사건들과 지리가 오늘날 정치에 영향을 미치는 여러 가지 방식을 지적하였다. 이 밖에도 정치에 영향을 미치는 중요한 배경적 요소들은 있다. 특별히 중요한 것은 경제적 · 사회적 체제이다. 이제 정치에 대한 이러한 중요한 영향력들을 다음 장에서 살펴보기로 한다.

제 3 장

사회와 정치

그것은 경제야, 이 바보야!

이 말은 1992년 대통령 선거운동 기간 동안 클린턴 후보 진영이 그들의 사무실에 써서 걸어놓은 슬로건이었다. 이 슬로건은 선거 승리의 핵심이 부시 행정부의 경제정책을 비판하고 유망한 경제적 대안을 제시하는 능력에 있음을 기억하게 한 점에서 클린턴과 그의 참모들에게 도움이 되었다. 선거 후에 대부분의 분석가들은 경제가 선거결과를 결정짓는 중심 요소였다는 데 동의하였다. 사실상, 경제는 민주적 선거에서 승자와 패자를 결정하고 권위주의적 정권을 종식시키는 데 핵심적 역할을 수행하는 경우가 많았다. 구소련에서 겉보기엔 철옹성 같던 공산주의 경제가 붕괴한 데 대한 대부분의 설명은 고도로 중앙집권화된 경제의 점진적 실패에 관한 것이었다. 이것은 한 나라의 정치를 이해하기 위해서 그 나라의 경제와 사회구성을 이해하는 것이 중요함을 나타내는 많은 지표 가운데 하나에 불과하다. 이 장(章)은 우선 경제적 자원에 초점을 두고 나서 정치에 대한 사회의 영향을 검토하기로 한다.

I. 정치에 대한 경제의 영향

경제와 국가 간의 관계는 항상 긴밀하고 복잡하다. 전통사회에서 경제적 권력은 족장이나 마을 원로들의 수중에서 정치적·종교적 권력과 결합되어 있었다. 사회가 근대화됨에 따라 다양한 사회적 권력들이 정치적 권위체, 경제행위자, 종교지도자에게로 분할되었다. 그러나 정치와 경제 간의 연계는 여전히 강력하고 긴밀하다. 경제적 구조와 성과는 국가에 영향을 미치고, 국가는 정책을 통해 경제를 형성한다. 정치경제(political economy)는 이러한 복합적 관계를 가리킨다. 지난 20여 년 간 개별 국가의 정치경제와 국가들 간 정치경제는 정치학자와 사회학자들의 커다란 관심을 이끌었다.

20세기 말 거의 모든 국가의 국민은 그들의 정치체제가 경제적 안정과 성장을 제공해 주기를 기대했다. 그 결과 경제를 지시하고 형성하는 데 정부가 크게 관여하였다. 세계의 빈곤 지역의 대부분에서, 국민은 그들 정부가 그들의 경제를 발전시키고 근대화시켜 기아와 가치박탈을 제거해 주기를 기대한다. 경제가 자유기업에 기초한 사회들에서도, 시민은 국가가 경제행위자들을 관리하고, 경기 후퇴와 인플레이션의 경제순환 효과를 완화하고, 시장경제의 자유활동에 의해 불이익받고 있는 사람들에게 '안전망(safety net)'을 제공해 주기를 기대한다.

경제와 국가안정 간의 관계는 표현하기 쉽지 않다. 경제문제가 정치적 불안정을 가져온다고 보는 사람들도 있으며, 일반적으로 취약한 경제의 국가에서는 정치적 혼란과 예기치 못한 변화의 수준이 높은 것이 보통이다. 그러나 이런 일반화에는 예외도 많이 있다. 일부 부유한 국가들도 정치적 불안정을 경험하고, 일부 빈곤국들은 정치적 불안을 모면하고 있다.

경제성장을 이룩하는 데 성공하는 것만으로 현직의 지도자나 정권이 권력을 유지하는 데 충분하지 않지만, 경제 실패는 거의 항상 정권의 정통성의 약화에 촉진제가 되었다. 민주주의 국가들에서 경제문제는 흔히 투표자들로 하여금 집권당을 퇴출시키게 한다.[25] 한 예로, 1993년 의회 선거에서 프랑스 사회당 정부의 패배는 기록적인 높은 실업과 경제적 침체에 대한 투표자들의 불만감과 연결된 것이다. 비민주적 국가들에서도 경제적 불만은 정권의 붕괴를 가져올 수 있다. 예컨대 소련의 붕괴는 그 나라 경제적 붕괴와 긴밀히 관련된 것이다.

1. 정치와 경제체제 유형

경제와 국가 간의 관계를 조직하는 방식에는 기본적으로 두 가지 견해가 대립하고 있다. 자본주의, 즉 자유기업체제에서는 경제가 모든 재산, 산업, 상업의 사적 소유권에 기초한다. 무엇을 생산하고, 얼마나 생산하고, 판매가와 임금을 얼마로 할 것인가에 대한 경제적 결정은 재화의 용역의 수요와 공급의 상호작용에 의해 사실상 자율적으로 이루어진다. 정부의 역할은 최소이다. 정부는 통화와 같은 필수적인 것을 제공하고 페어 플레이를 보장하기만 하면 된다. 자본을 어디에 얼마나 투자할 것인가의 결정은 이러한 화폐적 자원을 가진 개인들에 의해 개인적으로 이루어진다. 경제적 평등은 유용한 목표로 간주되지 않는다. 오히려 경제행위자들의 자유경쟁의 결과로 부(富)의 자연스런 불균형이 생긴다.

사회주의는 거의 모든 재산과 생산수단의 집단적 소유에 기초한 경제이다. 재산의 집단적 소유와 통제는 국가에 의해 이루어지게 마련이다. 사회주의에서, 국가는 주된 경제적 행위자이다. 국가의 과업은 공동체의 경제 목적을 확인하고, 이 목적을 달성하기 위해 가격, 임금, 자원분배, 투자를 조작하는 것이다. 이것은 경제를 이끌기 위한 정부 주도의 장·단기 경제계획의 발전을 포함하게 마련이다. 사회주의는 또한 사회구성원 사이에 경제적 평등을 성취하기 위한 최선의 방법을 제공하는 것으로 간

---

25) 이러한 관계에 대한 고전적 진술은 다음을 참조할 것. Edward R. Tufte, *Political Control of the Economy*(Princeton, NJ : Princeton University Press, 1978).

주되기도 한다.

실제에 있어서는 이 같은 순수형의 경제체제 가운데 어느 하나를 성취시켜 온 나라는 별로 없다. 대부분 공산국가들은 생산 수단의 정부 소유와 중앙집중적 계획에 기초하였지만, 중요한 경제활동은 흔히 개인들의 손에 남겨졌다. 예컨대 공산주의 붕괴 이전에, 대부분의 구소련에서 팔린 신선한 고기와 채소의 대부분은 집단농민들의 '텃밭'에서 나왔다. 경제계획은 현실적이라기보다 흔히 환상적이다. 그리고 경제적 평등을 촉진하려는 국가의 경제권력은 협소한 정치 엘리트들 자신의 이익을 위해 횡령되고 사용되었다.

대부분의 서구 산업국가들은 자본주의 모델에 가깝지만, 대체로 국가는 원리적인 자본주의에서 상상된 것보다는 훨씬 중요한 경제적 행위자이다. 사실상 과거 50년 동안 많은 국가들은 일부는 사유기업에, 또 일부는 국유기업에 기초한 혼합경제(mixed economies)를 발전시켜 왔다. 이런 국가들은 경제의 주된 사적 분야뿐만 아니라 국가에 의해 소유되고 운영되는 경제적 기업의 광범한 공적 분야를 가지고 있다. 국가소유 기업은 은행, 철도, 항공기, 공익사업(가스, 전화, 전기 등), 탄광 같은 흔히 핵심적 경제활동이다. 덧붙여서 거의 모든 주요 산업국들은 자본주의의 자유활동에 의해 불이익을 당한 사람들을 지원하는 방대한 공공 복지체제를 발전시켜 왔다. 연금, 건강관리, 실업 및 신체장애 보험, 직업훈련 프로그램, 어린이 노동 보호법, 직업 건강 및 안정법 등이 그것이다.

혼합체제에서, 국가는 경제에서 적극적 역할을 한다. 많은 정부의 경제활동은 케인즈의 사상에 기초해 왔다. 그는 영국 경제학자로서 정부가 경제에 개입하여 경기순환의 충격을 완화시킬 수 있다고 주장하였다. 이러한 케인즈주의는 경제가 좋을 때나 나쁠 때나 정부 개입을 주장하였다. 경제가 나쁘면 정부는 경제를 회생시키기 위해 비록 적자예산이 되더라도 세금을 낮추고 세출을 증대해야 하고, 반대로 경제가 좋아지면 정부는 인플레이션 경향을 진정시키고, 불경기 때 초래한 적자를 청산하기 위하여 소비를 줄이고 세금을 인상해야 한다.

혼합경제에서 사용되는 간섭에는 또 다른 형태도 있다. 일부 경우에서 국가는 임금과 가격의 통제, 환율 제한, 수입품에 대한 관세, 기타 무역 제한 등을 통해 간섭한다. 마지막으로 국가는 자국 회사에 연구와 발전을 지원함으로써 외국 기업과의 경쟁력을 향상시키는 데 도움을 준다. 일본과 프랑스 같은 많은 자유기업 국가들은 '산업정책'을 발전시켜 왔다. 이 산업정책들은 미래 경제 경쟁에 중요하다고 생각되는 기업들에 기술 연구와 투자를 촉진한다. 간단히 말해서 자유기업 국가들에서도 국가는 중요한 경제적 행위자이다. 국가의 정책들은 경제의 성장과 본질에 영향을 미친다. 정치지도자들의 성공은 대체로 그들의 노련한 경제관리에 달려 있다.

개발도상국들은 혼합경제가 지배적인 또 하나의 상황이다. 경제의 대부분이 국가의 통제에 들어간다. 이렇게 된 부분적인 이유는, 대부분 제3세계의 경제가 사적 자본과 개별 기업가들을 갖지 못한 연유로 이들 국가의 초기 지도자들이 사회주의적 확신을 가지고 국가 경제건설의 임무를 맡게 되었기 때문이기도 하다. 대부분 이 국가들은 식민주의 쇠퇴로 인해 등장했기 때문에, 사적 투자와 기업을 통해 근대적 경제를 재건하는 데 필요한 자본을 가진 사람이 극히 드물다. 또한 이 국가들의 대부분의 지도자들은 과도한 외국 투자를 원치 않는다. 그들은 그것을 식민지적 종속을 만드는 새로운 방식이라고 옳게 보았기 때문이다. 그 결과, 제3세계에서 국가는 경제를 급속히 발전시키려는 노력을 하는 주요 행위자가 되었다.

지난 15여 년 간 많은 경제가 자유기업으로 전환하였다. 이러한 추세를 불러일으킨 몇 가지 요소들이 있다.

첫째, 1970년대 많은 선진국 경제가 동시에 겪게 된 높은 인플레이션, 경기 침체, 높은 실업 등에 일상적인 정부의 경제 조작이 적절히 대처하지 못했다. 더욱이 선출된 정치인들이 인플레이션 시기에 케인즈가 주장한 대로 세금을 인상하고 정부세출을 삭감할 용기를 별로 가지지 못했기 때문에 케인즈주의는 움츠러들었다. 그 결과, 과세나 소비 삭감으로 국가부채를 감축하려는 노력의 미흡으로 거대한 국가 부채가 누적되었다.

둘째로, 무제한적 자유기업의 미덕을 강조하는 신자유주의 경제사상의 부활이 있었다.[26] 미국에서는 대개 '자유주의(liberalism)'가 큰 정부를 연상시키지만, 다른 나라에서 자유주의라는 용어는 그 대신에 19세기 개념의 자유기업과 의회 민주주의를 가리킨다. 자유주의자(liberal)라는 용어도 미국에서는 그 밖의 세계에서와는 다른 의미를 가진다. 미국에서는 자유주의자가 정치적 좌파를 의미하지만, 다른 나라들에서는 대개 '보수적'이며 우파이다. 그래서 레이건 대통령과 미국 우익에 의해 옹호된 보수적 경제정책은 세계 다른 곳에서는 신자유주의(neoliberal)로 취급된다. 이런 혼란에 대한 설명은 미국이 강력한 사회주의운동을 가져본 적이 없었다는 사실에서 나온다. 유럽과 그 밖의 세계에서는 사회주의자들이 좌익이다 보니, 자유주의자들은 미국에서 발전된 것보다 훨씬 광범한 정치 스펙트럼에서 우익 쪽으로 옮겨졌다. 그래서 미국 정치에서는 자유주의자라는 용어가 훨씬 온건한 좌파를 나타내게 되었다.

지난 15년 이상 대부분의 세계에서는 자유주의, 즉 보수적 경제정책이 부활되었다. 신자유주의는 정부 결정보다는 시장의 힘에 의해 추진되는 경제정책으로의 복귀이다. 이러한 신자유주의는 국가의 경제 간섭과 혼합경제의 성과에 대한 대중과 정부의 불만에서 비롯된 것이다. 위에서 언급되었듯이, 케인즈주의는 1970년대의 경제위기에 대처하지 못했다. 케인즈주의가 움츠러들자, 많은 경제학자와 정치가들은 국가의 경제통제라는 제약으로부터 기업을 자유롭게 하는 전통적 자유주의 개념에서 새로운 경제적 안건(agenda)을 발견했다. 이런 신자유주의는 미국의 레이건 대통령과 영국의 대처 수상 같은 지도자들의 경제적 전략에서 표명되었다. 이 국가들과 그 밖의 정부들은 그들의 경제적 통제를 완화하고 시장 기능의 자유로운 활동을 증대했다. 영국과 프랑스 같은 몇몇 나라들에서 공공 분야의 대부분이 사유화—즉 사적 투자자에게 매각—되었다.

셋째로, 동구와 구소련에서 공산주의의 경제적 · 정치적 실패는 사회주의 경제 모델의 가치를 실추시켰다. 그곳에서 사회주의는 작동하지 못했고, 많은 사람들은 그것이 다른 곳에서도 작동하지 못하는 증거로 간

26) Desmond S. King, *The New Right*(Chicago : Dorsey, 1987).

주했다. 사회주의의 붕괴에 따라 대부분 동구 국가들은 그들의 경제를 재건하기 위해 자본주의적인 접근법으로 전환하였다. 동시에 선진국과 개도국 양쪽에서 혼합경제는 문제점들을 경험하였다. 서구에서는 국가들이 그들의 방대한 사회복지체제가 너무 비용이 많이 든다는 사실을 알았다. 그래서 그들은 매우 인기 있는 이들 프로그램을 삭감하거나 그 비용을 제한하려는 방법들로 고심하였다. 개도국에서는 정부가 그들 국가를 경제적 근대화로 이끌어갈 능력에 대해 회의가 높아지고 있었다. 많은 국가들은 그들의 경제를, 자국민에게든 외국 회사에게든 민간기업에게 개방하였다.

이상에서 살핀 요소들에 의해 1980년대와 1990년대 초는 경제적 신자유주의 내지 자본주의가 확산된 시기였다. 그렇기는 하지만 '자본주의의 승리'를 말하기에는 시기상조이다. 첫째, 과감한 반복지적 수사(反福祉的修辭)에도 불구하고, 복지 프로그램을 삭감하는 나라는 별로 없다. 그것이 너무나 인기 있어서 제거하기 어렵기 때문이다. 특히 투표자들이 자기들의 건강 관리나 연금을 삭감하는 정당을 기억하여 응징할 가능성이 큰 민주주의에서 더욱 그렇다. 둘째, 1990년대 중반에 이르러, 신자유주의 경제 패턴으로 전향했던 영국, 프랑스, 독일, 미국 같은 많은 국가들이 더 이상 방치할 수 없을 만큼 심각하고 지속적인 영향을 미치는 장기적인 높은 실업과 경제 침체 같은 심각한 경제문제들에 직면하였다.

그 결과 자본주의가 동구, 중국, 제3세계 국가들에까지 확산되었지만, 자유기업 경제의 전통적 본거지들의 대부분이 또다시 국가 간섭의 증대, 국가적 산업정책, 국가 경제계획을 실험하고 있다. 클린턴 대통령은 미국을 레이건 경제로부터 분리시켰으며, 영국 메이저 수상은 대처주의에서 퇴각하였다. 이러한 1980년대의 한결같은 교리적 접근법들이 포기되었지만, 1945~1979년 동안의 케인즈적 접근법으로의 복귀에는 별로 관심이 없는 것 같다. 이것은 오늘날 우리가 당면한 과제의 하나이다. 즉 케인즈주의와 신자유주의 양쪽의 결점을 재빨리 인정하고 있으면서도, 20세기의 마지막 10년의 지속적인 경제문제에 직면해서 정부가 어떤 경제정책을 추진해야 할지에 관한 처방이 없다는 것이다.

2. 정치와 경제발전 수준

우리들은 흔히 국가들을 선진국과 후진국 두 집단으로 크게 범주화한다. 사실상, 경제발전 과정은 기술, 자원, 국가정책, 국민의 태도와 가치들이 끊임없이 경제체제를 개편함에 따라 진행 중인 과정이다. 이러한 경제변화의 과정에 있는 국가들 내에서 획일성이란 있을 수 없다. 서구국가들 같은 고도의 선진국에서도 경제발전이 다른 지역들보다 훨씬 지체된 지역들이 있는 것은 보통이다. 예컨대 프랑스 농촌에는 농부들이 아직도 말이 끄는 쟁기와 수레를 사용하여 간신히 자급 농업(subsistence farming)을 하는 지역들이 있다. 반면에 우리가 일반적으로 후진국이라고 말하는 많은 국가들에는 고도 선진국들의 대도시의 문제들을 많이 안고 있는 혼잡한 도시들도 있다. 라고스(나이지리아), 뉴델리(인도), 멕시코시티는 모두 선진국의 도시들이 안고 있는 교통 · 공해 · 주택 · 고용의 문제들을 지닌 혼잡한 도시 지역의 예들이다. 이 같은 '불균등 발전(uneven development)'은 고도의 산업국과 개도국 양측에 주요한 정치적 · 사회적 과제들을 안겨준다.

우리는 북미와 서구에서 발견되는 산업, 소비자경제를 가지고 있지 못한 나라들을 지칭함에 있어 상이한 용어들을 많이 사용한다. 후진국, 저발전국, 개발도상국, 남반부, 제3세계 등이 그것이다.[27] 어느 것을 사용할 것인가의 선택은 개인적 취향에 달린 것이지, 이러한 용어들의 의미상의 어떤 중요한 차이성에 따른 것이 아니다. 이 모든 용어들은 서구와 북미에서 발생한 산업발전과 경제성장이 바람직하다거나 심지어 필수적이라는 서구 민주주의의 편견을 반영한다고 반대하는 사람들도 있다. 이것은 부분적으로는 의심의 여지 없는 사실이다. 그러나 경제 성장과 발전에 부여된 가치는 그 원천에서는 서구적일 수 있지만, 이제는 사실상

27) 제3세계라는 용어는 서구 민주주의의 '제1세계'나 공산국가의 '제2세계'가 아닌 국가들을 나타낸다. 원래 이 용어는 이 국가들이 동서의 냉전적 갈등에 개입하지 않는다는 의미를 포함하였으나, 이러한 외교적 의미는 '제2세계'가 사라지기 전에도 저발전국이라는 경제적 정의(定義)로 변질되었다.

모든 세계국가들의 지도자와 국민들 사이에 거의 보편화되어 있다.

경제발전의 보편적 유익성에 대해 유보하는 데는 몇 가지 이유가 있다. 우선 경제발전은 농업으로부터 제조업과 상업으로의 인간자원의 변화를 포함하게 마련이지만, 대부분의 경우 이것은 국민을 부양하는 국가의 능력을 심각하게 저해한다. 예컨대 나이지리아는 1960년 독립하기 전에는 식량 수출국이었는데, 1985년에는 식량 수입국이 되었고 국민을 겨우 먹일 수 있었다. 다음으로 농촌 인구가 뿌리뽑힌 채 산업현장으로 몰려가게 되는 데서 오는 사회적·정치적 문제들도 있다. 어려운 시기에 정서적 힘과 경제적 지원을 제공했던 가족, 씨족, 마을에의 충성심이 약화된 것이다. 이런 상황에서 급진적이고 극단적인 집단들에 쉽사리 빨려든다. 마지막으로, 경제발전은 흔히 많은 전통사회에서 중요시되던 자연과 인간의 조화를 파괴한다. 공해와 토지의 피폐화로 인해 사람들은 전통경제에서 환경에 쏟았던 관심을 되살리게 된다.

많은 개발도상국들은 거대한 외채에 직면해 있다. 이 나라 국민들도 남들이 누리던 소비자 혜택을 알게 됨에 따라, 서구에서 생산된 재화들에 대한 요구가 증대되었기 때문이다. 이들 국가는 흔히 그들의 자연자원의 판매에서 생긴 수익으로 이러한 수입품과 그들 자신의 경제발전계획의 재원을 충당하려 하지만, 자연자원의 국제시장이 매우 변덕스럽다는 추가적 문제점에 직면한다. 자원의 수요와 가격이 예측할 수 없게 난폭하게 변동한다. 이것은 자원의 판매수익금을 이용하여 경제발전의 재원을 충당하려는 국가들에게는 중요성을 갖는다.

나이지리아는 이 문제에 관해서도 좋은 본보기가 된다. 나이지리아는 남동부에 중요한 석유매장량이어서, 국제 석유 부족으로 유가가 상승하던 1970년대 동안에는 석유산업의 발전에 박차를 가했다. 나이지리아 석유는 유황이 낮아서 환경에의 관심이 증가함에 따라 더욱 바람직한 것으로 되었다. 1980년 나이지리아는 하루에 석유 210만 배럴을 생산하여 그것을 배럴당 40달러에 팔았다. 정부는 여기서 얻어진 수익금으로 광범한 경제발전의 재원을 충당하기로 결정하고, 예상된 석유 이익금에 기초한 야심찬 고비용의 프로그램을 추진하였다. 외국은행들은 이 발전계획을 지원하기 위하여 수십 조 달러를 댔다. 그러나 석유의 부족이 석유의 공급과잉으로 변하자, 1981년 나이지리아의 석유 생산은 하루 50만 배럴로 떨어지고 가격도 배럴당 30달러였다. 1985년에는 유가가 배럴당 10달러 이하로 떨어졌다. 이에 정부의 경제발전계획은 산산이 부서지고, 거대한 국제적 부채가 누적되어, 경제는 거의 붕괴되었다. 이러한 경제적 실패는 1983년 말 군사 쿠데타를 촉발시켜 나이지리아 제2공화국은 붕괴되었다.

나이지리아의 경험은 예상된 수입에 기초해서 세운 경제발전계획이 실현되지 못한 여타 개도국들의 경험과 비슷하다. 주석, 고무, 구리 같은 원료에 대한 수요는 다른 생산품에 대한 수요보다 훨씬 급격히 그리고 훨씬 난폭하게 변동한다. 이것은 이들 생산국들로 하여금 이미 발전된 세계 중심의 국제경제 조건에 고도로 종속되게 만든다. 이것은 식민주의와 비슷한 일종의 '종속' 관계를 조성한다고 보는 사람도 있다.[28] 개도국들은 법률적 이론에서는 주권국일지라도 세계경제에 종속된다. 결국 그들은 부유한 국가들의 정부, 사적인 다국적 기업, 국제은행들을 만족시킬 필요에 의해 주권이 제한된다. 그 결과는 신식민주의이며, 이는 고전적 식민주의가 그랬듯이 독립국가들을 강력한 산업경제국들에게 완전히 단단하게 예속시킬 것이다.

이에 국제정치에 중요한 결과가 나타난 것은 놀랄 일이 아니다. 가장 지독한 경우로, 외국 회사나 정부들은 비협조적으로 보이는 제3세계 정권들을 전복하려는 시도에 휘말리게 된다. 칠레에서 아옌데의 전복은 그의 경제정책을 두려워한 미국 이익들에 의해 지원되었다. 이보다 좀 덜 극적인 예들 가운데는, 외국 채권자들이 제3세계 채무국들의 경제정책을 결정하려는 정치적 간섭이다. 그러면 국내 정치지도자들은 국민 지지의 상실이나 심지어 정치적 폭력의 대가를 지불한다. 그래서 1989년 외국 은행들은—남미에서 가장 역사가 깊고 성공적인 민주주의의 하나인—베

28) Immanuel M. Wallerstein, *The Modern World System*, 2 vols.(New York : Academic Press, 1980).

네주엘라에 가솔린과 대중교통 요금을 인상하도록 요구하였다. 그 결과는 3백 명 이상의 사망자를 남긴 3일간의 폭동이었다.

개발도상국(developing country)이라는 용어는 아직 근대적 경제를 갖지 못했지만, 그러한 목적을 향하여 진행하고 있는 나라를 가리킨다. 이것은 일부 제3세계 국가들에게 해당되는 것이지만, 대부분 국가들은 허우적거리며 발전이 정지된 경제를 가지고 있다. 이런 국가들의 경제는 정체되었거나 외채, 자연재해, 국내적 무질서 때문에 왜곡되기도 했다. 더불어 제3세계의 일부에서 급격한 인구성장이 경제팽창의 혜택을, 전부는 아니더라도, 대부분을 흡수해 버린다.

반면에 자국의 경제를 근대화하는 데 성공한 국가 수효는 적지만 늘어나는 추세이다. 이 신흥공업국(NICs) 속에는 한국, 대만, 쿠웨이트, 브루나이, 태국, 싱가포르 등이 포함된다. 이들은 근대산업의 중요한 토대를 획득하였고, 자기들 생산품에 대한 세계적 시장을 개척하였으며, 그들 국민의 생활 수준을 향상시켰다.

선진국들도 그들 경제에 전환을 경험하고 있다. 세계의 대부분 부유국들은 노동집약 산업생산에 기초한 경제로부터 고도 기술과 서비스 중심의 경제로 변하고 있다. 이러한 탈산업경제로의 발전은 대량의 자본이나 육체노동보다는 지식과 기술을 더욱 중요시한다.[29] 이러한 변화는 정치적 중요성들을 가지고 있으나 그 모두가 좋은 것만은 아니다.[30] 영국, 프랑스, 독일 같은 국가의 정치지도자들을 괴롭히는 것은 대부분 장기적 실업이다. 중공업의 쇠퇴와 노동자들의 이동 증가는 공장 주변의 이웃사랑을 쇠퇴시켰고, 정치권력을 새로운 교외로 이동시켰다. 탈산업적 변화는 새로운 쟁점들을 정치안건으로 제기한다. 예컨대 환경보호는 여전히 공해를 배출하는 중공업에 의존하는 나라보다 고급기술을 획득한 나라에 대해서 더욱더 중요한 것이다.

---

29) 다음을 참조할 것. Daniel Bell, *The Coming of Post-Industrial Society* (New York : Basic Books, 1973).

30) Samuel P. Huntington, "Post-Industrial Politics : How Benign Will It Be?" *Comparative Politics* 6(January 1974).

3. 경제와 민주주의

이 장의 앞에서 자본주의와 사회주의라는 두 가지 기본적 경제구조를 지적하였다. 이론상으로는 이 모델 중 어느 것도 특별한 정부형태를 지시하지 않는다. 따라서 자본주의 경제나 사회주의 경제 중 어느 것과도 민주주의는 친숙할 수 있다고 생각된다. 이와 비슷하게 권위주의도 이들 경제형태 중 어느 것과도 마찬가지로 친숙하다.

그러나 민주주의는 자본주의 경제에 의해 촉진된다고 주장하는 사람들이 있다. 사실상 많은 사람들은 과거 5년간 구 공산주의 국가들에서 민주화의 확실한 표시로 자유기업의 등장을 목격하였다. 자본주의에는 민주주의의 일부 특성들을 촉진시키는 특성들도 있다. 현저한 것으로는, 자본주의의 정의상 국가권력이 자본주의하에서는 제한된다는 것이다. 강력한 자율적 집단들 간의 경쟁은 생산, 가격, 임금 같은 핵심적 사회쟁점들을 해결한다. 이것은 민주주의가 성장할 수 있는 정치적 다원주의를 자동적으로 만들어 낸다. 그러나 이러한 주장을 반박하고 자본주의의 타고난 불평등을 지적한 사람들도 있다. 그들은 커다란 경제적 불균형을 안고 있는 자본주의 사회에서 민주주의의 핵심적 특성인 정치적 평등을 과연 이룰 수 있는가라는 문제를 제기한다.[31)]

경제적 자유화(더 많은 자본주의 경제로의 이행)는 그러한 전환을 지도할 강력한 중앙집권적 정부를 필요로 하기 때문에 오히려 민주주의에 해롭다고 주장한 사람도 있다.[32)] 강력한 중앙정부가 등장한 결과로서 일반대중, 이익집단, 지방 및 지역 정부, 국회 등의 정책결정 참여가 엄격히 제한된다는 것이다. 일단 자유화가 완성되면, 보다 더 민주적 참여과정을 개방하는 데 별로 관심을 두지 않는 강력한 권위주의적 정부가 존재하게 되기 때문이다.

---

31) Robert A. Dahl, *Democracy, Liberty, and Equality*(New York : Oxford University Press, 1986).

32) Adam Przezworski, *Democracy and the Market*(Cambridge, England : Cambridge University Press, 1991).

자본주의를 민주주의의 필수조건으로 보는 사람들과 정치적 평등의 저해 요소로 보는 사람들 사이의 논쟁은 쉽게 해결될 것 같지 않다. 우리가 말할 수 있는 것은 자본주의가 항상 민주주의를 창출하지는 않는다는 사실이다. 권위주의적 정권을 지닌 자본주의 국가는 많다. 최근의 한 예를 중국에서 찾을 수 있는데, 그곳에서 자유기업의 확산은 공산주의 정권의 민주화에 별로 영향을 못 미치고 있다. 더욱이 민주주의는 자본주의 경제의 순환적 효과에 특히 취약하다. 경제적 침체는 민주주의 붕괴를 초래할 수 있고 사실상 초래해 왔다. 이것의 가장 좋은 예는 히틀러에 의한 바이마르 민주헌법의 파괴였는데, 그것은 경제 침체에 의해 조장되었다.

민주주의와 자본주의의 동시적 추진은 흔히 높은 수준의 정치적 혼란과 불안정을 조성한다.[33] 정치 · 경제의 동시적 자유화에서 생긴 이런 정치적 · 경제적 무질서는 민주주의에 대한 대중의 거부를 불러올 만도 하다. 이것이 러시아 및 일부 동구 국가들의 탈공산주의 변화에서 현재 드러난 위험이다. 정치지도자들이 고도의 중앙집권적 국영경제로부터 자본주의로의 이행에서 생긴 엄청난 경제적 일탈현상을 통제할 수 없기 때문이다. 이런 경제문제들은 정치적 혼란을 야기시키고, 러시아인과 동구인들에게 과거의 공산주의식 경제의 확실성과 정치 질서를 그리워하게 하였다. 이는 경제와 정치 간의 불확실한 관계를 보여주는 것이다.

민주주의와 정치발전 수준 간에는 필연적 연계가 없다. 대부분의 고도 선진국은 민주적이지만, 여전히 권위주의적 정권인 선진국들도 많다. 확실히 경제발전 그 자체는 자동적으로 민주화를 가져오지 않는다. 대부분의 신흥공업국들은 경제적 근대화를 성취했으면서도, 정치영역에서 민주주의가 거의 허용되지 않고, 민주주의로의 진전이 별로 없는 억압적 정권을 여전히 유지하였다. 한국, 태국, 대만은 자유기업 경제로 번영하였지만 민주주의를 달성하는 데 고전하였다. 가장 성공적인 신흥공업국인

33) Stephan Haggard and Robert R. Kaufman, "Economic Adjustment in New Democracies," in Joan M. Nelson, ed., *Fragile Coalitions*(New Brunswick, NJ : Transaction Books, 1989).

싱가포르는 최소한의 민주적 기준에도 훨씬 못 미치고 있다. 이는 경제와 정치 간의 상호작용의 복합성을 다시 한 번 예증한다. 즉 양자 간에 상호작용은 있지만, 그 방향과 성과는 항상 예측 불가능하다.

Ⅱ. 사회의 균열과 정치

지난 10년간 인도는 두 명의 수상이 암살된 심각한 정치적 혼란을 경험하였다. 더불어 이 거대한 국가의 여러 지역에서는 수천 명의 사상자를 낸 과격한 폭동도 몇 차례 발생하였다. 인도에서 이런 충돌은 정부정책이나 이데올로기에 관한 것이 아니라 각종 종교집단들—힌두교도, 이슬람교도, 시크교도[34] 등—의 영향력을 둘러싼 것이었다. 이러한 공동체적 폭력은 저발전 세계의 많은 지역에서 발생하는 것이 보통이다. 그러나 그것은 개발도상국에만 국한된 것이 결코 아니다. 예컨대 영국은 아일랜드에서 25년 이상 아일랜드 구교도와 얼스터(Ulster) 신교도 간에 권력투쟁을 둘러싼 갈등과 사실상 내전을 경험해 왔다. 인도와 영국뿐만 아니라 많은 다른 국가들에서 폭력의 정도 및 그 결과로 인한 정치적 불안정은 사회와 정치 간의 긴밀한 상호작용을 보여준다.

모든 사회는 수많은 사회적 균열(cleavage)로 나누어진다. 이 사회적 균열은 국민들 내의 집단을 구분할 뿐만 아니라 갈등적 집단들로 나누는 사회적 차이(social difference)이다. 사회적 균열의 가장 보편적으로 중요한 경계선은 사회경제적 계급, 인종, 종교, 지역이다. 이런 사회적 분할은 자원의 분배를 둘러싼 집단들 간의 갈등을 불가피하게 야기시킨다. 이런 갈등은 자원이 모든 사람의 욕구를 충족시키기에 항상 부족하기 때문에 생긴 정상적인 현상이다. 많은 경우에 갈등은 사회 내 각종 집단들 간의 상호의존성을 발전시키고 침체성을 예방한다는 점에서 건전한 것이다. 이런 갈등은 대부분 정치영역 밖에서 발생한다. 예컨대 서로 다른 종

34) 역주—인도 북부 펀자브 지방에서 발생한 힌두교의 일파.

교 사이의 신도 확보경쟁에는 정부가 개입할 필요는 거의 없다. 그러나 그 밖의 경우에는 인도에서처럼 이런 사회적 갈등이 국가의 존립 자체에 도전하는 폭력과 무질서로 폭발하기도 한다. 이처럼 정치체제는 사회적 균열에 기인한 갈등에 의해 강력하게 영향을 받으므로 국가가 이를 관리하거나 해소할 필요가 생긴다.

갈등의 수준이 낮은 경우에도, 사회적 균열은 중요한 정치적 의미를 갖는다. 사회적 균열은 흔히 민주적 정권에서나 권위주의적 정권에서 지배연합(ruling coalition)을 형성하는 토대로서 기능한다. 예컨대 미국에서 정치인들은 대통령 선거연합을 형성하는 데 특정 사회계층, 종교, 인종집단들을 겨냥하게 마련이다. 또한 중국에서 지도자들은 군부, 정당일꾼, 정부 경제관료의 연합에 의존한다. 또한 사회집단들은 특유한 정치행위 패턴들—특정 정당의 선호나 특정한 정치행동 형태의 사용—을 습득하게 된다. 예컨대 상류층은 흔히 중도 우파정당(right-of-center parties)과 제휴하며, 정치에 영향을 미치기 위해 비공식적인 개인의 유대에 의존하는 데 비하여, 노동계층은 좌익정당과 제휴하며 그들의 목소리를 정치인들에게 들려주기 위해 스트라이크나 항의에 의존하게 된다.

1. 사회경제적 균열

사회경제적 균열, 즉 계급균열은 수입과 사회적 지위에 따라 사회계층을 나타내는 사회적 구별이다. 가장 단순한 형태로는 노동계급, 중산층(혹은 부르주아), 상류층의 세 가지 광범한 사회계급이 있다. 이 계급들은 밑으로부터 대규모의 노동계급, 이보다 작은 중산계급, 가장 작은 상류층 순서로 피라미드형을 이룬다. 실제에 있어서는 어떠한 나라든지 사회계급 구분의 구조는 이보다 훨씬 복잡하다. 노동계급은 숙련노동자, 미숙련노동자, '최하층'(under-class : 사회의 가장자리에 겨우 걸쳐 있는 실업자)으로 나뉜다. 중산층은 자영 소기업인, 대기업 고용자, 공무원, 전문인, 엔지니어뿐만 아니라 사무원, 판매인, 비서 등을 포함한다. 지주귀족의 전통적 상류층은 사실상 소멸되어 중상류층(upper middle class)에 섞였다.

19세기 독일 사회역사가인 마르크스(Karl Marx)는 정치를 이해하는데 사회계급을 중요시하였다. 계급은 사회의 필수적 특성이며 다른 모든 사회적 구분은 계급갈등이 있느냐 없느냐의 표현이라고 믿었다. 특히 전통적인 자본주의 사회에서 계급갈등이 불가피하게 증가한다고 마르크스는 주장하였다. 노동계급은 그 규모와 비참함이 점차 증대하기 때문에 마침내 자발적 혁명이 있게 된다는 것이다. 이 혁명의 결과로서, 거의 보편화된 노동계급에 기초한 새로운 사회주의 국가가 프롤레타리아의 승리와 더불어 모든 계급을 철폐하게 될 것이라고 기대하였다.

마르크스가 19세기 중반에 이러한 테제를 발전시켰을 때 그것이 정확하다고 믿을 만한 이유들이 충분하였다. 그 당시 자본주의의 잠재적 결함에 대한 그의 비판은 통찰력이 있는 것이었으며, 그것은 오늘날에도 자본주의의 사회적·정치적 취약성을 잘 지적하고 있다고 믿는 사람들이 많다. 그 당시 계급분할은 분명했고 직업, 주택, 의복, 식사, 여가에 있어서 사람들 사이에 현저한 차별을 나타냈다. 노동계급은 정말로 억압받았고, 산업사회의 등장 무렵에 대부분 유럽에서 가진 자와 못 가진 자 사이에 엄청난 불평등이 있었다.

그러나 지난 50년간 계급갈등은 서구 민주주의에서 감소되었고, 프롤레타리아 혁명의 가능성은 사실상 없어졌다. 계급의식은 쇠퇴하였고, 노동계급은 줄어들고 중산층이 크게 확대되었으며, 계급 간의 적대는 거의 사라졌다. 이러한 변화는 계급 및 계급갈등에 관한 구 마르크스주의적 견해의 가치를 떨어뜨렸다. 거의 모든 산업국가들에서는 사회계급 의식이 별로 없다. 1990년 영국에서는 국민의 절반 이하가 어느 계급엔가 소속의식을 표현하였는데,[35] 한 나라에서 이 정도라면 가장 계급의식이 강한 사회의 하나로 간주된다.

계급 소속의식의 쇠퇴에 대한 설명은 많이 있다. 첫째, 대부분 선진국들은 2차 대전 이후 사회의 평준화를 경험해 왔다는 것이다. 전후 호경

35) *British Politics Group Newsletter*, No. 22(Fall 1990), p. 10.

기(economic boom) 덕분에 모든 계급구성원들 사이에 부가 광범하게 분배되고 소비재가 확산되었다. 누진소득세와 광범위한 사회복지 프로그램이 소득 격차의 충격을 완화시켰다. 교육과 이로 인한 사회적 상승이동이 평범한 배경을 가진 사람들에게도 가능해졌다. 둘째, 강력한 노조가 노동계급을 더 큰 사회 속에 통합시키는 데 도움을 주었다는 것이다. 노조는 노동계급의 존경을 받고 이들에게 귀기울여 주는 대변자가 되었다. 셋째, 산업사회가 변하여 더욱 복잡해졌다는 것이다. 특히 유럽과 북미에서 과도한 노동집약적 산업의 쇠퇴로 노동계급의 의식과 유대가 약화되었다. 노동자는 흔히 도심으로부터 먼 교외에서 직장에 통근함으로써 공동행동에의 가능성이 감소되었다.

종합하건대, 이러한 사태 발전들로 인하여 서구 민주주의에서는 소위 사회의 '부르주아화'가 조성되었다. 통상적인 계급의 피라미드 대신에 이제는 중산층이 거대해진 다이아몬드형 계급구조가 발견된다는 것이다. 이 다이아몬드 계급구조에서는, 성취 정도에 따라 하류층과 상류층이 동등하게 소규모로 존재한다(그림 [3-1] 참조). 대신에 크게 등장한 신중산층(new middle class)은 그 구성이 다양하여 예전에는 노동계급으로 간주되던 숙련노동자들도 소득의 증대로 여기에 포함된다.

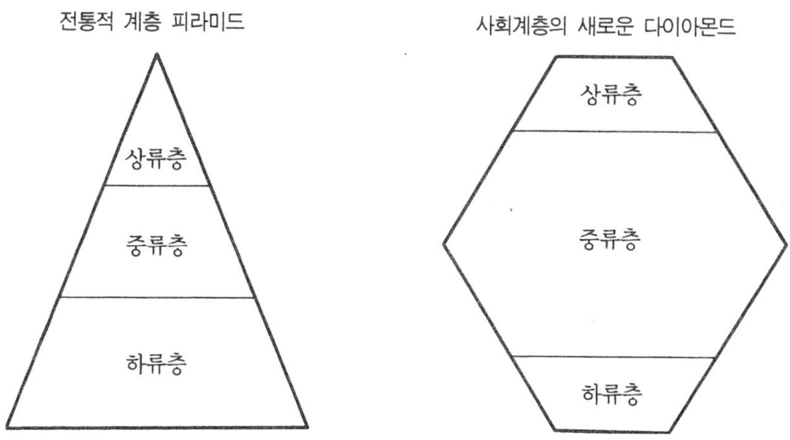

그림 [3-1] 산업민주주의에서 사회계층의 모델

근대사회에 대한 일부 비판가들은 이 거대한 신중산층이 구 노동계급의 문제들을 대부분 지니게 되었다고 주장한다. 신중산층은 그들의 직업, 보수, 미래가 고용주의 자유 재량에 달려 있는 피고용자들로 구성되어 있다. 그런데 근대의 제도적 고용주들은 피고용자들—블루칼라든, 화이트칼라든, 중산 관리자층이든—의 복지에 별로 관심이 없으며 마르크스 시대의 고전적, 재산소유 자본가들보다 더욱 피고용자들을 착취하려 한다는 것이다. 신중산층은 대규모적이고 비인간적인 법인들의 피고용자들로서 고용주들에게 예속되어 자신들의 운명을 통제할 수 없다. 이것은 고전적 마르크스주의의 사회계급관에 의한 독립적 자본가들의 부르주아와는 사실상 다른 중산층이며, 바로 이 점이 비판가들이 여전히 사회 긴장을 조성한다고 보는 이유이기도 하다. 이 비판가들은 오늘날 고용자 착취의 문제와 사회자원의 불균등 분배가 과거만큼 커졌다고 주장한다.

그러나 대부분 관찰자들은 부르주아화로 인해 서구 산업 민주주의에서는 계급관계가 완화된 시대가 열렸다고 본다. 지금까지 이 신중산층은 자신을 하나의 계급으로 본다거나, 착취된다고 본다거나, 공동이익을 의식한다거나, 자기의 이익 옹호를 위해 동원될 필요가 있다고 느끼는 조짐이 별로 없기 때문이다. 상대적 풍요와 그 풍요의 광범한 분배의 시기에 사회계급은 특징을 상실한 것이다. 사람들은 계급에 기초한 갈등이나 계급이익에 기초한 정치적 호소에 관심이 없다. 그 결과 계급은 산업 민주주의의 정치에서 점차 역할이 줄어들고 있다고 보는 사람이 많다.

사회계급의 본질과 특징상의 이러한 변화로 인해, 산업 민주주의는 마르크스가 예견한 계급갈등을 별로 경험하지 못한다. 계급차이의 좀더 미미한 갈등 요소들까지도 줄어들고 있다. 투표자들은 더 이상 과거에 하였던 것처럼 계급노선을 엄수하여 투표하지 않는다. 표 [3-1]에서 영국의 계급투표가 쇠퇴하고 있음을 알 수 있다. 1964년에 투표자들은 계급과 긴밀히 일체화시켜 정당을 지지하는 경향이었지만, 1992년에 정당투표는 예전의 계급-정당 제휴를 암시만 해줄 정도로 분산되었다. 자유민주당은 모든 계급으로부터 거의 동등하게 득표하였고, 보수당은 노동계급 투표자들에 대한 호소력이 증가하였으며, 노동당은 중산층 투표자에 대한

표 [3-1] 영국에서 사회계층과 투표

	1964		1992		
	보수당	노동당	보수당	노동당	자유민주당
고위경영자	86%	14%	56%	20%	22%
하급경영자	81	19			
관리자	61	38			
사무직	61	39	52	25	19
숙련노동자	29	71	38	41	17
미숙련노동자	25	75	30	50	15

자료 : 1964 : Samuel H. Beer, *Britain Against Itself*(New York : Norton, 1982), p. 81 ; 1992 : *The Sunday Times*, 12 April 1992.

호소력이 약간 증가하였다. 계급의 정치적 중요성이 쇠퇴되었지만, 산업민주주의에서 그것이 완전히 없어진 것은 아니다. 경제적 곤경이 장기화되고 노조가 불이익 계층의 명분을 변호하는 데 무능하다면, 1990년대 말에 이르면 계급 감정이 소생할지도 모른다.

사회적 계급구분은 공산주의 국가에서는 폐지된다고 주장되었다. 그러나 유럽의 구 공산국가에서는 사실상 위신, 영향력, 경제적 혜택 등에 반영된 사회적 위계가 보편화되었다. 그것은 중국, 북한 그리고 정도는 조금 덜하지만 쿠바 등 잔존한 공산국가에서도 존재한다. 당 엘리트, 공장 및 농장관리자, 기타 고위집단은 소비재, 건강 관리, 여행 특권, 좋은 주택, 기타 보통 사람들이 생각할 수 없는 혜택에 접근할 수 있었다. 사실상, 이러한 특권의 존재와 그것을 없애지 못하는 엘리트의 무능은 공산주의의 붕괴에 심각한 영향을 미쳤다.

계급구분은 제3세계 국가들에서는 별로 중요치 않다. 대부분의 제3세계 국가에서 인구의 압도적 다수는 여전히 소농들이기 때문이다. 계급차별을 가장 잘 의식할 수 있고 계급행동으로 동원될 수 있는 사회계급인 노동계급은 적다. 그래서 그 밖의 균열들이—특히 인종차이가—정치적 제휴와 갈등에서 계급의식을 압도하게 마련이다. 예를 들어 나이지리아에서 이보족(Ibos)은 가난한 사람과 부유한 사람이 함께 뭉쳐서 요루바족(Yorubas)이나 하우사족(Hausas)에 맞서 자기들의 이익을 옹호한다. 이처럼 인종 구분을 중요시하기 때문에, 가난한 사람들이 인종 공동체들 내외의 부유한 사람들의 특권에 도전하는 계급갈등의 기회가 별로 없는 것이다.

저발전국에서는 소규모 산업경제로 인해 고전적인 노사 계급갈등이 야기되지 않지만, 계급 긴장과 균열은 여전히 중요하게 존재한다. 이러한 긴장들은 인종적 쟁점에 의해 압도되지 않는 경우, 농토 없는 농민과 재산소유자 사이에, 그리고 소외되고 흔히 주변적인 집단과 경제발전의 혜택을 많이 누리고 있는 사람들 사이에 갈등으로 나타난다. 이러한 긴장의 중요성을 나타내는 좋은 예는 1994년에 있었는데, 멕시코가 북미 자유무역지대협정(NAFTA)에 가입한 결과로 세계경제로 편입함을 축하하는 바로 그 순간에 멕시코의 치아파스주에 사는 인디언들이 항거하였던 것이다. 이 지역의 가난한 사람들은 자기들의 욕구가 망각되고 있으며, 멕시코 경제의 어떠한 발전으로부터도 혜택을 받을 희망이 별로 없다고 생각했었기 때문이다. 공개적인 항거는 마침내 시들었지만, 치아파스와 그 밖의 멕시코 농촌지역 인디언들의 소외를 상기시켜 준 폭력적 사건들이 주기적으로 발생한다. 멕시코 상황은 불균등 발전과 대부분 인구의 지속적 피착취가 계급 긴장을 영속화시켜 언제라도 폭발할 수 있는 다른 제3세계 국가들의 상황과 비슷하다.

2. 인종적 균열

인종이 중요한 정치문제가 된 것은 개발도상 세계에만 해당하는 일이 아니다. 1990년대 중반의 인종적 균열은 국가발전의 수준을 막론하고 가장 분열적이고 폭발적인 사회 균열임에 분명하다. 인종적 구분은 식민지배로 다양한 사람들이 동일 국가에 통합된 개발도상국에서뿐만 아니라, 상이한 사람들의 정치적 통합이 수세기 전에 해결된 것처럼 보인 선진국에 있어서도 마찬가지로 중요하다. 인종적 충돌은 예전 소비에트연방공화국의 일부였던 예전의 유고슬라비아에서 그리고 리베리아, 르완다, 앙골라 같은 아프리카 국가들에서 몇몇 본격적인 내란들의 원인이었다. 인종적 갈등은 북아일랜드, 레바논, 이스라엘, 인도에서 테러리즘과 내란의 근원이다. 그것은 퀘백, 코르시카, 스코틀랜드에서 분리주의 감정에 기름을 부었다. 인종적 갈등은 기타 많은 국가들에서 취업, 주택, 정치적 차별에 반영된다.

인종문제는 흔히 정치적 연합의 근원이 되기도 한다. 어느 곳에서나 사람들은 자유선거에서 '자기들의 부류에 투표'하는 경향이 있기 때문이다. 이것은 인종적 균열이 심각한 국가들에서 다당정치가 흔히 실패하는 이유이다. 정당들이 인종에 기초한 인종정당일 때, 선거에서 지지를 증가시키는 유일한 방법은 인종집단의 투표자를 극대화시키는 것이다. 그렇게 하려면, 인종적 지도자들은 투표참여자들을 자극하기 위해 다른 인종적 공동체들로부터의 위험 의식을 고취시킨다. 1960년대 초 나이지리아의 최초의 민주주의 실험은 이를 예증한다. 3개 주요 정당이 있었는데, 각각 주요 인종적 공동체와 긴밀한 유대를 맺고 있었다. 1964년 선거는 매우 접전할 것으로 예상되었으며, 정당지도자들은 다른 정당이나 인종집단이 자기들을 괴롭히고 심지어 말살하려 한다고 주장함으로써 자기편 투표자들을 무책임하게 충동시켰다. 이러한 극단적인 경고는 높은 투표율을 기록하였지만, 또한 인종적 긴장을 야기시켜 두 번의 군사 쿠데타에 이어 비극적 내란을 일으켜 수백만의 희생자를 냈다.

지난 몇 년 동안 동구와 구소련에서 인종적 갈등은 중요한 문제가 되었다. 과거 수십 년 동안 강력하고, 중앙집권적이고, 권위주의적인 정부들은 사실상 모든 인종 차이의 표현을 억압했다. 그래서 구소련, 유고슬라비아, 기타 동구 국가들에서 소수민족은 그들의 언어와 민속적 전통을 보존하도록 허용받았지만 정치적 자율성은 허용되지 않았다. 그러나 일단 공산국가들이 붕괴하자, 이들 지역의 인종집단들은 해묵은 자율성 요구를 새롭게 하였고 공산주의 시대에 누적된 불만에 대한 복수를 추구하였다. 이것들은 새로운 갈등이 아니다. 원래 러시아 제국은 '차르의 민족수용소(the Czar's prison of nations)'로 불렸으며, 발칸 지역의 민족갈등은 오랫동안 갈등과 국제전쟁의 원천이었다. 이러한 오랜 구분들이, 근래에 남용으로 인해 심화됨으로써, 동구와 구소련을 계승한 국가들에서 다시금 정치적 안건이 되었기 때문에, 그것들이 해소되기까지는 오랜 시간과 많은 갈등이 있게 될 것이다.

많은 산업국가들에서는 세계 각지로부터 이민 온 노동자와 피난민들이 새로운 인종적 균열을 만들고 있다. 영국, 프랑스, 독일, 스위스, 캐나다, 오스트레일리아 같은 국가에서는 문자 그대로 수백만의 이민 온 노동자와 정치적·경제적 피난민들이 정치적 자유와 경제적 향상을 추구해 왔다. 대부분의 이민자들은 1960년대와 1970년대 초반 미숙련노동자가 부족했던 산업국가로 유입된 노동자들이었으나, 1980년대와 1990년대에 실업이 문제화되자 더 이상 환영받지 못했다. 나머지 이민자들은 탈식민화가 발생함에 따라 피난민으로서 도착한 사람들이다. 그러나 이런 이민자들의 대부분은 원주민과 인종적으로 달랐다. 예컨대 프랑스의 북아프리카인, 영국의 동인도인과 서인도인, 독일의 터키인 등이 그러하다.

이민자들이 많이 도착하고 이들이 가족을 불러옴에 따라, 소수인종 이민자들의 규모가 전체 인구의 5~10%로 성장하였다(표 [3-2] 참조).

표 [3-2] 유럽국가들의 전체인구 중 이민자 비율(1992)

	이민인구 비율
벨 기 에	9%
영 국	4
덴 마 크	3
프 랑 스	6
독 일	8
이탈리아	2
네덜란드	5
노르웨이	4
스 웨 덴	6
스 위 스	18

자료 : *Quid 1995*(Paris : Robert Lafont, 1995), p. 115.

더불어 이 이민자들은 일반적으로 원주민과 동화를 거부하고, 대도시 중심부에 집중되었기 때문에 눈에 잘 띈다. 더구나 이들의 수효가 늘어남에 따라 일자리, 주택, 교육, 사회봉사를 둘러싸고 원주민과 경쟁하면서 이들에 대한 적대감이 증가해 왔다. 그러다 보니 그들은 범죄율의 증가와 훌륭했던 도시가 타락한 것에 대한 원인제공자로 부당하게 비난받는다.

이민자들의 정치적 중요성은 여러 가지이다. 첫째, 이민자들을 겨냥한 인종적 폭력사건들이 증가한다는 것이다. 대부분은 개인적 공격이지만, 원하지 않는 이민자 이웃에 대한 난폭한 집단행동일 경우도 있다. 1992년 말 독일에서 이민자들에 대한 이 같은 난폭한 집단 공격이 많았다. 둘째, 극우적이고 극단적 정당들이 지지자들을 동원하기 위하여 이민자들에 대한 적개심을 이용한다는 것이다. 일반적으로 주요 정당들은 이민자들의 인권을 옹호하고 반(反) 이민적 호소를 회피해 왔다. 그러나 프랑스 민족전선이나 독일공화당 같은 극우 정당들은 인종주의적 감정에 호소하는 선동을 서슴지 않았다. 셋째, 이민자들이 충분히 오랫동안 경험을 많이 쌓아 시민이 된 몇몇 나라들에서 그들은 선거인의 중요한 부분이 되었다는 것이다. 예컨대 영국에서 2~3세대의 동서 인도인들은 그들의 투표 위력 때문에 공직에 뜻을 둔 야심찬 지도자들과 주요 정당들의 환심을 사고 있다. 넷째, 이민자들은 흔히 지난 10년간 경제적 파탄으로 가장 고통받은 사람들이라는 것이다. 그 결과 그들은 흔히 매우 불만에 차 있고, 때때로 그들의 불만을 시위와 폭력으로 표시해 왔다. 영국은 1980년대에 공업 도시의 유색인 이웃들에서 이런 식의 사회적 불안의 표현을 여러 번 경험하였다.

금세기 마지막 몇 년 동안 정치적 폭력의 주요 원천이 인종적 갈등일 것이라는 데는 의심의 여지가 없다. 이 갈등은 모든 타입의 정치체제에 그리고 모든 발전 수준의 국가들에 확산되어 있다. 인종적 갈등은 스스로 확대 재생산한다. 예컨대 에스토니아의 독립 성취가 크로아티아로 하여금 그들의 국가를 세우도록 함으로써 국제적 파급현상이 일어났다. 크로아티아가 독립을 성취하자, 슬로베니아가 독립을 원하고, 동구에서의 인종 공동체들의 독립 성취는 프랑스계 캐나다인들 사이에 분리주의의 관심을 새롭게 하였다. 인종적으로 동질적인 국가는 매우 드물다. 동일 국가에 둘 이상의 인종이 공존하는 경우, 관용을 배우고 실천할 필요가 있다. 그런데 그것은 정부가 성취하기에는 쉬운 일이 아니다. 정부는 차별 반대 법률을 통과시킬 수 있지만, 서로 다른 사람들이 평화롭게 함께 사는 데 필요한 태도 변화를 성취하기는 어렵다.

3. 종교적 균열

종교적 차이는 흔히 인종과 긴밀히 상호 관련된다. 인종집단들이 다르면 그들의 종교적 헌신도 다른 것이 보통이다. 예컨대 북아일랜드의 갈등은 아일랜드 민족주의자들이 강력한 구교도이고, 영국정부 지지자들이 강력한 신교도인 관계로 주로 종교적 차원이다. 그래서 북아일랜드에서 이러한 갈등에 관한 언급은 흔히 인종적 투쟁보다는 종교적 투쟁처럼 들린다. 마찬가지로 나이지리아에서는 군부가 인종적 갈등의 표현을 강력히 통제하고 있어서, 전장(戰場)이 인종에서 종교로 변하여 하우사족(Hausas) 이슬람교도들이 이보족(Ibos) 기독교도들에 맞서 싸우고 있다.

종교적 차이는 유사한 인종적 배경의 사람들 사이에도 존재할 수 있다. 역사적으로, 독일에서 구교도와 신교도 간의 갈등은 지난 세기 동안의 중심적 특성이었다. 종교는 독일과 미국을 포함한 많은 나라에서 투표행태를 설명하는 주요한 요소이기도 하다. 어떤 경우에는 종교적 차이가 국가를 국민 불만으로부터 보호하는 완충장치 역할을 해왔다. 예컨대 18세기 영국에서는 대부분의 사회적 불안이 종교로 통로화되어 있어서, 불이익을 당하던 사람들은 그들의 불만을 정치운동보다는 반체제적 종교집단에 가담함으로써 표현하였다.

동일한 종교를 믿는다고 공언한 사람들도 종교적 헌신의 수준 차이에 따라 갈등을 일으킬 수도 있다. 1990년대 가장 심각한 종교적 폭력의 한 가지 원천은 이슬람 국가들에서 나왔는데, 이들 국가에서 독실한 이슬람교도들이 너무 많은 종교적 약속을 하는 이슬람교 형제자매들에 대해 성전(聖戰 : *jihad*)을 선언했었다. 구교가 지배적인 몇몇 나라들에서는 정치와 사회에서 교회의 적절한 역할을 둘러싸고 교권(확장)주의자(clericals)와 반교권주의자 사이의 갈등이 있어 왔다. 과거에 이런 갈등들은 심각했으나 오늘날은 대부분 끝났고, 주로 교육과 가정문제에 관한 토론에서 재등장한다. 그러나 지금도 프랑스와 이탈리아에서 가장 믿을 만한 투표 예고 지표는 종교적 헌신이다. 구교에의 애착이 크면 클수록 보수주의적 투표 성향을 가질 가능성이 크다.

4. 지역적 균열

또 하나의 정치적으로 중요한 균열은 한 나라를 지리적 혹은 지역적 경계를 따라 나누는 것이다. 많은 근대국가의 경우, 사람들은 살고 있는 지역에 따라 정치적 가치와 태도들을 달리한다. 이들 지역주민들은 돈, 직업, 발전 프로젝트 같은 희소한 정부자원을 두고 경쟁한다. 이탈리아는 부유하고 잘 발전된 북부와 농업적이고 빈곤한 남부 사이의 첨예한 경제적 · 문화적 차이를 보이는 좋은 예이다. 북부는 자기들의 번영의 혜택이 가난한 남부를 발전시키는 대로 전환되는 것에 점차 저항하게 되었는데, 이것은 자기들 지역의 요구를 지원하기 위해 북부에서 신당들이 탄생하는 데서 잘 나타난다. 일반적으로 지역적 문제에 관한 관심은 핵심 지역과 많은 외진 주변 지역들로 나누어진 큰 나라에서 가장 크다. 예컨대 모스크바와 상트페테르부르크 지역에 사는 사람들이 누린 혜택과 정치적 영향력은 외진 동부 러시아에 사는 러시아인들의 그것보다 훨씬 크다.

지역 격차는 흔히 경제발전의 정도와 긴밀히 관련된다. 거의 모든 국가에서 경제성장 정도는 지역에 따라 불균등하다. 지역적 균열은 한 지역의 견해가 매번 우세하거나, 그 지역이 정부가 제공하는 혜택을 형평성에 맞지 않게 많이 차지할 경우에 심화되고 폭발할 가능성이 크다. 만약 이런 균열이 격심해지면 가치박탈을 당한 지역이 분리될 위험이 빈번해진다. 미국에서 북부와 남부 간 경제발전의 불균형은 남북전쟁의 주된 이유였다. 이와 비슷하게, 나이지리아에서 대부분 경제적 불평등에서 나온 지역적 갈등들은 비아프라의 분리(1967~1970)와 비극적 내란(비아프라 전쟁)으로 이어졌다.

지역적 균열의 또 하나의 차원은 한 나라의 도시와 농촌 간의 분할이다. 정치권력 그리고 궁극적으로 정부자원의 배분은 도시와 농촌 인구 간의 긴장의 원천이다. 이것은 전형적인 농촌사회로부터 도시사회로 전환 중인 국가의 경우에 특히 그렇다. 농촌지역은 그들의 정치적 영향력 상실에 저항할 것이고, 도시지역은 새로운 인구분포적 현실에 따른 정치권력의 이동이 지연된 데 대해 불평한다. 도시와 농촌 간 균열은 근대 도시들이 등장하여 지도자들이 산업화를 촉진하려는 개발도상국들에서 특히 중요하다. 농촌지역민들은 정치에서 소외된 느낌을 갖게 된다. 오늘날 일본은 여전히 농촌지역에 있는 사람과 급속하게 근대화된 도시 중심부의 사람들을 통합하는 실질적 과제에 직면해 있다. 도시와 농촌의 욕구와 이익 간의 격차는 일본에서 정치적 분할과 긴장을 촉진하고 있다.

5. 사회적 균열의 정치적 관련성

사회에는 정치적으로 중요한 분할들이 많다. 위에서 논의한 것들은 오늘날 국가에서 가장 빈번하게 분할의 원인이 된 것들이다. 시간이 지남에 따라 옛 균열들은 시들고 사회가 진화하면서 새로운 균열들이 등장한다. 어떤 균열들은 다른 것들보다 훨씬 정치적으로 중요하다. 분할과 갈등은 그 자체로 반드시 나쁜 것은 아니지만, 균열들이 심화되어서 단일국가 국민들 사이에 화해할 수 없는 차이를 조성할 때, 정치체제의 안정과 존립마저 위태롭게 할 수 있다. 사회적 균열의 정치적 관련성과 중요성을 결정하는 요소는 다음과 같이 많다.

첫째, 균열의 깊이(depth)인데, 이것은 사회적 균열에 관한 차이의 정도를 의미한다. 사회의 부분들이 재화, 위신, 권력 같은 가용자원에 접근하는 데 차이가 크면 클수록 그 균열의 정치적 중요성은 커진다. 그리고 사회적 분할의 경계에 따라 가치박탈과 차별이 클수록 그 균열의 정치적 관련성과 위협성은 커진다. 예컨대 어느 인종집단, 지역, 종교 공동체, 계

표 [3-3] 가상적 사회에서 사회균열의 패턴

A 국가 : 균열의 일치선

		A 인종집단	B 인종집단
지 역:	북 부	100%	0%
	남 부	0	100
	도 시	100	0
	농 촌	0	100
종 교:	신 교	0	100
	구 교	100	0
사회계층	중 산 층	100	0
	노동계층	0	100

B 국가 : 균열의 교차선

		A 인종집단	B 인종집단
지 역:	북 부	30%	70%
	남 부	70	30
	도 시	75	65
	농 촌	25	35
종 교:	신 교	40	50
	구 교	60	50
사회계층:	중 산 층	60	45
	노동계층	40	55

급이 그들의 경쟁집단들의 손에 국가의 권력, 부, 위신의 대부분이 장악되어 있다고 볼 때, 그들은 그 균열에 기초한 가치박탈을 느끼고 경쟁집단들에 대해 보상을 추구할 가능성이 크다.

사회적 균열의 중요성에 영향을 미치는 두 번째 요소는 사회 내의 분할패턴(pattern of division)이다. 두 개의 가상 국가의 예인 표 [3-3]에서 보듯이, A 국가에서는 인종적 분할이 지역, 종교, 계급의 균열에서 동일 집단들과만 일직선으로 배열됨으로써 사회적 균열들이 일치한다. 이처럼 '균열의 일치선(coinciding lines of cleavage)'이 있는 사회에서는, 분규가 있을 때마다 동일집단들끼리 규합하여 적대하기 때문에, 분할이 폭발적일 가능성이 높다. 이러한 양극적인 상황에서 정부가 사회적 갈등을 관리하는 과업은 매우 어렵다.

B 국가에서는, 한 가지 쟁점에서는 갈등이 있더라도 다른 데서 협조할 필요가 있는 많은 잠재적 집단들로 사회를 분할하는 '균열의 교차선(cross-cutting lines of cleavage)'이 존재한다. 이것은 사회적 갈등을 보다 온건한 수준으로 유지시키는 경향이 있다. 예컨대 도시문제가 쟁점이 될 때, A 인종집단의 도시거주자들은 B 인종집단의 도시인들과 협동하고자 할 것이고, 양 인종집단의 노동자들은 산업정책에 대처하기 위해 연합을 형성하고자 할 것이다. 이러한 연합은 쟁점에 따라 변할 것이며, 다양한 집단들과의 연합이 필요하기 때문에 단일 쟁점에 대한 갈등은 완화될 것이다. 예컨대 구교도와 신교도가 다른 쟁점들에서 연합할 필요가 있기 때문에 종교적 분규는 완화될 가능성이 있다.

물론, 이것들은 가상적인 국가들이다. 실제 세계에서는 어떤 패턴도 순수 형태로 발견될 가능성은 없다. 그러나 이들 가상적 패턴에 가까운 사회들을 볼 수 있다. 예컨대 나이지리아는 이보족이 남부에 살고 상공업에 관심을 가지며 더 부유하고 기독교도인 데 비하여, 하우사족은 북부에 살고 더욱 농업적이며 덜 유복하고 이슬람교이어서 '일치적 균열선'에 가깝다. 그 결과는 첨예한 양극화, 이보족의 분리 시도, 비극적인 비아프라 전쟁이었다. 그러나 영국과 프랑스는 상이한 균열의 경계선이 많아서 정책영역에 따라 정부결정에 영향을 미치기 위한 연합이 다양하게 변경할 필요가 있는 중첩적 균열 패턴(pattern of overlapping cleavages)에 가깝다.

사회적 균열의 정치적 특성을 결정하는 세 번째 요소는 경제적 복지의 일반적 상태(general state of economic well-being)이다. 경제가 번영하고 있을 경우에는, 다양한 집단들의 요구를 충족시켜 줄 혜택이 폭넓게 확산될 가능성이 크다. 모든 사람이 국가의 자원을 누릴 수 있다. 반면 경제가 어려울 경우에는, 국가가 분배해 줄 혜택이 훨씬 작아서 각종 사회집단들 사이의 경쟁이 훨씬 격렬해지고 폭발하기 쉽다. 예컨대 러시아에서 사회적 긴장의 갑작스런 상승에 대한 한 가지 설명은 경제적 붕괴에서 찾을 수 있다. 심지어 생필품 결핍의 심화와 많은 가치박탈을 당한 집단들의 불만을 충족시키지 못한 러시아 정부의 무능으로, 시회부문들 간의 경쟁은 증대되고 더욱 격렬해졌으며 폭력적으로 되었다.

네 번째 요소는 다양한 사회 엘리트들의 태도(attitude of social elites)이다. 정치적 · 사회적 엘리트들은 사회적 긴장을 완화하거나 조성하는 데 중요한 역할을 한다. 지도자들의 전략 선택의 동기는 사회집단들의 욕구와 역동성에 따라 다르다. 그러나 사회적 균열을 악화하거나 완화하는 데 있어서 엘리트들의 중요성을 과소평가하는 것은 잘못이다.

예컨대, 북부 나이지리아의 일부 지역에서는 종교지도자들이 근본주의 기독교적 감정의 상승을 막으려는 노력으로 이슬람 공동체와 국가 간의 긴장이 줄었으나, 다른 지역에서는 지도자들이 성전(聖戰)의 불길을 부채질하였다. 북아일랜드에서는, 영국 정부를 지지하는 지도자들이, 만약 구교도 민족주의자들의 더 많은 개입을 허용하면 '교황주의'와 '로마로부터의 지배'의 위험이 있게 된다고 선언하면서, 그 잔인한 갈등의 긴장을 고조시켰다. 프랑스와 독일은 엘리트 태도와 그로 인한 계급균열 패턴이 대조를 이루는 좋은 예이다. 프랑스에서는 노동지도자들이, 현실은 그러한 시나리오에의 적응성을 이미 상실했음에도 불구하고, 마르크스주의적 계급투쟁의 비유와 수사(修辭)를 계속 사용함으로써, 직장에서 사회계급의 갈등을 유지하였다. 반면에 독일에서는, 노동지도자들이 계급투쟁적 비유를 포기하고, 계급 긴장이 현저히 쇠퇴한 기존 자본주의적 구조 안에서 노동하기로 합의하였다. 이들의 예에서 분명한 것은, 지도자들의 태도가 사회적 균열에 중요한 영향을 미친다는 것이다. 지도자들은 그들이 사용하는 수사에 의해 갈등을 완화시킬 수 있고, 그들의 언어와 상징들에 의해 갈등을 증대시키고 사라져 가는 균열을 살려낼 수 있다.

마지막으로 사회적 균열의 중요성은 국제적 영향력(international influence)에 의해 영향을 받기도 한다. 여행이 쉬워지고 방대한 커뮤니케이션 네트워크가 널리 보급된 이 시대에 한 나라의 사건은 국제적 전파 과정에 의해 다른 나라들에 영향을 미친다. 하나의 좋은 예는 많은 유럽 국가들에서 이민 유입에 반대하는 극우집단들이 상승하는 데서 발견할 수 있다. 다른 국가들의 예에 고무되어, 이러한 운동들은 흔히 동일한 명칭과 전술을 따른다. 그래서 인종적 긴장을 최대 문제 지역(예컨대 프랑스나 독일)에서 이민에 대한 태도가 적대적이지 않았던 다른 국가들(예 : 이탈리아)로 확산시킨다.

종합하자면, 이러한 다양한 요소들은 균열들이 어떻게 심화될 것이고, 얼마나 많은 긴장과 갈등을 조성하며, 정부가 사회 분할들을 관리하기가 얼마나 어려울 것인가를 결정한다. 이것들은 균열들이 정치지도자들에게 얼마나 중요한지의 정도를 증명해 준다.

Ⅲ. 결 론

21세기에 다가가면서 가장 직접적인 정치적 중요성을 지닌 대부분의 사회균열들이 원래는 20세기가 시작하기 전에 이미 이루어진 계급, 종교, 인종, 지역의 분할이었다는 것은 놀라운 일이다. 이 균열들은 민주적이든 권위주의적이든 모든 타입의 정치체제의 정당, 정부관료제, 정치적 대화 등에 반영되어 왔다. 이것들은 사회 변화로 인해 예전 균열들의 의미가 대부분 제거되었음에도 불구하고 영속화될 것 같다. 종교는 여전히 북아일랜드에서 정치를 지배한다. 프랑스 시민들이 투표 성향을 예보해 주는 단일의 최고의 지표는 가톨릭 교회에 대한 헌신 수준이다. 계급은 영국과 독일의 투표자들이 선거에서 어떤 선택을 할 것인가의 강력한 지표로 남아 있다. 수세기 묵은 갈등에 뿌리를 둔 인종적 분할들은 여전히 러시아 정치를 지배한다.

정치영역에서 해소시킬 만한 가치가 있는 새로운 분할이 없는 것은 아니다. 유망한 경제영역과 쇠퇴한 경제영역에 종사하는 사람들 간에 갈등이 있고, 새로운 전문기술의 선용과 악용을 둘러싼 균열이 있다. 또한 삶의 본질에 관련된 도덕적 토론과 윤리적 토론, 물질주의적 가치와 탈물질주의적 가치의 갈등적 체계들을 둘러싼 분할이 있다. 그러나 이러한 새로운 균열들은 정치적 토론과 정당에 반영되는 것이 느리다. 정치투쟁들은 여전히 예전 균열들에 한정되고 새로운 균열들을 포함하는 경우는 무척 드물다. 이것은 우리가 새로운 세기로 접어들면 변할 수 있을까? 그 답은 여전히 시기상조이다.

현대 정치에 대한 경제적 · 사회적 영향의 논의를 끝냄에 있어서, 앞의 두 장에서 살펴본 모든 차원들—지리, 역사, 경제 및 사회—은 서로 상호작용할 뿐만 아니라 오늘날의 정치적 인물, 사건, 태도들과도 상호작용하여 정치현실을 엮어낸다는 것을 기억하는 것이 유용하다. 때때로 이러한 차원의 일부가 나머지보다 중요할 수 있다. 그러나 지리, 역사, 경제, 사회의 상대적 중요성은 동일 국가에 있어서도 비교적 단기간에 변할 수 있다. 어느 한 가지만으로 한 나라의 정치를 충분히 이해할 수 없다. 모든 것을 종합한다고 해도 일정한 시점에서의 정치행위자와 제도에 관심을 두지 않고서는 부분적인 설명밖에 못한다. 그래서 핵심적 정치행위자의 행위와 태도의 설명으로 넘어가게 된다.

제 II 부

정치행위자

어느 나라에서나 정치의 핵심에는 정치행위자들이 있다. 이들은 간헐적인 아마추어 참여자로서든 혹은 직업 정치인들로서든 정치과정에 개입하게 된 개인들과 집단들이다. 아리스토텔레스는 "인간은 본래 정치적 동물"이라고 주장하였다. 사실상, 정상적인 상황에서는 대부분 사람들의 정치적 관심은 제한되게 마련이다. 그러나 일부는 정치에 매우 적극적이 되며, 모든 국가에는 누가 이러한 적극적 행위자들인가를 결정하는 공통 요소들이 있는 것 같다. 정치행위자로서 개인들, 즉 시민으로서 정치에 개입하는 동기와 형태들을 주목해 보는 것이 중요하다. 선거는 가장 광범위한 정치참여 형태 중의 하나로 보이기 때문에, 시민들이 어떻게 투표하며 왜 특정 후보자들을 선택하는가를 주목하는 것이 특히 중요하다.

영국 극작가이자 아마추어 정치가인 버나드 쇼(George Bernard Shaw)는 인간의 정치적 관심에 관해 회의를 표명한 바 있다. "인간이 훌륭하고, 민감하고, 진지하고, 효율적인 헌법을 만들 수 있는 정치적 동물인지는 매우 의문스럽다. 어떠한 증거도 그것을 입증하지 못한다." 사람들은 개인적으로는 정치적 관심과 세련화의 수준이 낮기 때문에, 정치적 행위를 위해 결합하는 경향이 있다. 가장 일반적인 두 가지 형태는 정당과 이익집단이다.

정당은 오늘날 대의 민주주의를 작동시키는 핵심 요소이다. 정당은 민주주의가 발생하지 않는 곳에서도, 정당이 없다면 소외되었을 개인들의 정치행위를 조직하고 구조화하는 수단으로서 기능한다. 그 결과로, 정당들은 정치학자와 관찰자들의 많은 관심을 이끌어왔다. 이익집단은 흔히 그 행동이 국익을 왜곡시키고 공직자들의 도덕을 타락시키는 이기적인 로비라고 혹평받는다. 그럼에도 불구하고 실제로 이익집단은 유사한 견해를 갖는 사람들과 공공정책의 어떤 측면들에 영향받는 사람들로 하여금 그들의 관심을 여론 광장에서 대변하도록 하는 필수적인 정치행위자이다. 이런 집단행동은 전국총기협회(NRA)처럼 잘 조직되고 재정이 탄탄한 집단의 공식적 청원 및 로비(formal petitions and lobbying)에서부터, 사회의 한 부분으로서 학생들이 학자금 융자 프로그램이나 장래 취업 시장의 변화의 영향에 대해 갖는 비공식적 견해(informal notions)에 이르기까지 다양하다. 모든 종류의 정치체제에서 집단들은 핵심적 정치 역할을 하기 때문에 무시되어서는 안 된다.

제4장

정치에서 시민

1972년에 닉슨(Richard M. Nixon)은 미국 대통령으로서 처음으로 중국을 방문하였다. 그가 북경에 도착한 지 며칠 후에 대통령 수행원들은 그곳 시민들의 놀라운 형태의 정치참여를 목격하였다. 한 신문 기사는 그들의 놀라움을 다음과 같이 묘사하였다.

> 그들은 그들이 방문한 동안에 내린 눈을 치우기 위해 약 20만 중국인들이 한 사람도 빠짐없이 거리로 쏟아져 나온 광경에 어안이 벙벙하였다. 강제 행사인가? 틀림없이 임무를 게을리 한 시민들은 엄중히 문책당할 것이다. 그러나 방문객들은 오늘날 미국에서 놀랍도록 사라지고 있는 시민정신과 우애를 그곳에서 발견하였다.[36)]

이러한 자발적 제설작업은—서구인들에겐 낯선 정치행위의 한 형태지만—인원과 장비에다 지급할 비용을 불필요하게 만들 뿐만 아니라 시민

---

36) *Times,* 6 March 1972.

적 행위의 한 경험을 제공하였다. 중국인들은 그러한 일의 자발적 참여를 통하여 공동체 참여와 시민적 자긍심이라는 가치 있는 의식을 갖게 된 것이다.

자발적 제설작업으로부터 투표행위에 이르기까지, 어느 곳에서나 시민은 정치행위에 관여하게 된다. 그러나 18 · 19세기 민주혁명 이전에는, 대부분 사람들이 정부의 존재를 몰랐고 겉보기에는 영향을 받지 않는 것 같았다. 개인은 참여적인 시민(citizen)이 아니라, 수동적인 신민(subject)이었다. 오늘날은 거의 모든 국가의 보통 사람들은 정부의 존재를 인식하고 그것의 영향을 받는 것이 분명하다. 그들은 어떤 방식으로든 정치과정에 참여하도록 권장되는 것이 일반적이다. 이처럼 근대의 정치단위체에서 대중의 정치참여 규범은 널리 확산되어 있어서 비참여적 전통체제와는 대조적인 주요 특성의 하나로 간주된다.

일반 국민의 정치관여 증대를 가져온 한 가지 이유는 일반적으로 국민주권을 정당화된 정치권력의 토대로 인정하기 때문이다. 거의 모든 정권들의 권력은 국민이 주권자라는 사실에 기초하기 때문에, 시민이 주권을 행사하기 위해 정치에 관여하는 것은 당연하다. 권위주의적 국가들까지도 지배를 정당화하는 한 수단으로 시민을 통제된 형태나마 정치참여에 관여시키려 한다. 정치관여는 여러 가지 목적을 위해서 이루어진다.

① 시민이 정책결정 과정에 영향을 미치게 하는 것이 가장 분명한 목적이다. 이것은 민주국가에서 참여의 중심 목적이다. 정부를 통제하려는 목적을 지닌 참여는 지도자를 선택하는 선거를 통해, 그리고 제안된 정부정책에 개인과 집단의 견해를 표명하는 수단들을 통해 이루어진다.

② 정치참여는 시민을 통제하는 목적을 가질 수 있다. 권위주의적 국가에서는 정부가 용납하고 통제할 수 있는 형태로 참여를 촉진시킨 것이 보통이다. 정치관여는, 명목뿐인 형태라 해도, 정권과 그 정책에의 헌신을 유발하고 항거의 위험을 감소시킬 수 있다. 대학 생활의 한 예는 이것을 설명하는 데 도움이 된다. 대학강사는 학급에서 공개시험을 할 것인지 비공개시험을 할 것인지를 표결하는 기회를 제공할 수 있다. 그 강사의 동기는 학생들에게 그들의 선택권을 부여하는 것이지만, 그 결정에

의 반대를 제한하는 부수효과도 거둘 수 있다. 즉 그 결정으로 불이익을 느끼는 사람은 불평을 할 수 없게 된다. 왜냐 하면 자신들의 의견을 표명하도록 허용되었기 때문이다. 이처럼 참여는 국가정책에의 광범한 묵종의 가능성을 증가시키는 한 수단이 된다.

③ 국가가 막대한 비용으로 수행했어야 할 봉사를 자발적으로 이끌어 내는 것이 참여의 셋째 목적이다. 북경의 제설작업은 시민의 자발적 활동이 정부의 인건비와 장비 비용을 절약하는 좋은 예이다. 그 밖의 예들은 자원봉사자들이 선거에서 투표감시자로 봉사하는 서구 민주주의에서 볼 수 있다. 자원봉사자들은 시민의 의무를 수행했다고 느끼며, 국가는 유급 감시단이나 경찰에게 지급했어야 할 돈을 절약한 것이다.

④ 정권과 그 정책을 정당화하는 것이 참여의 넷째 목적이다. 국민주권과 대중참여가 일반적 규범이 된 시대에, 모든 종류의 정권의 지도자들은 그들의 지배를 정당화하기 위하여, 시민을 어떤 방법으로든 정치에 관여시키려 한다. 흔히 참여는 명목뿐이거나 의례적일 수 있다. 예컨대 단일 후보만 있는 선거에서 투표, 퍼레이드나 집회의 참여, 정치교육의 출석 등이다. 그럼에도 불구하고 개인은 참여의식을 느끼고 이것은 정권에 정당성을 부여한다.

모든 국가들은 정치참여의 다양한 양식으로 표현되는 위의 네 가지 동기를 모두 가지고 있다. 민주정권들은 일반적으로 정부에 대한 시민의 통제 개념을 강조한 데 비하여, 비민주적 국가들은 시민을 통제하고 봉사를 유도하는 데 참여를 사용한다. 잠재적 동기가 무엇이든, 대중의 정치참여는 모든 형태의 정부에서 용납된 규범이 되어 왔다.

Ⅰ. 개인과 정치

정치참여는 대부분의 사람들이 바치기를 아까워하는 시간과 정력을 쏟는 일에 말려들게 한다. 왜냐 하면 정치행위는 사람들이 여가를 활용하는 수많은 방식들—스포츠, TV, 독서, 교회활동, 사교 클럽, 관광, 콘

서트, 연극과 영화 들—과 경합관계에 있으므로, 정치행위를 하려면 이것의 추구를 포기하는 것이 보통이기 때문이다. 여가를 어떻게 보낼 것인가를 선택할 경우에, 대부분 시민들은 정치 이외의 어떤 것을 선택할 것이다. 거의 모든 사회에서 적극적인 정치참여자의 실제 인원은 전체 성인의 일부에 불과하다. 민주주의를 활성화시켜 시민참여를 중요시하는 국가들조차 일반 국민의 정치관심 수준은 매우 낮다. 대체로 서구 민주주의에서 어떤 형태로든 정치관심을 표현하는 비율은 국민의 절반에 못 미친다.

1. 누가 정치에 참여하는가?

대부분 사회에서 참여는 ① 교육 수준(level of education)과 매우 긴밀히 관련된다. 교육 수준이 높을수록 그 사람이 적극적 정치참여자가 될 가능성이 커진다.[37] 문맹률이 높은 제3세계 국가들에서 참여는 일반적으로 낮으며, 이는 국민 대다수가 정치가 어떻게 돌아가고 있는지를 모르기 때문이다. 교육 수준이 높아지면 전반적인 정치참여도 높아진다. 이것은 단순히 문맹의 극복문제가 아니다. 교육받은 시민들은 그렇지 못한 시민들보다 정치과정에 참여할 가능성이 크다. 교육받은 사람은 정치적 진행상황을 이해하고, 그것들이 국민생활에 어떻게 영향을 미치는가를 이해하며, 보다 광범위한 정치쟁점에 대해 자신의 의견을 가지고, 정치적 토론에 참여하며, 정치활동에 참여할 가능성이 훨씬 크기 때문이다. 그 결과 선진국에서는 교육 및 정치적 관심과 참여 사이에 상관성이 높다. 즉 고등학교 졸업생은 중퇴자보다 참여의 가능성이 높고, 대학교 졸

37) 참여에 영향을 미치는 요소에 관한 논의는 다음을 참조할 것. Sidney Verba, Norman Nie, and Jae-on Kim, *Participation and Political Equality : A Seven-Nation Study*(Cambridge, MA : Harvard University Press, 1978) ; Samuel H. Barnes, Max Kaase, and others, *Political Action : Mass Participation in Five Western Democracies*(Beverly Hills, CA : Sage, 1979) ; Alan Marsh, *Political Action in Europe and the U. S. A.*(London : Macmillan, 1990).

업생은 고등학교 졸업생보다 참여의 가능성이 높다.

교육 수준은 참여의 가장 중요한 요소이지만, 개인의 정치참여 정도에 영향을 미치는 그 밖의 요소들도 있다.

② 그 중에는 자신의 태도, 신념, 개성과 관련된 개인적인 요소들(personal factors)이 있다. 예컨대 개인이 갖는 사회활동 성향, 정부관료들을 대하는 정치적 효능감, 정치적 태도의 강렬함, 시민 의무의 인식 등은 그의 정치참여의 정도와 본질에 영향을 미친다. 이것은 개인들의 태도와 과거 경험을 정치행위에 반영시킨다.

③ 참여에 영향을 주는 또 다른 요소는 정치적 상황(political setting)이다. 공적 관심과 참여는 매스 미디어로의 노출, 개인적 접촉, 참여를 증대하거나 제한하려는 정부 노력, 정치제도로의 접근 가능성 등에 의해 영향받는다. 특별히 중요한 것은 정치적 결정들이 개인에게 영향을 미치는 정도이다. 개인에 대한 영향이 즉각적일수록 그가 참여할 가능성은 크다. 탄원서를 배포하고, 자기 지역의 의원에게 편지 쓰고, 모임에 참여하고, 거리에서 시위하는 사람들은 언제나 도시구역제의 변경이나 공중위생처리장 계획에 의해 영향받는 사람들이다. 이것이 NIMBY(not in my back yard) 효과이며, 이는 매우 강력한 정치적 동원 요소이다. 일반적 의미에서, 사람들이 공공문제에서 실질적인 위기를 인식할 경우—예컨대 경제적 위기, 부패의 만연, 거리 폭력의 통제 불능 등—모든 타입의 정치적 행위에 동원될 가능성이 커진다. 그러나 정상적 상태일 때, 그들은 정치적 행위의 긴급성을 별로 느끼지 못한다.

④ 사회경제적 요소들(socioeconomic factors)—사회계급, 직업, 부, 성, 인종, 연령 등—역시 참여의 정도에 영향을 미친다. 일반적으로 부유한 사람일수록 그렇지 못한 사람보다 더욱 적극적이고, 남성이 여성보다 적극적이며(그러나 이것은 많은 나라에서 급격히 변하고 있다), 지배적 인종이 소수인종보다 적극적이며, 연장자들(고령자는 제외)이 젊은이들보다 적극적이다.

⑤ 마지막으로 참여의 가능성은 개인 자신의 정치신념(political beliefs)에 의해서도 영향을 받는다. 강력한 정치신념을 가진 사람이나 어떤 이

데올로기를 수용한 사람은 정치적 견해와 헌신(commitmants)이 잘 발전하지 못한 사람보다 정치참여의 가능성이 높다. 참여는 또한 운동이나 지도자들이 그들의 명분을 위해 시민을 동원하는 경우에도 고조된다. 흔히 참여 수준의 상승은 그런 운동들이 일반화된 불만을 쟁점화시킨 정치적 혹은 사회적 운동으로 전환시키는 데 성공할 경우에 나타난다. 카리스마적 지도자들은 무관심한 사람들을 개인적, 혹은 심지어 메시아적 호소를 통하여 동원할 때도 있다.

참여 수준은 지난 20년 동안 거의 모든 나라에서 상승해 왔다. 정권의 타입과 상관없이 사람들이 그전보다 정치에 많이 참여함으로써 '참여 폭발'에 관해 언급한 관찰자들이 있을 정도이다. 이러한 정치참여 수준의 향상은 대부분 세계 많은 나라에서 교육 수준의 증가로 인한 깨어 있는 시민 수효의 폭발에 기인한다. 참여 폭발은 과거에 제외되었던 특히 여성, 소수인종, 젊은이 등의 시민집단들이 정치체제에 침투함으로써 조성되기도 한다. 거의 모든 정치체제는 이러한 높은 참여율에 적응해야 하는 도전에 직면해 있다.

2. 정치참여의 형태

미국에서 낙태의 합법화는 지난 10년간 강력하고 감정적인 정치참여를 자극하였다. 이와 관련하여 공공정책에 영향을 미치려는 시도들로서 편지쓰기 캠페인, 포스터와 스티커의 부착, 입법행위, 청원, 선거정치, 집회와 시위, 연좌, 보이코트, 심지어 이 쟁점에 동원된 사람들에 의한 암살 등을 목격하였다. 낙태논쟁은 다양한 정치참여 양식들의 광범성을 보여주며, 단일 쟁점이 다양한 많은 형태의 행위를 불러일으킬 수 있다는 사실도 보여준다. 비참여로부터 공직 담당에 이르기까지 정치활동의 넓은 스펙트럼은 대부분 국가의 시민들에게 적용될 수 있다. 그림 [4-1]은 헌신과 시간의 관점에서 참여의 강도가 높을수록 그 활동에 참여하는 사람의 수효가 줄어드는 모습, 즉 피라미드 위로 올라갈수록 참여자가 적어진다는 것을 보여준다.

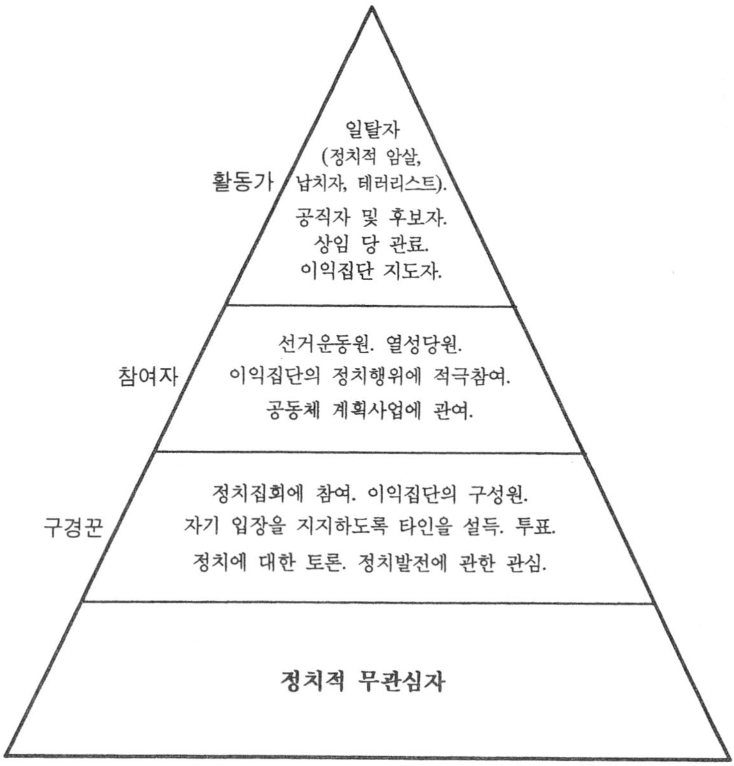

자료 : David F. Roth and Frank L. Wilson, *The Comparative Study of Politics*, 2nd ed.(Englewood Cliffs : Prentice-Hall, 1980), p. 151.

그림 [4-1] 정치관여의 피라미드

과거와 현재의 공산주의 체제처럼 잘 조직된 권위주의 정권에서 정치참여는 흔히 광범위하며, 거의 모든 주민이 참여하는 정치참여 형태도 있다. 권위주의적 지도자들은 모든 형태의 참여를 억압하는 것이 위험하다는 것을 인식하여, 자기들이 통제하고 선택하는 형태들의 정치행위로 통로화한다. 예컨대, 중국은 '대중운동(mass campaign)'에 빈번하게 호소한다. 이는 당이 지도층의 목적에 광대한 인구를 동원하려는 노력이다. 대중운동의 주제는 다양하며, 1960~1968년 문화대혁명의 복합적인 정치 · 경제 · 사회적 목표로의 비약을 반대하는 현세적인 시민행위가 포함

표 [4-1] 정치참여의 관례적 양식과 비관례적 양식

관례적	비관례적
투 표	청 원
선거운동	항의와 시위
집단의 활동	파업과 연좌
당원자격 획득	보이코트
정치지도자와 회합	정치적 폭력
편지쓰기	테러리즘

되기도 한다. 통로화되지 않는 형태의 참여는 눈총을 받거나 억압된다. 그래서 중국 정권은 1979년 대자보(大字報)의 '민주주의 벽'과 1989년 학생들의 민주화운동을 엄중히 단속하였다.

지난 10년간 정치학자들은 관례적(conventional) 참여양식과 비관례적(unconventional) 참여양식을 구분해 왔다.38) 표 [4-1]은 관례적 참여와 비관례적 참여 간의 일상적인 구분을 나타낸다. 관례적인 정치행위는 개인들이 공직자들을 통해서 하는 것으로, 엘리트들에 의해 승인된 참여 통로들—예컨대 선거정치, 편지쓰기, 이익집단 활동—을 사용하는 것이다. 비관례적 행위는 개인들이 정치 엘리트에 직접 도전하거나 우회하는 행동을 통해서 이루어지는 것이다.

이 구분은 유용한 경우도 있지만 비교의 상황에서는 문제가 있다. 대부분 정치행위자들이 두 가지 양식으로 정치참여를 구분하지 않기 때문에 오류를 범하기 쉽다는 것이다. 사람들은 정책결정자들의 반응, 쟁점의 성질, 그들 감정의 강렬성에 따라 참여의 형태를 다양하게 사용할 수 있다고 생각한다. 때때로, 보다 직접적인 정치행위의 양식은 다른 타입의 행위가 성과를 거두지 못한 연후에야 사용되는 극단적 형태로 간주된다. 더욱 흔한 것은, 정치문제에 관심 있는 시민들은 공공정책에 영향을 미

38) 참여의 다양한 양식(modes)에 관한 훌륭한 서술은 다음에서 발견된다. Samuel H. Barnes, Max Kaase, and others, *Political Action : Mass Participation in Five Democracies*(Beverly Hills, CA : Sage, 1979).

치기 위해서는 모든 참여양식을 종합적으로 사용할 수 있다는 것이다. 예컨대 낙태반대 운동가들은 대부분의 참여양식들을 사용해 왔고, 그것들을 동시적으로 사용하는 경우가 빈번하였다.

무엇이 관례적이냐 비관례적이냐는 나라에 따라 다르다. 예컨대 청원은 미국 정치에서는 정상적이지만, 영국에서는 비관례적이다. 시위는 인도에서는 반정권적일 수 있고 지배자의 축출을 의도한 것일 수 있지만, 프랑스에서는 선출직 공직자에게 영향을 미치는 것만을 의도할 수 있다. 참여양식은 같은 나라에서도 시기에 따라 다르다. 예컨대 바리케이드 구축은 프랑스에서 한때 일상적 형태의 정치행위였으나 오늘날 바리케이드는 이례적이다. 그러나 오늘날도 농부나 트럭 운전사들은 그들이 좋아하지 않는 정책에 항의하기 위해 트랙터나 트럭으로 도시를 봉쇄하는 일이 주기적으로 발생한다. 비관례적인 양식이 정치 엘리트들을 우회한 직접 행동이라는 견해는 시위, 연좌, 보이코트 등이 엘리트에 영향을 미치는 것을 겨냥할 경우에는 적절치 않다. 또한 공직자들이 가끔 비관례적 양식을 사용하고 있다는 점으로 미루어 볼 때도 이러한 견해는 적절치 않다. 예컨대 일본에서는 선출된 야당의 일상적 전술의 하나는 의회 회기를 보이코트하는 것이다.

개인과 집단들이 정책결정에 영향을 미치기 위해서나 정권을 교체하기 위해서는 광범하고 다양한 정치활동들을 한다는 것을 기억하는 것이 유용할 것이다. 지금은 거의 모든 국가들에서 활동가들은 20년 전에 사용했던 것보다 훨씬 다양한 정치행동의 목록들을 주기적으로 사용하는 것을 볼 수 있다.

3. 투 표

정치행위의 목록이 아무리 광범하다고 해도 그 중에서 투표는 가장 일상적인 정치참여의 형태로 남아 있다. 이것은 특히 민주주의에서 통용되는 말이지만, 선거는 많은 권위주의적 정권에서도 중요한 특성이다. 참여형태로서 선거의 중요성 때문에, 사람들이 어떻게 투표로 선택하며 투표의 구조화 방식은 선거결과에 어떻게 영향을 미치는가를 검토하는 것은 중요하다.

미국인들이 명심해야 할 것은 다른 나라들에서는 투표자들에게 공직자들을 선출할 기회를 많이 제공하지 않는다는 사실이다. 미국 투표자들은 예비선거에서 당의 후보자를 선택하고, 또다시 총선거에서 검시관뿐만 아니라 판사 그리고 의회에 이르기까지 수십 개의 직위에 대해 투표한다. 더불어 미국의 많은 주에서는 투표자들이 수많은 주민투표(referendum)나 주민발의(initiative)에 정기적으로 참여하기도 한다. 이와 대조적으로 다른 대부분 민주국가에서는 예비선거가 없고 선출직도 많지 않으며, 대부분 전국적 선거는 투표자들에게 오직 한 가지 공직—의회 의원—만을 선출하도록 허용하는 것이 보통이다. 그러나 투표는 다른 민주주의에서 여전히 가장 중요하며 유일한 정치행위이다.

미국에서는 주 정부가 주요 정책 변경에 대해 투표자들의 승인을 얻고자 할 경우 주민투표를 빈번히 실시한다. 더불어 미국인들은 주 수준에서 주민발의에 의해 표결에 부쳐진 안건들에 투표한다(미국에서는 전국 수준의 주민투표나 주민발의는 없다). 다른 국가들에서 주민발의는 드물지만, 중요한 국가적 쟁점에 관해 주민투표를 통해 투표자의 의견을 묻는 경우도 있다. 예컨대 프랑스는 최근 유럽연합(EU) 확대에 관한 마스트리히트(Maastricht) 조약의 비준 전에 주민투표를 통하여 선거인들과 협의하였다. 이탈리아는 파편화된 의회의 운영 장애를 해소하려고, 현안 쟁점들에 대해 주민투표를 여러 번 실시하였다. 흔히 주민투표는 탈공산화 이후 러시아에서 했던 것처럼, 전면적 헌법개정이나 새로운 헌법제정을 승인하는 데 사용된다. 비민주적 체제에서 주민투표는 흔히 전제적 정권에다 민주적 신임장을 제공하는 수단으로 사용된다. 주민투표가 갖는 이러한 국민투표적 기능(plebescitarian function) 때문에, 민주주의 주창자들은 중요하지 않은 아무런 쟁점에 대해서나 주민투표를 통해 투표자와 협의하는 것을 걱정한다.

주민투표와 공직자 선거에서 투표는 권위주의적 정권에서도 중요한 정치행위이다. 이런 정권에서 선거가 투표자에게 한 가지 이상의 선택을 제공하는 경우는 드물지만, 정치지도자들은 투표자를 동원하는 데 많은 정력을 쏟는다. 선거는 권위주의적 지도자들이 그들 정권에 대한 승인을 공적으로 과시하는 기회이다. 이런 선거는 비록 선택의 여지가 없는 것이라도 그들의 지배를 정당화하기 때문이다. 선거에의 관심은 공산당이 선거운동에 시간과 정력을 엄청나게 쏟는 공산주의 체제에서 특별히 크다. 공산당은 선거를 자기들의 치적을 주민에게 알리는 기회로 보기 때문이다. 소련에서 후보자나 그들의 일꾼들은 본격적인 선거운동 기간 동안 거의 모든 투표자들과 최소한 한 번은 개인적 접촉을 가졌다. 심지어 투표 용지에 단일 후보자만 있는 경우에도 유권자의 99.9%가 투표에 참여했다. 한 소련 시민은 서방 신문 기자와의 인터뷰에서 그 이유를 설명하였다. 누구에게 투표했느냐는 물음에 "나는 모른다. 나는 관심 있게 보지 않았다. 그 사람은 엔지니어였다고 생각한다."라고 대답했다. 그러면 그는 왜 투표를 했는가? "그것은 자동적이다. 만약 당신이 선거 마감시간까지 투표하지 않으면, 구역감시인들이 와서 당신이 투표하러 갈 때까지 당신의 문을 두드린다."[39)]

대부분의 개발도상국에는 아예 선거가 없으며, 거의 모든 군사정권과 다른 권위주의적 정권에도 마찬가지다. 선거가 있는 개발도상국이라 해도 그 선거는 그저 투표하거나 기권하는 것 외의 선택은 아니다. 문제는 경쟁선거일 경우인데, 개발도상국에서 경쟁은 흔히 종교적 균열을 중심으로 한 것(인도의 경우)이거나, 인종적 분할을 중심으로 한 것(나이지리아의 경우)이어서, 이런 주제들이 선거운동을 지배할 경우에 선거는 분열적이고 흔히 폭력적이기 때문이다. 이처럼 개발도상국에서 투표자들이 두 개 이상의 정당들 사이에서 선택해야 할 경우에, 선거는 흔히 커다란 정치적 긴장의 시기이다. 선거부정의 문제도 있다. 투표소가 넓게 분산되어 있고, 정권에 헌신하는 사람을 제외하고는 감시하기가 어려우며, 투표가 끝난 후 집계를 쉽게 할 전기마저 없는 나라들에서는 단순히 선거를 조직하는(organize) 것 자체가 문제이다. 예컨대 멕시코에서 선거는 항상

---

39) *New York Times*, 5 March 1979.

표보다는 속임수에 의해 패배했다는 야당의 고함과 불평이 뒤따랐다. 혐의가 사실이 아닌 경우에도 정부가 선거의 공정성을 증명하기는 어렵다.

민주주의에서 시민들은 그들의 행동이 지배자의 선택과 정책의 채택에 영향을 미칠 것을 기대하면서 투표장에 간다. 그러나 투표에 관한 초기 연구는 투표자들의 선거 선택은 어떤 후보자의 입장이 자기들의 입장에 가까운지에 대한 합리적 평가에 기초하기보다는 물려받은 정당 유대, 사회계급, 인종적 일체감에 기초한다고 시사하였다.[40] 하지만 보다 근래에는 투표자의 세련화가 증대된다는 증거가 있다.[41] 투표자들은 이데올로기나 좌우 쟁점들에 대한 입장에 기초한 광범한 정치적 진영들 안에 자기의 위상을 정립할 수 있다는 것이다. 투표자들은 과거보다는 맹목적인 정당 충성심이 덜하고, 선거에 따라서 정당의 변경이 훨씬 빈번해졌음을 보여준다.[42] 투표자들의 쟁점에 대한 인식은 보다 높아졌고, 투표행위는 과거처럼 당파성(정당 유대)에 따라 미리 결정되기보다 쟁점에 따라 투표할 가능성이 높아진 것 같다. 이것은 쟁점들이 전통적 정당 구분들을 초월할 경우, 예컨대 이민이나 유럽공동체의 가입 같은 쟁점 그리고 여성의 권리 같은 사회적 쟁점인 경우에 특히 맞는 말이다. 이 같은 보다 합리적인 투표 선택으로의 진보에도 불구하고, 심지어 높은 교육 수준의 산업 민주주의에서도, 투표자들은 그들이 선택하는 데 필요한 만큼의 합리성을 갖지 못한다는 걱정이 여전히 남아 있다.

---

40) Angus Campbell et al., *The American Voter*(New York : Wiley, 1960) ; David Butler and Donald Stokes, *Political Change in Britain*(New York : St. Martin's, 1969); Michael Margolis, *Viable Democracy*(New York : St. Martin's, 1979).

41) Russell J. Dalton, *Citizen Politics in Western Democracies*(Chatham, NY : Chatham House, 1988), pp. 35~38.

42) Russell J. Dalton, Scott C. Flanagan, and Paul Allen Beck, eds., *Electoral Change in Advanced Industrial Democracies : Realignment or Dealignment?*(Princeton, NJ : Princeton University Press, 1984).

4. 선거제도

투표과정을 구조화하는 데는 몇 가지 방식이 있는데, 어떤 제도를 선택하느냐에 따라 선거결과에 영향을 미친다.[43)]

① 가장 간단명료한 선거제도는 한 나라를 인구가 거의 같은 지역들로 나누어, 각 지역에서 의회 대표를 한 명씩 선출하는 것이다. 과반수를 득표하든 못 하든 상관없이 가장 많이 득표한 후보자가 당선된다. 이것을 소선거구 다수선거제도(the single-member-district plurality electoral system)라고 한다. 경마에서 코 하나 차이라 하더라도 제일 먼저 결승선을 통과한 말이 승리마가 되는 것에 비유하여, 이 선거제도는 때때로 '일위대표제('first past the post' system)'라고도 부른다. 이것은 미국과 캐나다에서 사용되고 있는 선거제도이며, 다른 많은 민주주의 및 비민주주의 정권에서도 사용된다.

다수제도의 장점은 간단하고 투표자가 이해하기 쉽다는 점이다. 이 제도는 다수당의 힘이 과잉대표됨으로써 분명한 의회 다수파(과반수)가 형성되는 것이 보통이다. 이처럼 이 제도는 과반수를 형성함으로써 안정된 의회제 정부(내각책임제)를 운영하는 데 도움이 된다고 보는 사람도 있다. 예컨대 영국 보수당은 1992년 선거에서 42%의 득표만으로 하원에서 과반수를 21석이나 초과하였다. 대부분의 경우, 이 다수제도는 양당제를 형성하여 여·야 간 대화에 기여한다. 선출된 대리인은 비교적 적은 지역구에 긴밀한 유대를 맺고 자신을 선거구 대표로 간주한다. 이 선거제도에는 소수당이나 극단주의 정당에게 불리하여 그들이 의석을 확보하기가 어렵다.

그러나 다수제도는 불공정하며, 국민의 의사를 왜곡한다. 예컨대 한 나라에서 4개 정당이 의석 경쟁을 하는데, A당이 30%, B당이 28%, C당이 25%, D당이 17%를 획득했다면, A당 후보자는 그 반대자들(B당,

43) Arend Lijphart, ed., *Electoral Systems and Party Systems*(Oxford, England : Oxford University Press, 1994).

C당, D당)에게 던진 표보다 적게 득표했더라도 승리하게 된다. 이런 것이 여러 지역구에서 되풀이되면 중요한 정당들이 의회에 공정한 대표를 하지 못하는 결과를 가져온다. 또다시 영국은 이에 관한 좋은 예를 제공한다. 즉 1992년 선거에서 자유당은 총 투표수의 18%를 획득하였으나 의석의 3%에 해당하는 20명만 당선되었다. 이 다수선거제도에서는 소수당이지만 중요한 정치적 견해를 표명하는 정당은 의석을 획득하지 못하거나 불리하다는 것을 알기 때문에 선거에 나서지도 않는다.

② 의회에 대한 보다 공정하고 정확한 대표는 비례대표제도(PR)를 사용해서 보장된다. 이 선거제도하에서 의석은 여러 의원을 뽑는 대선거구로 나뉜다. 각 정당은 선거구에 배당된 의석수만큼의 후보자들을 순위를 매겨 지명한다. 정당의 후보자 명부가 실제로 당선자를 선택하는 토대가 되기 때문에, 투표자는 후보자 개인지향적이기보다 정당지향적이다. 총 투표가 집계되면, 의석은 각 정당의 득표 비율에 따라 할당된다. 그래서 만약 정당의 득표가 다섯 의석을 확보한다면, 정당 명부의 상위 다섯 후보자가 당선된다. 비례대표제에서 의석 할당을 계산하는 방식은 많이 있다. 세부적 규칙은 나라에 따라 다르지만, 원칙적으로 비례대표제는 20%를 득표한 정당에게는 의석의 20%, 35%를 득표한 정당에게는 의석의 35%, 5%를 득표한 정당에게는 의석의 5% 등으로 의석을 배분한다. 이 제도의 근본 취지는 선거인의 정치적 견해의 분할을 가능한 한 정확하게 의회에 반영시킨다는 데 있다.

표 [4-2]는 선거제도가 대표(representation)에 미치는 영향을 나타낸다. 1993년 일본의 경우, 비례대표제는 모든 정치적 견해들이 의회에 잘 반영되는 것을 보장했다. 어느 정당에게도 의회(하원)의 과반수를 허용하지 않았다. 그 결과 18개월 동안에 4명의 수상이 바뀌었다. 이에 비해 1992년 영국의 경우, 소선거구 다수대표제는 자유민주당을 지지했던 약 18%의 투표자들에게 사실상 투표권을 박탈한 것이었다. 영국 선거제도는 최다 득표를 한, 그러나 과반수에 훨씬 못 미치는 보수당에게 의회의 확고한 과반수를 제공했었다. 비례대표제의 최대 장점은 대표의 공정성이다. 국민들이 가지고 있는 정치적 태도와 견해를 의회에 정확하게 반

표 [4-2] 선거제도와 그에 따른 의석분포

비례대표제 : 1993년 일본 하원*		
	득표율	의석점유율
자민당	36.6	43.6
사회당	15.4	13.7
신진당	10.1	10.8
공명당	8.1	10.0
일본신당	8.1	10.0
공산당	7.7	2.9
민사당	3.5	2.9
사키가케(先驅)	2.6	2.5
기 타	7.8	3.6
다수체제 : 1992년 영국 하원		
	득표율	의석점유율
보수당	41.9	51.6
노동당	34.2	41.7
자유민주당	17.9	3.1
기 타	6.0	3.5

* 일본의 비례대표제는 소선구 때문에 다른 나라의 비례대표제만큼 득표상황을 정확하게 반영하지 못한다. 비례대표제는 선거구가 클수록 정확도가 높아진다. 일본 의회는 1995년 입법을 통하여 전체 의석의 10%를 비례대표제로 남겨둔 채 지역구의 90%에 최다수체제를 도입했다.

영한다는 것이다. 모든 견해는 선거인 가운데서 차지하는 빈도수에 가장 근접하게 의회에 반영된다. 모든 민주주의의 핵심 요소인 강력한 정당을 만들기 위해, 당 지도자들은 후보자를 순위화하고 그럼으로써 당의 원칙이나 지도자들에 충성하는 사람의 당선을 보장하는 이 제도를 활용할 수 있다. 정당은 그들의 명부에 여성이나 소수인종을 포함시킴으로써 공천에 균형을 도모할 수도 있다.[44] 예컨대 여성은 일반적으로 다수대표제에

44) Wilma Rule and Joseph F. Zimmerman, eds., *Electoral Systems in*

서보다 비례대표제하에서 선출된 의회에서 더 잘 대표된다.

비례대표제의 한 가지 단점은, 선거구가 너무 방대하여 의원과 선거구민의 연계가 비교적 작은 선거구를 한 의원이 대표하는 경우보다 유지되기 어렵다는 점이다. 또 하나의 문제는, 일본과 이탈리아가 직면한 문제로서, 정당 명부를 작성하는 정치로 인해 다수당의 극단적 파벌화를 초래하고 정당의 부패화를 촉진했다는 점이다.

더욱 중요한 결점은 너무 많은 정당들을 의회에 진출시켜 정부 구성을 위한 과반수화(governmental majority)를 형성하고 유지하기가 어렵다는 점이다. 비례대표제에서 선거규칙들은 흔히 모든 정당이(심지어 1~2% 정도의 소수를 득표한 정당까지도) 의석을 갖도록 함으로써, 의회제 정부가 단일정당보다는 연립에 의해 지탱되는 것이 보통이다. 이러한 연립은 의회제하에서 수상의 사임을 위협하여 불안정하고 붕괴되기 쉽다. 근대에 이것의 전형적인 사례는 이탈리아에서 발견되는데, 여기에서는 비례대표제로 인해 12개 이상의 정당들이 의회에 들어와 정부가 과반수를 형성하는 데 5개 정당이 필요하였다. 이 정당들 중 일부는 총 투표의 3~4% 정도를 획득한 미니 정당인데도, 의회 과반수를 형성하는 연립에 필요했기 때문에, 정부의 의제(agenda)를 통제할 수 있었다. 이런 상황에서 투표자들은 당선자들의 행동과 나태(inactions)의 책임을 추궁할 수 없게 된다. 그래서 정부의 구성과 의제의 설정이 국민 선거의 결과에 의존하기보다 밀실에서 처리되는 의회제에 의존하게 된다. 그러나 강조되어야 할 것은, 비례대표제가 정당을 파벌화하거나 정부의 안정을 해치지 않고도 잘 사용되고 운영되는 나라들도 있다는 점이다. 사실상, 비례대표제는 선진 산업 민주주의에서 가장 보편적 형태의 선거규칙이다. 이것은 스칸디나비아 국가들, 벨기에, 네덜란드 그리고 혼합적 형태로서 독일에서 잘 운영되고 있다.

독일의 혼합형은 소선거구 다수대표제(지역구)와 비례대표제를 조화시

Comparative Perspective : Their Impact on Women and Minorities(Westport, CT : Greenwood Press, 1994).

킨 것이다. 하원(Bundestag) 의석의 절반은 소선거구제에서 선출되고, 나머지 반은 비례대표제로 선출된다. 비례대표제 의석은 소선거구 투표의 불공정성을 보완하는 방식으로 배분되는데, 의회는 총 투표의 5% 이상을 획득한 정당들만으로 구성된다.

비례대표제와 소선거구제의 혼합인 독일식 모델은 근년에 와서 안정성(stability)과 공정한 대표(fair representation) 간의 균형을 성취하는 한 방식으로 관심을 모으고 있다. 러시아는 새로운 민주정권을 수립하면서 이와 유사한 혼합형을 채택하였다. 뉴질랜드, 일본, 이탈리아는 최근 그들의 예전 순수 비례대표제를 수정하여 소선거구제에서 대부분의 의원을 선출하도록 했다. 일본과 이탈리아의 경우, 그 목표는 광범한 정치적·헌법적 문제점들을 해소하는 데 있다.

즉, 이탈리아의 경우에는 정부의 불안정과 정당의 지나친 다원주의, 일본과 이탈리아의 경우에는 정치적 부패와 정당 쇠퇴가 문제점이었다. 소수당이 의회에 대표되는 것은 소수파 의석을 보호하는 수단으로 비례대표제도를 유지하기 때문이다. 일본과 이탈리아에서 새로운 선거규칙의 효율성을 평가하기에는 시기상조이다.

그러나 선거제도의 작동은 전반적인 정치체제나 심지어 정당제도에도 제한적인 영향만 미치는 것이 보통이다. 독일에서 혼합형 제도의 성공적인 운영은 단순히 선거법의 직접적 효과 때문만이 아니다. 러시아의 초기 경험은 그것이 언제나 성공하지는 않으리라는 것을 시사한다. 러시아에서 정당의 증가와 다원화 문제는 비례대표제와 다수대표제의 혼합제도하에서 발생하였는데, 이는 오히려 지속력 있는 정부를 구성하는 과업을 복잡하게 만들고 있다.

③ 다수대표제와 비례대표제 외에 다른 선거제도도 있다. 프랑스는 소선거구제에 기초한 2차 투표제(two-ballot system)를 사용한다. 만약 후보자가 1차 투표에서 분명한 과반수를 획득하지 못하면, 1주일 후에 2차 투표를 실시하여 단순다수로 당선자를 결정한다. 오스트레일리아는 후보자가 절대 과반수를 획득하지 못할 때 2순위 표가 사용되는 단기이양식 투표제도를 가지고 있다. 이 2차 투표제도와 기타 선거제도를 조직하는

형태에도 몇 가지 변형이 있다. 선거제도는 중요한 정치적 특성이지만, 한 나라의 기본적인 정치적 · 사회적 실재를 형성하기보다는 반영하는 경우가 훨씬 빈번하다.

근년에 더욱 기본적인 정치적 문제들에 대한 한 접근법으로서 선거규칙의 변경이 등장하였다. 이에 관한 문제점은 두 가지이다. 첫째는 선거제도가 문제의 소지가 있는 정당제도를 초래한다거나 혹은 선거개혁으로 제도적 안정을 이룬다는 증거는 매우 제한된다는 것이다. 많은 연구들이 시사한 바에 의하면, 선거법은 기본적인 정치적 형태를 결정하기보다 반영하기 때문이다.[45] 둘째, 선거법 개정은 이해관계와 무관하지 않다. 선거법이 개정되면 개정을 주도한 정당의 정치적 기회에 도움이 된다. 여당은 흔히 그들에게 유리하게 하기 위해 규칙들을 손질한다.[46] 이러한 손질이 국민의 의사를 방해하는 것이라고 인식될 때, 국민적 소외로 직결될 수 있다.

무엇보다도 선거제도의 공정성에 대한 대중의 인식이 중요하다. 선거규칙이 불공정하다고 느끼거나(영국의 다수대표제에 대해 많은 사람들이 그러하다), 혹은 불안정이나 부패의 결과로 정치체제로부터의 소외를 야기시키면(이탈리아와 일본의 비례대표제에서 그렇다), 그 결과는 민주적 정통성의 핵심(essence)을 파괴하는 것이 된다. 대의 민주주의는 자유선거에 기초하며, 그래서 시민들이 선거가 공정치 못하다고 인식하게 되면 모든 과정이 무너질 수 있다.

---

45) G. Bingham Powell Jr., *Contemporary Democracies : Participation, Stability, and Violence*(Cambridge, MA : Harvard University Press, 1982)를 참조.

46) 프랑스에서의 이러한 영향에 관한 고전적 연구로는 다음을 참조할 것. Peter Campbell, *French Electoral Systems and Elections Since 1789*(Hamdon, CT : Archon Books, 1965).

Ⅱ. 정치에서 여성

정치에서 점차 주요 역할을 맡고 있는 가장 중요한 집단들 중에는 여성이 있다. 이것은 사실상 모든 타입의 정권들에 해당되지만, 여성의 영향은 선진 산업 민주주의에서 특히 중요하다. 여성은 훨씬 적극적인 정치적 역할을 수행하고 있다. 그들은 공직에 입후보하고 중앙정치에서 자리를 획득하고 영국, 프랑스, 노르웨이, 인도, 그 밖의 곳에서 정부의 수상이 되었으며, 대부분 서방 민주주의에서 여성 관련 쟁점들을 정치적 의사 일정의 맨 앞으로 끌어오고 있고, 이는 점차 개발도상국들에게 옮아가고 있다.[47]

여성은 1차 대전 이후(미국, 캐나다, 영국, 독일 및 기타 몇 개국의 경우), 혹은 2차 대전 이후(프랑스, 이탈리아, 일본 및 기타 국가 경우)까지는 완전한 정치적 권리를 획득하지 못했었다. 더불어 투표권을 획득한 후에도 여성들은 그들을 정치에서 이차적 역할에 묶어두는 사회 법률과 전통에 의해 여전히 방해받았다. 그들은 남편들보다 교육을 덜 받고 직장에서 다양한 영향력을 행사할 가능성이 적었다. 그 결과, 1970년대까지 정치활동에서 분명한 성 차이가 존재하였다. 일반적으로, 여성은 남성들보다 자주 투표하지 못하고, 여타 종류의 정치행위에 관여할 가능성이 적고, 보다 보수적이거나 전통적인 견해를 가진다. 정치에 첨예한 성 격차(gender gap)가 있었다고 말하는 것이 정확할 것이다.

여성들이 1960년대 와서야 그들이 당면했던 법적 불평등을 극복하고, 보다 많은 교육을 받고 가정 밖으로 나갈 수 있는 보다 많은 기회를 획득함으로써, 정치활동에서 이런 성 차이가 줄어들었다. 이것은 선거참여에서 특히 주목할 만하다. 표 [4-3]은 일본의 경우에서 이를 보여준다. 1946년 여성이 처음으로 투표하였을 때, 남성 참여자와의 사이에 상당한 차이가 있었으나, 1976년에는 그 격차가 사라지고, 지금은 남성보다 약간

---

47) Barbara J. Nelson and Najma Chowdhury, eds., *Women and Politics Worldwide*(New Haven, CT : Yale University Press, 1994).

표 [4-3] 일본에서 성별 투표 현황(1946, 1976)

	여 성	남 성	성별 격차
1946	67.0%	78.5%	−11.5
1976	72.8	74.1	+ 1.3

자료 : Rolf H. W. Theen and Frank L. Wilson, Comparative Politics : An Introduction to Seven Countries(Englewood Cliffs, NJ : Prentice-Hall, 1992), p. 432를 토대로 작성함.

많은 여성이 투표한다. 이와 같은 경향이 다른 나라들에서도 보인다. 더불어 여성의 전통적 정당과 보수적 정당들과의 유대도 사라져서 투표 행태에서 성 차이는 격감되어 왔다. 그러나 많은 나라들에서 여성들은 (좌익이든 우익이든) 극단주의적으로 인식된 정당들 혹은 주류적(mainline) 입장이나 이미지에 도전하는 후보자에게는 거부감을 보이고 있다. 여성은 남성보다는 저항정치에 관여할 가능성이 적다.

1980년대에는 선거직에 종사하는 여성 숫자에 중요한 증가가 있었다. 그 증가는 특히 지방 및 지역 정치에서 현저하였다. 보다 많은 여성들이 정치적 직업이나 부업을 선택함에 따라, 이런 경향이 지속되어 전국적 수준에서도 여성의 대표에 보다 많은 균형이 초래되리라 예상된다. 이미 그 밖의 곳에서 국회의 여성 비율이 증가하였고, 중앙정부에서 여성의 숫자는 더욱 주기적으로 그리고 더욱 현저하게 증가하였다. 아직도 남아 있는 중요한 불평등은 정치에서 여성에 대한 형식적 장애보다는 낡은 패턴의 정치사회화의 지속에 기인한 것이다. 흔히 여성은 남성과 다른 기준을 적용받는 업무상 이중 기준이 있는 것 같다. 예컨대 킴 캠벨(Kim Campbell)이 캐나다 수상으로 임명될 무렵, '야심적'이라는 비난을 받았다. 이에 그녀는 다음과 같이 대응하였다.

> 남성은 힘이 센 반면에, 여성은 뱃심이 좋다. 남성은 자기 입장을 고집하지만, 여성은 불평하는 암캐이다.[48]

48) *Boston Sunday Globe*, 20 June 1993.

캠벨은 정치에서 그리고 여타 사회적 · 전문적 맥락에서 여전히 여성을 제한하는 지속적인 태도적 장애를 잘 포착하였다. 태도가 변하면 이러한 비공식적 장애도 사라질 것이다. 성은 이제 투표 행태에 별다른 영향을 못 미친다. 대부분의 산업 민주주의에서, 투표 연구는 남성과 여성 양쪽이 남성 후보자에게 투표하는 것과 마찬가지로 흔쾌히 여성 후보자에게도 투표한다는 것을 보여준다.

여성운동들은 많은 민주주의에서 중요해졌다. 그것들은 여성의 권리와 쟁점들을 주장하기 위한 평화운동, 학생운동, 환경운동 등에서 생겨났다. 그것들은 여성들을 동원하여 정치에 관여하게 하였으며 낙태, 고용 균등, 육아 같은 여성의 쟁점들을 제기하였다. 그러나 대부분의 여성운동은 정치적으로 소외받은 급진적 좌익 정치집단들과 유대를 맺어왔다. 이들이 정치무대에 존재함으로써 주류적 정당들로 하여금 여성문제에 더 많은 관심을 쏟게 하고 거기에 대해 보다 현저한 정치적 역할을 하도록 자극하게 되었다. 여성운동이 보다 많은 여성을 지도적인 정치적 역할로 이끄는 성공 정도는 민주주의 국가들 간에 중요한 차이가 있다. 표 [4-4]와 [4-5]는 몇몇 국가들에서 이러한 차이들을 나타낸다. 여성은 스칸디나비아에서 의회에 진출하는 데 가장 성공하였다. 표 [4-5]가 보여주듯이, 점차 많은 국가들에서 시민들은 여성을 그들의 행정수반으로 선택하려는 의지를 보인 것 같다. 이것은 다양한 정치적 · 문화적 상황에도 해당된다. 1993년 터키에서 여성 수상의 선출은 여성이 이슬람 국가를 영도하도록 선택된 세 번째의 기록이었다.

개발도상 세계에서 여성은 일반적으로 그들의 사회 및 정치에의 완전참여에 여전히 전통적 장애를 겪고 있다. 남미의 대부분에서 남성우월감(machismo)이 여성을 이차적인 사회적 · 정치적 역할에 머물게 한다. 이슬람의 종교적 교리도 마찬가지로 여성의 사회적 역할을 제한하고, 이슬람 근본주의자들은 여성들이 전통적 역할을 지키도록 캠페인을 한다. 그 밖의 많은 전통문화에서 여성은 중요한 정치적 역할을 못 하게 하는 관습과 가치에 직면한다. 인도에서 인디라 간디 수상의 선례에도 불구하고, 여성은 보통 남성보다 법률적 · 정치적 권리가 적은 것으로 간주된다.

표 [4-4] 전국 의회에서 여성의 의석점유율(별도의 연도 표시가 안 된 것은 1991)

국 가	주요 의회에서 여성의 점유율
스웨덴	41.0(1994)
노르웨이	39.2(1994)
핀란드	38.5
덴마크	33.0
아이슬란드	23.8
오스트리아	21.8
네덜란드	21.3
독 일	20.4
스페인	14.6
미 국	10.1(1996)
이탈리아	10.2(1992)
영 국	9.2(1992)
벨기에	8.5
아일랜드	7.8
포르투갈	7.6
프랑스	6.1(1993)
그리스	5.3
일 본	1.4

자료 : Union Interparlementaire, Geneva, September 1991. Information on Japan and more recent figures from author's files.

표 [4-5] 1970년 이후 행정수반이 여성이었던 국가

영 국
캐나다*
도미니카*
프랑스
아이슬란드
인 도
이스라엘
니카라과*
노르웨이*
파키스탄*
필리핀
폴란드*
스리랑카
터 키*

* 1993년 7월 1일 현재 행정수반이 여성인 국가.

반면, 남부 나이지리아에서 현저한 것으로 여성이 시장(marketplaces)에서 중요한 경제적 역할을 오랫동안 수행하였으며, 이러한 지위를 이용하여 정치적 영향력을 획득한 몇몇 문화권들도 있다. 이러한 문제점들에도 불구하고, 심지어 개발도상국에서도 여성은 그들 국가의 정치생활에서 점차적으로 적극적 역할을 수행하고 있다. 외진 농촌지역에서 전통적 역할에 억류된 것과 비교해서 근대화된 도시중심부 여성의 점증적인 정치적 역할 사이에는 흔히 첨예한 불균형이 있다. 개발도상 정치체제에는 흔히 여성운동들이 있지만, 일반적으로 그것들은 여성을 위한 보다 큰 정치적 역할을 추구하기보다는, 동등한 법률적 지위를 획득하고 남편의 화장 장작더미에 아내도 화장하는 인도의 전통과 같은 전통적 관행으로부터 여성을 보호하는 보다 기본적 문제들을 처리하고 있다.

어느 정도, 개발도상국에서 여성권리의 진전은 여전히 출발단계에 있다. 투표권은 근래에야 획득되었다. 남부 나이지리아 여성은 1954년에, 북부 나이지리아인은 1978년에, 인도 여성은 1947년에, 멕시코에서는 1953년에 투표권을 획득하였다. 여성들이 여전히 비교적 새로운 이러한 권리들에 점차 익숙해짐에 따라 그들은 마치 서구 민주주의에서 그런 것처럼 정치적으로 더욱 부각될 것 같다.

여성의 완전한 정치적 평등은 단순히 여성을 기존 정치제도 속에 참여시키는 것 그 이상을 의미한다. 영국의 대처 수상이나 인도의 인디라 간디 수상도 주요 국가들을 이끌어가는 강력한 여성으로서 새로운 쟁점이나 의제를 제시하지 못했다. 여성이 최고 지도자로 등장하거나 의회에서 수적으로 증가한 여타 국가들에서도 정치 스타일이나 의제에 아무런 변화가 없는 것이 보통이다. 이러한 경험을 설명하는 데는 두 가지 방식이 있다.

① 이런 여성들이 단지 권력에 관심을 두고 그것을 이용하여 그들의 정치적 · 이데올로기적 목표를 성취하려 했다는 것이다. 확실히 이것은 대처와 간디의 성과를 설명해 준다. 둘 중 어느 여성도 정치에서 특별한 여성 안건을 받아들이지도 주장하지도 않았지만, 두 여성은 그들의 목적을 위해 정치권력을 축적하고 이용하는 데 매우 능숙하였다. 그들은 단

순히 오늘날 여성주의운동에 특징적인 정책을 추구한 것은 아니었다.

② 여성정치인들과 지도자들이 그들의 공헌을 통상적인 패턴의 정치와 정책에 제한하도록 만든 '성차별화된 제도(gendered institution)' 내에서 사회화되고 활동한다는 것이다. 간단히 말해서, 여성이 정치에 그들의 존재를 부각시킴에도 불구하고, 그들은 여전히 남성적 편견과 원리들에 의해 지배되는 제도와 관행의 제약을 받고 있다는 것이다.

분명히, 지금은 정치생활이 변하고 있는 시대이다. 모든 타입의 국가에서 정치생활에 여성의 참여가 늘어가고 있다. 그러나 그들의 참여가 기본적인 정치 변화를 초래할 것인지는 여전히 불분명하다. 일부의 예견에 의하면, 여성의 권리 증대는 여성의 직접적 관심의 쟁점들, 예컨대 무력주의(militarism)에의 저항, 출산의 권리(reproductive rights), 동등한 정치적 역할, 경제적 쟁점과 발전적 쟁점에 있어서 여성 역할의 증대 등을 새롭게 강조할 것으로 보았다.[49] 그 밖에 여성들은 지금까지 정치생활을 지배해 온 남자들과 별로 다르지 않은 정치적 의제와 스타일을 가졌던 대처와 간디의 전례들을 뒤따를 가능성이 있다고 본 사람도 있다.

Ⅲ. 정치참여와 정치안정

정치학자들 간에는 얼마만큼의 정치참여가 바람직하고 좋은가에 관해서 의견이 일치되지 않는다.[50] '국민의 정부'는 멋있는 슬로건인 것 같지

---

49) Nelson and Chowdhury, eds., *Women and Politics Worldwide*를 참조할 것.

50) 지나친 참여에 관한 우려는 Samuel P. Huntington and Joan M. Nelson, *No Easy Choice : Political Participation in Developing Countries*(Cambridge, MA : Harvard University Press, 1976)에서 발견된다. 그러나 G. Bingham Powell Jr.는 오늘날의 29개 민주국가에 관한 경험적 자료를 이용하여 이러한 견해에 도전하면서, 오히려 적은 참여가 불안정을 유발할 가능성이 있다고 결론짓는다. Powell, *Contemporary Democracies : Participation, Stability and Violence*(Cambridge, MA : Harvard University Press, 1982)를 참조할 것.

만, 많은 사람들은 국민이 얼마나 관여해야 하느냐에 의문을 갖는다. 보수적인 견해는 과도한 참여의 위험성을 강조한다. 대부분의 상황에서는 사람들이 정치관여 외의 다른 우선순위를 가지며, 대중참여는 사태가 이미 악화될 경우에만 발생한다는 것이다. 그러면 참여는 그것에 대응하고 그것을 통로화할 정권의 능력을 초과할 것이며, 그래서 참여는 위기의 해결을 더욱 복잡하게 한다. 이러한 주장은 엘리트주의적 참여관이라고도 알려졌다. 왜냐 하면 정상적인 상황에서 참여하는 사람들은, 관심 부족으로 어떤 위기나 민중선동에 의해서만 동원되는 사람들보다, 민주적 가치를 유지할 가능성이 크다고 주장하기 때문이다.[51)]

반면에 완전한 참여만이 장기적인 정치적 안정을 보장한다고 주장하는 사람들이 있다. 엘리트주의적 견해에 대한 이들의 도전은 민주주의의 이상에 기초할 뿐만 아니라 실제적 정치에 기초한 것이다. 대중참여를 선호하는 사람들은 대중참여가 민주주의의 약속을 이행하는 데 필수적이라고 본다. 완전한 참여가 촉진되지 못하면 사회에서 이미 최대의 이익을 누리고 있는 사람들(예컨대 부자와 교육받은 자)이 특혜를 보게 되는 것은 불가피하다고 그들은 주장한다. 참여에 대한 제한은 이미 불만족한 사람들의 견해가 고려되어지는 것을 제약하게 마련이며, 이러한 불만을 표현하지 못하게 되면 그들의 정치적 불행은 더욱 악화될 뿐이다. 모든 시민들의 견해가 자유롭게 표현되고 고려되어질 때에만 정치체제는 안정을 보장받을 수 있다.

양측의 주장은 각기 설득력 있는 사례들을 제시하면서 계속될 것이다. 모든 사람들이 동의할 만한 것은, 역할을 하고자 하는 집단들의 정치참여를 막으려는 의도적 노력은 시민들로 하여금 그들의 체제가 정통성이 없다고 보게 할 가능성이 크다는 점이다. 지나친 참여 제한은 소외, 항의, 마침내 배반을 초래한다. 이 과정은 러시아와 동구에서 공산정권의 붕괴에 의해 잘 예증되었다. 공산주의 개혁자들이 체제의 개방(glasnost)

---

51) 이러한 관점에 관한 고전적 진술로는 다음을 참조할 것. Gabriel A. Almond and Sidney Verba, *The Civic Culture: Political Attitudes and Democracy in Five Nations*(Boston: Little, Brown, 1965).

을 도입했을 때는 이미 너무 늦었다. 그때 주민들은 기존체제의 개혁을 원한 것이 아니라 전혀 새로운 정권을 원했다. 그로 인한 새로운 참여의 폭발은 유래없는 대중참여에 직면해 있으면서도 여전히 자신들을 지탱하려는 새로운 정권에게 하나의 과제를 제기한다.

새로운 참여 수준과 새로운 정치행위자들에게 적응하려는 과제는 모든 타입의 정치체제에서 중요하다. 만약 참여의 증대가 바람직하다면, 낡은 정치와 새로운 정치는 그러한 참여가 정책과 지도자 선출에 영향을 미칠 수 있게 하는 통로(channel)를 발전시킬 필요가 있다. 그렇게 되면 지도자와 제도는 그들 국민의 이익과 목소리에 더욱 잘 응답하게 될 것이다.

Ⅳ. 결 론

민주적이든 권위주의적이든, 모든 정치체제는 그들의 시민들이 정치에 개입하게 됨에 따라 그들의 행동과 소망에 적응해야 하는 도전에 직면해 있다. 이 도전들은 향후 10년 동안 증대될 것이다. 왜냐 하면, 보다 많은 사람들이 교육을 받음으로써 효율적으로 참여할 수 있기 때문이다. 더불어 쌍방향 비디오와 전자 커뮤니케이션과 같은 신생 '정보 초고속도로(information superhighways)'와 연계된 새로운 기술은 시민들이 그들의 견해를 알리는 보다 많은 기회를 제공한다. 모든 곳의 정부가 지닌 과업은 그러한 새로운 정치참여의 잠재력을 촉진, 통로화(channel), 조직화하며—가장 중요한 것으로서—거기에 대응하는 것이다.

그런데 시민 개개인은 다양한 상황에서 중요한 정치적 역할을 수행한다. 그러나 더욱 가시적이고 효율적인 정치적 행위자는 대다수 시민을 집단행동하도록 조직하는 이익집단과 정당이다. 따라서 다음 장에서는 정당과 이익집단의 역할을 고찰하게 된다.

제 5 장

정 당

입센(Ibsen)의 연극 「국민의 적(An Enemy of the People)」을 보면, 의사는 그 마을에서 약효가 있는 것으로 유명한 목욕탕이 심각하게 오염된 것을 안다. 시민지도자들은 그 목욕탕을 폐쇄하여 경제적 곤경을 겪느니 마을 사람들을 설득하여 그 의사를 공적(public enemy)으로 선언하도록 한다. 정당 엘리트들이 대중을 쉽게 조작하는 데 화가 난 스토크만 박사(Dr. Stockmann)는 다음과 같이 선언한다.

> 정당은 소시지 제조기와 같아서 모든 두뇌들을 갈아 으깬다. 정당 안에 온통 야채 수프 대가리와 펄프 대가리밖에 없는 것은 이 때문이다.[52)]

속기 쉬운 대중을 조작하는 수단이든 민주적 대안을 위한 표현의 통로이든, 정당은 많은 나라에서 정치의 주요 행위자이다. 4장에서 예증했듯

52) Henrick Ibsen, *Three Plays by Henrick Ibsen*(New York : Heritage Press, 1965), p. 94.

이, 투표 이외의 개인적 참여는 대부분의 정치체제에는 보급되어 있지 않다. 독자적인 결정을 내릴 만큼 충분히 정보를 갖거나 개인적으로 정치행위에 관여할 정도로 충분히 정치적 관심을 갖지 못한 개인들은 흔히 정당이 그들의 정치적 결정 작성을 단순화하는 유용한 도구임을 알게 된다. 그들은 자신의 견해나 이익과 가장 긴밀해 보이는 정당에 가입하거나 일체화한다. 그들은 특정 쟁점에 관한 자신의 입장을 결정하는 일에 안내자가 되고, 그들의 견해를 집단적으로 표현해 주는 수단으로 정당에 의존하는 것이다. 그래서 정당은 정치참여를 조직하고 초점화하는 장치로 기능한다. 정당은 또한 일반 대중을 정치과정에 효과적으로 연계시킴으로써 그들의 요구를 형성·조직하여 정책결정 과정에 반영하고자 한다. 이처럼 정당은 대부분의 개인들이 정치에서 활동하도록 해주는 매체가 되기 때문에, 소외된 개인과 정치체제 간의 일차적 연계(primary link) 역할을 한다.

정당은 대부분의 국가에서 발견되지만 그 스타일, 형태, 목적 등은 정권의 타입에 따라 다르다. 정당이 전혀 없는 국가들도 있는데, 그 이유는 정당이 완전히 금지되기 때문이거나, 정권의 무시로 소멸되었기 때문이다. 그러나 정당은 존재하는 곳 그 어디서나 국민과 정치 사이를 연계하는 핵심 고리이다.

I. 선진 산업 민주주의의 정당

정당에 관한 초기의 한 고전적 저술은 근대 대의 민주주의에서 정당의 핵심적 역할을 분명히 규명하였다. 정당은

> 사회적 형태와 이데올로기들을 공식적 정부제도에 연계시키고, 그것들을 전체 정치공동체 내에서의 정치행위에 관련시키는 중요한 매개체이다.[53)]

53) Sigmund Neuman, ed., *Modern Political Parties*(Chicago : University of

이처럼 정당은 개인과 시민집단들을 정치과정에 연계시키는 역할을 하므로 근대 민주주의의 운영에 절대로 중요한 존재라 할 수 있다.[54] 그러나 경쟁적 선거정치의 본질 그 자체로 인해 정당이 이 같은 연계를 책임 있게 수행하지 못하는 경우가 있다.

민주적 상황에서, 정당의 활동은 선거에 집중된다. 그들의 중심적 과업은 이러한 선거에서 경쟁하여 승리하는 것이다. 정당의 건강과 성공 여부는 주로 득표력을 통해 선거에서 승리할 수 있는 능력에 의해 평가된다. 쟁점의 제기, 정치지도자의 충원과 훈련, 정책결정 과정에의 참여 같은 다른 정당 기능은 선거 승리에 부수적인 것이다. 서구 민주주의에서 정당은 일반적으로 국민과 정치와의 연계라는 개념에 입각하기보다는 그들의 선거결과에 미칠 영향을 감안해서 전술, 쟁점, 지도자, 연합전략 등을 선택한다. 미국의 사회주의 노동당(the Socialist Workers Party)이나 공산당처럼 정치의 소외된 변두리에 사소한 조직으로 존속하는 몇몇 미니 정당의 예외가 있지만, 선거경쟁에서 실패한 정당은 쇠퇴하여 소멸된다.

1. 정당 '계보(family)'

미국에서 좌익과 우익이라는 정치적 개념은 항상 어려운 개념이다. 왜냐 하면 공화당과 민주당이 모두 중도정당이기 때문이다. 양당은 (그 용어의 미국적 의미에서) 보수주의자와 자유주의자의 광범한 연립을 나타낸다. 그래서 미국 정당들은 때때로 구별이 안 된다고 비판된다. 그러나 지난 10년 동안 정당들 간의 양극화가 증대되었고 낙태, 사회복지 프로그램, 미국 사회에서 기독교의 가치, 차별철폐조치(affirmative action), 법과 질서 같은 쟁점의 등장으로 지난 미국 역사 그 어느 때보다 정당들 간의 차이가 첨예화되었다. 그렇지만 자유주의자는 그들이 반대하는 입장에다 '반동적(reactionary)'이라는 명칭을 붙이고, 보수주의자는 그들이

Chicago Press, 1965), p. 396.

54) Kay Lawson, ed., *Political Parties and Linkage : A Comparative Perspective*(New Haven, CT : Yale University Press, 1980).

반대하는 정책을 '자유주의적(liberal)'이라고 비난하는 등 지금까지도 좌익과 우익의 전통적 의미는 미국에서는 모호하다.

다른 민주주의 국가들에서는 좌익과 우익의 개념이 보다 분명한 의미를 지녀왔다. 좌익은 시민적 자유, 정치에 대한 교회 영향력의 제한, 경제문제에 대한 국가 역할의 강화, 경제적 · 정치적 평등을 주장하였다. 우익은 개인적 권리보다는 강력하고 권위적인 국가의 필요성을 강조하고, 교회의 정치적 · 사회적 역할과 그 가치를 인정하며, 국가의 경제 간섭을 반대하며, 평등의 중요성은 별로 강조하지 않았다. 이 같은 좌우익 차이의 선명성은 오랫동안 유럽과 세계의 일부 지역들에서 민주정치를 특징화하였지만, 미국은 그렇지 않았다.

그러나 이제 미국이 정당들 간의 양극화 현상을 경험하는 데 비해, 다른 많은 민주주의들은 이 같은 좌우 균열에 따른 양극화의 쇠퇴현상을 보이고 있다. 유럽과 기타 민주국가들에서 좌우 구별의 유용성이 적어지고 있는 것은 다음과 같은 세 가지 사태 발전들과 관련된다.

첫째, 좌우 개념에 기초를 이루던 쟁점들의 대부분이 선진 산업 민주주의에서는 더 이상 실천적 의미를 갖지 못한다. 경제에서 국가의 역할, 정치에서 종교의 위상, 적절한 외교정책, 대의 민주주의의 본질 같은 쟁점들이 대부분 민주국가들에서 주요 정당들을 더 이상 구분하지 못한다. 대부분 서구 민주주의에서는 광범한 정치적 · 사회적 · 경제적 합의가 확고하게 제자리를 잡고 있다.

둘째, 전통적인 좌우 구분에 해당되지 않는 새로운 쟁점들이 등장하였다. 예컨대 정치적 분권화, 주권의 본질, 이민과 귀화, 법과 질서, 환경보호 같은 새로운 쟁점이다. 이 같은 쟁점들에 근거한 구분은 전통적인 좌우 범위의 양쪽에 해당되는 것이며, 더구나 이것들은 앞으로 10년 후에 가장 중요한 쟁점이 될 것 같다.

마지막으로, 이데올로기들이 일반 대중의 마음속에서나 정당들의 수사(rhetoric)와 프로그램에서 중요성을 잃어감에 따라 좌우의 전통적 의미가 상실되었다. 이것의 좋은 예가 구 공산국가들에서 정치발전에 관한 언론보도에서 나타난다. 민주적 · 자유기업적 개혁에 반대하는 사람들은,

표 [5-1] 산업 민주국가들의 정당 계보

국 가	극우당	전통적 보수당	자유당	기독 민주당	사회 민주당	공산당	극좌당
영 국	민족 전선	보수당	자유 민주당 (LPD)		노동당		
캐나다	사회 신용당	진보당	자유당		신민주당		
프랑스	민족 전선	프랑스 민주연합 (UDF)	UDF 일부	UDF 일부	사회당 (PS)	공산당 (PCF)	각종 군소 정당
독 일	공화당		자유 민주당 (FDP)	기민당 (CDU/ CSU)	사회 민주당 (SPD)	민주 사회당 (PDS)	
이탈리아	신파시스트 MSI	공화당 (PRI)	자유당 (PLI)	인민당	사회 민주당 (PSDI)	좌파 민주당 (PDS)	
					사회당 (PSI)	재건 공산당	
일 본	공명당	자민당 (LDP)			민사당 (DSP)	공산당 (JCP)	
					사민당 (SDPJ)		

비록 그들이 수십 년 동안 정치적 스펙트럼의 극좌에 있었던 강경 공산주의자들이었지만, '우익 내지 보수주의자'로 불리기 때문이다.

그 결과 오늘날 민주적 정당들을 좌우 정치적 스펙트럼에 위치시키기 어려운 경우가 흔하다. 오히려 이들을 광범한 추세와 역사적 제휴들에 근거한 일반적인 정치적 '계보(family)'에다 위치시키는 것이 보다 쉽다. 표 [5-1]은 6개의 민주국가에 대한 이러한 분류를 제시하고 있다. 그러나 일부 중요한 정당들은 일반적으로라도 이 표에 제시된 어느 범위에도 부합되지 않기 때문에, 이 표는 불완전하다. 예컨대 프랑스 공화국을 위한 드골연합(프랑스 최대 단일정당임), 독일과 프랑스의 녹색당 같은 환경정당들, 퀘백당, 스코틀랜드 민족당, 웨일스의 플레이드 키므루(Plaid

Cymru) 같은 인종주의 정당들, 그리고 북부 이탈리아연맹 같은 지역정당 등이 좋은 예이다. 대부분의 미국인은 그들의 정당을 이 같은 정당계보에 위치시키는 데 어려움을 겪는다. 이 같은 분류가 오류를 범할 수 있는 또 하나 이유는, 동일계보의 정당들이—특히 같은 나라의 자매 정당들이—특정 쟁점에 대해 서로 입장이 다른 경우도 흔하기 때문이다. 한 정당이 이 계보에서 저 계보로 이동하는 경우도 있다. 예컨대 민주적 좌익의 이탈리아당(the Italian Party of the Democratic Left)은 예전의 공산당이지만, 지금은 온건한 사회민주당이나 중도정당들과 제휴를 모색하고 있다. 이러한 문제점들에도 불구하고, 계보에 따른 정당의 분류는 국가별로 정당의 입장과 상호관계를 일반적으로 인식할 수 있게 해준다.

2. 서구 민주주의의 정당조직

2차 대전 후 프랑스 정치학자 뒤베르제르(Maurice Duverger)는 정당에 관한 영향력 있는 연구서를 저술하였다.[55] 그는 정당들을 그 조직에 기초하여 ① 공직자들 주위의 소규모 추종자들에 기초한 간부정당(cadre parties), ② 광범한 사회 범주들로 끌어모은 대규모 당원을 지닌 대중정당(mass parties), ③ 이데올로기적 명분을 위하여 모든 시간과 재능을 사용할 준비가 되어 있는 헌신적 투사들의 열성가정당(devotee parties)으로 구분하였다. 그는 이 가운데서 대중정당이—대규모의 적극적 당원, 특정 사회적 균열에의 확고한 토대, 독트린이나 이데올로기 체계에의 분명한 헌신 등으로 인하여—경쟁적 민주주의에서 가장 우세할 것이라고 기대하였다.

금세기 말에 이르러서는, 계급에 기초한 대중정당들은 선진 산업 민주주의에서 보편적 현상이라기보다 예외적 현상임이 분명하다. 정당정치인들은 선거 때에 사회의 모든 분야를 정당과 제휴시키는 느슨한 투표자연

---

55) *Political Parties: Their Organization and Activity in the Modern State* (New York : Wiley, 1954).

합(loose coalition of voters)을 유지하는 것이 조직적 비용과 선거의 성과 면에서 훨씬 효율적임을 알게 되었다. 단일의 사회집단이나 특정한 독트린 집단에게만 호소하는 것은 그 정당의 선거 성공을 제한한다는 것이다. 그 결과 정당들은 특정한 독트린보다는 모호하고 쟁점지향적인 광범한 연합을 추구한다. 이 같은 포괄정당(catchall party)은 2차 대전 후 출현하여,[56] 금세기 말에는 선진 산업 민주주의에서 사실상 보편화되고 있다.

서구 정당들에서 또 하나 중요한 변화는 1950년대 이래 정치 이데올로기들의 쇠퇴이다. 과거에는 잘 정의된 이데올로기들이 사회의 성격과 시민들의 사회적 위상을 규정지었다. 정당들은 일반적으로 이런 이데올로기들 중의 하나와 제휴하였다. 예컨대 보수주의 정당과 자유주의 정당들은 자유방임적 경제를 확신하였고, 기독교민주당은 가톨릭 사회사상에 의해 고취되었으며, 사회민주당은 사회주의에 집착하였고, 공산당은 마르크스・레닌주의에 몰두하였다. 1950년대와 1960년대에는 자본주의와 민주사회주의의 특징들을 혼합시킨 사회적・정치적 합의가 등장하였다. 그 결과 이데올로기에의 몰두는 쇠퇴하고 대부분 정당들은 보다 실용주의적이 되었다. 이들은 현재의 사회경제 질서를 이데올로기적으로 고취된 유토피아로 대체하기보다는 이를 관리하는 데 모든 관심을 쏟았다. 이데올로기의 쇠퇴가 서구 민주주의에서 분열적 정치를 완화시켰지만, 그것은 실용주의적 정치 거래를 위해 원리적 정치(principled politics)가 희생되는 것을 의미하기도 했다. 이데올로기의 쇠퇴로 추상적 이상에 이끌리는 사람이 훨씬 줄었지만, 그 대신 정당들은 활동가들을 동원하기가 훨씬 어렵다는 것을 깨닫게 되었다. 이런 중요한 변화들이 있었음에도 대부분의 민주국가들의 정당은 미국 정당보다 훨씬 잘 조직되는 경향이다. 그들은 당원들의 서열화와 풀뿌리 수준에서 중앙 수준까지 확산된 전국적 구조들을 가지고 있으며, 선거가 없을 때도 정기적 모임을 가진다.

---

56) Otto Kirchheimer, "The Transformation of Western Political Parties," in Joseph LaPalombara and Myron Weiner, eds., *Political Parties and Political De velopment*(Princeton, NJ : Princeton University Press, 1966).

의회에 진출한 당원들은, 미국 의원들이 빈번하게 교차적 정당연합을 형성하는 것과는 대조적으로, 정파(block)별로 집단투표하는 것이 일반적이다. 그들은 미국에서 민주당원이나 공화당원을 자처하는 다양한 개인들에 비해 쟁점에 대해 일관된 입장을 유지하는 것이 보통이다. 그러나 대부분 민주주의 국가들에서는 정당조직이 약화되는 경향이 분명하다.

정당이 잘 조직된 경우에도, 그 내부적 운영은 좀처럼 민주적이지 못하다. 20세기 초기에 벌써 미헬스(Roberto Michels)는 가장 공개적인 정당들에도 과두적 경향이 나타난다고 불평하였다.[57] 정당지도자들이 정당조직을 지배하는 것은 불가피하다. 거의 모든 민주정당들의 경우, 지역수준에서는 활동적인 소규모 핵심 지도자들이—대개 직위를 보유하거나 공직의 후보자들로서—정당을 운영하고 지역적 직위의 후보자들을 선택한다. 총선거의 후보자를 지명하는 예비선거는 미국에서만 발견된다. 중앙 수준에서는, 전국적 의회에서 의석을 차지하고 있는 사람들에 의해 당이 장악된다. 전당대회(party conference)는 대부분 국가들에서 정기적으로 열리지만, 대개 중앙 수준에서 선출된 소수 관료집단들이 이 대회를 장악하고 정당정책을 결정한다.

역설적이게도 당내 민주주의(internal democracy)의 부재(不在)가 오히려 선거에서 경쟁력 있는 후보자들을 제공한다는 점에서 정당을 훨씬 민주적으로 만들 수 있다. 정당활동가는 대개 선출된 당료들보다 훨씬 이데올로기적이므로, 이들이 정당을 장악할 경우, 이데올로기적으로 순수한 그러나 대중의 인기가 없는 지도자와 정강(programs)을 선택할 가능성이 크기 때문이다. 이에 관한 좋은 예가 영국 노동당의 경험에서 발견된다. 1980년대 초, 노동당은 당내 민주주의를 증진시켜 하급 정당활동가들에게 훨씬 많은 발언권을 부여하였다.[58] 그러나 이들 활동가들은 과거에 노동당의 입장(당 노선)과 의회 리더십에서의 좌파성을 더욱 심화

57) Robert Michaels, *Political Parties : A Sociological Study of the Tendencies of Modern Democracy*(New York : Collier Books, 1962).

58) Dennis Kavanagh, *The Politics of the Labour Party*(London : Kegan Paul, 1983).

시켰다. 그래서 이들은 선거에서 극단적이고 용납될 수 없는 것으로 평가되어, 1983년과 1987년 총선거에서 정당의 득표율이 1930년대 이래 최저로 하락하였다. 노동당은 내부적으로 '민주적'이었지만, 이러한 내부적 민주성이 총선거라는 실제 민주적 경쟁에서 지도자와 그들의 입지가 경쟁력을 잃게 한 것이다. 온건한 중도 좌파정당이었더라면 획득하였을 많은 투표자들의 정치적 지지를 상실한 것이다. 1980년대 말 노동당의 새로운 리더십은 당을 중도노선으로 옮기는 일에 기여하였지만, "어리석은 좌파(loony Left)" 정당이라는 노동당에 대한 평판은 쉽게 사라지지 않아서 1992년 총선에서도 패배하여 4연패를 초래하고 말았다. 영국 노동당은 당내 민주주의보다는 정당 간의 완벽한 민주주의(perfect democracy between parties)가 필요하다는 것에 대한 하나의 예에 지나지 않는다.

금세기 말 서구 민주정당의 주요 과제는 당내 민주화가 아니라, 유권자들의 헌신과 충성을 유지하는 것이다. 시민들의 정당참여가 과거보다 덜 빈번하며, 참여하는 사람들도 과거보다는 덜 활동적이다. 투표자들의 정당 헌신(partisan committment)의 강도 역시 거의 모든 곳에서 하락하고 있다. 대부분의 민주국가들에서, 정당들은 시민의 의혹의 대상이다. (법원, 의회, 행정부, 미디어 같은) 공공제도들의 신뢰도 조사에서 정당은 항상 최하의 점수로 꼴찌를 차지하고 있다. 정당들은 이기적, 비대표적, 그리고 흔히 부패한 것으로 보이며, 정당지도자들은 매력 없고 공직에 부적절한 것으로 평가되고 있다.

정당들이 대중 당원들을 상실해 감에 따라 소규모의 충성스런 지지자들에 의존하는 예전 패턴으로 되돌아가는 수가 허다하다. 그 결과 많은 상황에서 이것은 정당에 대한 정치적 · 선거적 · 재정적 지원에(직업, 정부계약, 사회적 혜택 같은 형태의) 공공재화(public goods)로 보상해 주는 결과를 낳는다. 19세기 말과 20세기 초의 미국의 대도시 정당조직은 이 같은 고객주의 정당(clientelistic party)의 고전적 예에 속한다. 고객주의(clientelism)는 미국에서 예전보다 눈에 덜 띄는 형태지만 부분적으로 지속되고 있고, 일본과 이탈리아에 확산되어 있으며, 프랑스를 위시한 많은 선진 산업 민주주의의 지방정치에도 존재하고 있다. 정당의 이데올로기적 정향 때문에 정당에 봉사할 대중당원들을 동원하지 못한 근대 정당들은 정당의 운영자금을 조달하고 선거운동의 자원봉사자들을 확보하기 위해서 이러한 고객적 관계에 점차 의존하게 된다. 이런 관계들이 공공연히 진행되면, 정당과 그 정치인들의 평판은 지금보다 훨씬 나빠질 것이다.

3. 서구 민주주의의 정당과 정부

정당은 정부의 수립 그리고 시민과 정부와의 연계에 중요한 역할을 수행한 것으로 간주된다. 정당정치(party government)는 다양한 정치적 이익과 의식 수준을 지닌 투표자들이 민주적 통제를 수행하는 일에 도움을 주는 대의 민주주의의 한 가지 조직방식이다.[59] 이상적으로는, 정당정치에서 정당은 승리하면 집행해야 할 분명한 프로그램(政綱)을 선거인들에게 제공하게 되어 있다. 그래서 승리한 정당은 그러한 활동을 위한 대중의 위임(public mandate)을 획득하게 된다. 승리한 정당은 모든 핵심적 정부 인사들을 선임하며 선거공약을 실천하기 위해 노력한다. 정부의 제안을 실현하려면 결속력 있고 기율 있는 정당이 의회에서 다수를 차지하는 의회적 성공(legislative success)에 의하여 보장된다. 더불어 새로운 법률들이 정부의 의도대로 집행되려면 공무원이 충성심을 발휘해야 한다. 그러면 투표자들은 다음 선거에서 정부의 활동과 정책에 대한 책임을 물을 수 있다. 만약 투표자들이 정책을 좋아한다면 여당을 재선출할 수 있으며, 반대로 그 정책들을 부인한다면 기존 정부를 몰아내고 새로운 프로그램을 공약하는 새로운 정당을 불러올 수 있다.

이러한 정당정치 개념이 특별히 호소력을 지닌 이유는, 그것이 대의 민주주의에서 책임과 책무의 분명한 한계를 유지하도록 촉진하기 때문이다. 여당은 그들이 활동한 것과 하지 못한 것(즉 나태)에 대해 책임을 진

59) Richard Rose, *The Problem of Party Government*(New York : Free Press, 1974).

다. 정치에 별로 관심을 두지 않는 사람까지도 정당이나 정당정책과 제휴하게 되면 합리적인 선거적 선택을 할 수 있다.

그러나 모범적인 정당정치는 보편적 현상이라기보다는 예외적 현상이다. 정강(政綱)은 정당정치의 모델하에서 기대된 만큼 분명하게 진술되지 않는 것이 보통이다. 승리한 정당이 비교적 분명한 강령을 갖는 경우에도, 선거 승리를 강령 실천을 위한 '위임(mandate)'으로 간주하는 것은 항상 옳지는 않다. 왜냐 하면 대부분의 민주정부는 둘 이상 정당 간의 연합으로 구성되므로, 정책은 어느 한 정당의 강령이 아니라 몇몇 강령들 사이의 변경된 타협이기 때문이다. 대부분 사례에서 보듯이, 연립정부의 구성은 선거가 있는 후에 누가 어떤 부처를 장악하느냐에 관한 정당지도자들 간의 막후 협상의 결과로 결정되는 것이다. 의회는 정당정치 모델에서 기대된 만큼 기율적인 경우가 드물고, 관료제 역시 복종적인 경우가 드물다. 그 결과 실제 민주정부들은 정당정치 모델에서 제시된 민주적 책임성의 필요조건들을 충족시키는 경우가 드물다. 그럼에도 불구하고 일반적 의미에서 정당은 오늘날 민주주의에서 여전히 시민들을 국가에 연결시키고, 일부 시민들에게 정치통제를 허용하는 최선의 수단이 된다.

4. 정당과 민주주의

1993년 이탈리아 민주주의는 정당에 대한 대중적 반감(反感)의 증대로 흔들렸다. 정당들이 너무나 분열되어 있어서 통치능력을 갖지 못했기 때문이다. 이탈리아 정당들은 그들의 분열과 무기율(indiscipline)로 인해 1946년 이래 50번 이상 정권이—그나마 대부분은 수명이 몇 개월에 불과했다—바뀜에 따라 이미 이탈리아의 정치적 불안정에 대한 책망을 모면할 수 없다. 더구나 1993년 정당지도자들이 재정적·정치적 부패로 줄줄이 고발되었으며, 이 중 대부분이 마피아와 협력한 혐의를 추가로 받았다. 1993년 초에는 이미 의원의 거의 3분의 1이 공무상 위법행위로 법적 소송에 직면한 것으로 거명되었다. 이탈리아 정당제도는 더 이상 정치적 불안정의 책망만 받는 것이 아니다. 이제는 체제(regime) 그 자체의 붕괴에 대한 책망을 추가로 받게 되었다. 정당의 위기가 거의 체제의 위기를 유발한 것이다.

이탈리아의 상황은 민주정치에서 정당이 중심적 위치를 차지함을 말해 준다. 정당들이 건전하고 국민들의 의견을 대표한 것으로 간주될 경우, 민주주의는 일반적으로 잘 운영된다. 정당들이 취약하고 국민들의 반감의 대상이 되는 경우, 민주주의는 비틀거리고 때때로 소멸된다. 우리가 민주주의의 안정화에 대한 정당의 공헌을 살피는 데 있어, 개별 정당에서 정당체제(political party system)로 눈을 돌려보는 것이 유용하다. 민주주의는 일개 정당의 붕괴에는 버텨낼 수 있으나, 전체 정당체제가 약화되거나 불신되면 문제에 봉착할 가능성이 크기 때문이다.

민주주의에 대한 정당체제의 공헌을 관찰할 경우 정당의 수, 정당들 간의 상호작용, 정당과 대중들 간의 관계 등에 관심을 둔다. 첫째, 정당의 수는 정당체제에서 가장 많이 검토된 요소들 중의 하나이다. 미국과 영국의 양당체제는 이상적 민주주의의 모델로 간주되는 경향이 있다. 이들 양당체제(그리고 이와 유사한 체제)는 정부의 안정화를 지원하는 것으로 간주된다. 왜냐 하면 투표자는 당 강령을 충분히 집행할 수 있는 의회 다수파를 어느 한 정당에게 제공할 수 있기 때문이다. 반면에 다당체제는, 특히 비례대표제를 사용하는 국가들의 다당체제는, 두 개 이상의 정당들로 의회 다수파를 구성하게 된다. 이러한 연립정부들은 선거 후에 구성되기가 어렵다. 예를 들면, 이탈리아에서는 1992년 선거 후에 연립정부를 짜맞추는 데 10주 이상 걸렸다. 그 사이에 위기관리 내각(caretaker government)이 국사(country's affairs)를 다루었다. 이런 다당연립은 구성되더라도 흔히 불안정하여 어려운 결정에 직면하면 붕괴되기 쉽다.

그래서 많은 사람들은 다당체제를 만성적 정치 불안정과 관련시킨다. 그런 불안정은 시민들의 눈에는 정부 활동을 마비시키고 민주주의를 불신시키는 것으로 보인다. 극단적인 경우 그것은 민주주의의 종말에 이르게 한다. 다당적 무정부 상태의 전형적인 예는 오늘날 이탈리아, 바이마르 독일공화국(1919~1933), 프랑스 제3공화국(1873~1940)과 제4공화국

(1944~1958)이다. 이탈리아 정권은 당분간 계속해서 비틀거릴 것인 데 비하여, 그 밖의 예들은 독일에서 히틀러 정권, 1940년 프랑스에서는 파시스트 비시(Vichy) 정권, 1958년 프랑스에서 군사반란을 야기하였다.

그러나 다당제와 정치적 불안정 사이의 연계는 정확하지 않다. 사실상 캐나다, 독일, 일본, 스칸디나비아 국가들, 네델란드, 기타 많은 지역처럼 질서 있는 다당체제로 수십 년 동안 번영해 온 성공적인 민주주의들이 많다. 다당체제와 정치적 불안정 사이의 연계가 미약하다는 경험적 증거는 29개 민주주의 국가별 비교연구에 의해 제시되고 있다. 수십 년 동안 다양한 형태의 민주적 경험을 다룬 이 포괄적인 연구는 정당의 수가 정치적 안정과 별로 상관관계가 없음을 발견하였다.[60]

둘째, 정당체제가 정치안정에 미치는 영향에서 더욱 중요한 관심사는 정당들이 어떻게 분극화되느냐 하는 정당 간 상호작용의 문제이다.[61] 분극화(polarization)란 한 나라의 정당들 간의 정서적 · 정치적 거리를 가리킨다. 이 거리는 이데올로기적으로 가깝더라도 총력전을 오래 편온 정당들 간의 대항의 격렬성을 나타낼 수 있다. 이러한 예는 1950년대와 1960년대에 콜롬비아에서 발견되는데, 그때 이념적 거리가 매우 가까운 두 개의 정당이 상징과 권력을 둘러싸고 충돌하여 결국에는 내란이라는 값비싼 대가를 치렀다. 보다 더 전형적인 분극화는 다당체제에서 정당들을 분리시키는 이데올로기적 차이에 의해 야기된다. 예컨대 1970년대와 1980년대 초에 프랑스 정당체제는 온건 보수연합과 마르크스 이데올로기에 강력히 집착하는 좌익연합 사이의 강렬한 이데올로기적 차이에 의해 분극화되었다. 두 진영이 사회의 조직방식에 관한 전혀 상이한 비전을 제시함으로써 분극화되어 서로 경쟁자라기보다 적으로 간주하였다. 반면에 미국에서 분극화는 이례적이다. 그 이유는 정당들 간의 이데올로기적 차이가 적고, 정당노선을 초월하여 정치인들 사이에 '초당파성

---

60) G. Bingham Powell, *Contemporary Democracies : Participation, Stability, and Violence*(Cambridge, MA : Harvard University Press, 1982).

61) Giovanni Sartori, *Parties and Party Systems : A Framework for Analysis* (Cambridge, England : Cambridge University Press, 1976).

(bipartisanship)'과 우정의 전통이 존재하기 때문이다.

이데올로기의 전반적 쇠퇴는 서구 민주주의에서 분극화를 감소시키는 는 데 도움을 주었다. 한때 강렬하게 분극화된 정당들을 가졌던 국가들에서 이데올로기적 차이가 줄어들었다. 예컨대 프랑스 정당체제는 서로 매우 유사한 사회관을 가진 정당들에 의해 지배되고 있다. 그러나 과거 분극화의 유산은 여전히 발견된다. 한 저명한 프랑스 정치지도자는 1993년 의회 선거를 준비하면서 프랑스 파당정치의 엄청난 적대성은 미국에서와 같은 탈분극화 정치(depolarized politics)와 대조된다고 언급하였다. 그는 미국 대통령 선거에서 클린턴이 부시(George Bush)를 꺾고 승리했을 때, 부시가 클린턴에게 보낸 따뜻한 축하를 지적하였다. "프랑스에서 그런 식의 정치경쟁을 보는 날, 모든 것은 원만해질 것이다."[62] 다른 민주국가들이 미국 정당정치의 이완성(relaxed nature)에 도달할 것 같지는 않지만, 최선진 산업 민주주의의 정당들 간에는 이데올로기적 의미와 정서적 의미의 양면에서 분극화의 감소 경향이 분명하다. 사실상, 프랑스에서도 1995년 사회주의자 대통령에서 보수주의자 대통령으로의 전환이 2년 반 전 미국에서 그랬던 만큼 우호적이고 평온하게 진행되었다. 이러한 탈분극화는 정당체제와 전반적 정치체제의 안정성 증대에 기여한다.

셋째, 1990년대 최대의 관심사는 20세기 대의 민주주의에서 가장 중요해진 시민과 국가 간 연계를 민주정당들이 유지할 수 있느냐에 있다. 부분적으로 이것은 기존 정당들의 무능과 부패에 대한 대중의 혐오에 달려 있다. 이 문제는 기존 정당 내의 개혁이나 새로운 정당들의 등장에 의해 해결될 수 있다. 이탈리아는 정당 실패에 대해 주요 정당들이 개혁을 시도하고, 새로운 정당들이 중요한 정치행위자로 등장하는 두 가지 반응을 보이고 있는 것 같다. 그 밖의 곳에서 정당들은 대중의 신뢰를 새롭게 하기 위하여 새로운 지도자나 새로운 이념을 찾고 있다.

정당-시민 간 관계의 또 하나의 변화는 지속적인 것으로 보이는 일부 기본적인 사회경제적 변화를 반영하는 것이다. 때문에 대응하기가 어려운

---

62) Francois Leotard, quoted in *Europe*, March 1993.

것이다. 기존 정당들이 근거했던 예전의 사회경제적 균열이 중요성을 잃어 감에 따라, 교육 수준이 향상된 시민들은 정당일체감(party identification)에만 기초하여 투표할 가능성이 적고 쟁점에 더 잘 따르는 투표자가 된다. 이런 변화들에 대해 정당들이 느슨한 선거연합으로 대응함에 따라, 새로운 정당-시민 관계의 형성이 오늘날 정당들에게 과제들로 제기되고 있다. 중요한 문제는 정당제휴의 약화(partisan dealignment), 즉 시민들의 정당과의 유대가 느슨해진다는 것이다.[63] 정당들이 분명한 견해를 제시하지 않고 지속력 있는 사회적 균열에 뿌리내리고 있지 못하기 때문에, 정당에 대한 시민의 집착이 강력하지 못하다. 시민들은 어떤 정당과 동일시하지만 그 정당에 참여하지 않는다. 따라서 그들의 정당 지지는 긴밀한 결사라기보다는 온건하고 흔히 일시적인 선호를 나타낸다. 대부분의 국가에서 정당제휴는 쇠퇴하고 있는 것 같다.

오늘날 시민들은 만약 다른 정당이 매력적인 후보자를 내세우거나 자기에게 매우 관심 있는 단일 쟁점을 주장하고 나서면 자기의 선택을 쉽게 바꾸려 한다.[64] 그 결과 정당들은 투표자의 눈에는 정당이 더 이상 중요하지 않다. 이것은 선거의 변덕성(즉 지지의 변화)과 선거마다 결과의 돌변을 초래한다. 선거의 변덕성은 프랑스의 경우에서 잘 예증된다. 1978년 이래, 대다수 선거인은 거의 모든 전국적 선거에서 좌익에서 우익으로 돌아섰으며 불과 몇 개월 전 선거에서도 그랬다. 이러한 변덕성은 정부행위의 지속성을 위협하며 어느 정치진영에도 충성심이 별로 없는 부동표 집단(group of swing voters)이 존재함을 드러낸다.

이러한 유동적 투표자들(unattached voters)의 존재는 새로운 정당들의 지지자가 되기 쉽다. 사실상 몇몇 국가들은 전국적 정치 수준에서 중요한 행위를 한 새로운 정당들의 출현을 경험하였다. 몇 가지 예를 들어보

63) Russell Dalton, Scott Flanagan, and Paul Beck, eds., *Electoral Change in Advanced Industrial Democracies*(Princeton, NJ : Princeton University Press, 1984).

64) Ivor Crewe and D. T. Denver, eds., *Electoral Change in Western Democracies*(New York : St. Martin's, 1985).

면 다음과 같다. 환경 정당들이 독일과 프랑스 그리고 그 밖에서 중요해졌다. 극우 정당들은 이민자들에 대한 대중적 불신을 유발시켜 프랑스, 독일, 그 밖의 몇몇 서구 국가들에서 강력한 정치력을 발전시켰다. 분리주의적 정당들은 캐나다, 영국, 스페인, 벨기에에서 등장하여 인종집단의 정치적 자율성을 주장하였다. 이탈리아에서는 지역적 연맹들이 주요 정치세력으로 등장하여 지역적 긴장과 전통적 정당들의 부패에 대한 대중적 거부감을 표현하고 있다. 영국에서 자유민주당(혹은 그 前身)에 대한 커다란 지지는 오랫동안 지배해 온 보수당과 노동당의 양자택일에 불만을 품은 투표자들로부터 나온 것이다.

금세기 말, 대부분 민주주의 정당들은 위기에 처한 듯하다. 의미 있는 사회·경제적 구분에 대한 전통적 정착이 없고 과거의 이데올로기적 지침이 사라진 상태에서 그들은 방향이나 목적의식도 없이 표류하는 것 같다. 대중들의 전통적 정당에 대한 애착심 쇠퇴와 이들 조직과 지도자들에 대한 적개심으로 인해, 투표자와 정치체 사이의 효율적 연계로서 봉사할 수 있는 정당의 능력에 대한 회의가 제기되고 있다. 그러나 이 시대의 전반적 대의 민주주의에서 이러한 연계를 수립할 수 있는 다른 제도는 별로 없다. 기존 정당들은 새로운 정당들 때문에 선거인들과의 보다 강력한 연계를 맺도록 더 많은 노력을 하지 않을 수 없다. 만약 기존 정당들이 그렇게 하지 못한다면 새로운 도전자들에 의해 대폭 교체될지도 모른다.

Ⅱ. 공산주의의 정당

공산주의 이데올로기에 관한 레닌의 중요한 공헌 가운데 하나는 혁명과 정치권력의 핵심으로 정당을 강조한 것이다. 레닌은 "프롤레타리아 독재"라는 마르크스의 개념을 확대하여, 공산당으로 조직된 프롤레타리아의 "전위대"에 의한 독재가 프롤레타리아를 혁명으로 지도하고, 사회의 완전한 전환을 위해 차후에 정치를 전체적으로 지배하는 데 필요하다고 주장하였다. 이러한 "프롤레타리아의 전위대"가 혁명의 무기였기 때문에, 기존 자본주의 질서를 전복하기 위해 비밀리에 행동할 수 있는 전적으로 헌신적인 투사들의 철통 같은 집단이 필요했던 것이다.

일단 집권하자 레닌과 그 후계자들은 당을 혁명적 엘리트의 당에서 국가와 사회를 통제하기 위한 조직적 무기로 변형시켰다. 민주주의에서는 국가가 정권을 다투는 정당들과 독립되어 있다. 이와 대조적으로 소련과 기타 공산국가들에서는 공산당이 국가가 되었다. 공산당은 그 자신의 국가를 지닌 정당이다. 소련, 동구의 공산정권, 그리고 기타 비유럽 공산체제에서 핵심적 리더십 위치는 공산당의 서기장이다. 정당지도자는 공식적 정부 직위를 가질 수도 있고 그렇지 않을 수도 있지만 정치를 좌우하는 사람이다. 정당 리더십이 공식적인 정책을 결정하고 공식적인 정부제도들은 그것을 정당화하고 집행할 따름이다.

중국에서 공산주의하의 정당지배와 여전히 공산주의하에 있는 다른 몇몇 정권들은 고도로 중앙집권적이고 위계적이다. 레닌은 '민주적 중앙집중제(democratic centralism)'의 당 원리를 수립하였는데, 이는 민주적 원리와 집중적 원리라는 두 가지가 작용하는 것이다. 민주적 요소들은, 고위 당직자는 하급 수준에서 선출되고 당 지도자들은 당원에게 책임진다는 것이다. 집중적 요소들은 당의 하급 수준은 상부에서 만들어진 결정을 수용하고 집행할 의무를 진다는 것이다. 실제로는 집중적 요소들이 우세하여, 민주적 중앙집중제는 당 엘리트에 의한 지배를 보장하는 고도로 효율적인 수단이 되었다.

수십 년 동안 정당조직은 대부분 공산주의 국가들에서 사회와 정치에 침투하여 그것을 통제하는 데 성공하였다. 광대한 선전 노력들로 인해 당 엘리트의 견해가 일반 시민에게 전달되었고, 공산당은 당 지도부의 의지에 부합되게 여론을 조성하는 공산당 주도의 정치광장에 수백만을 동원하였다. 공산당은 이웃에서 전국에 이르기까지 사회의 모든 수준에서 당료들이 선택하거나 인정하는 직위의 리스트(nomenklatura)를 작성함으로써 핵심적인 경제적 · 사회적 · 정치적 지도자들을 선출하는 책임을 진다. 가장 중요한 것은, 공산당의 방대하고 기율 있는 구조가 국가관료, 경찰, 군대의 당에 대한 행동과 충성을 감시하는 대응적 관료제를 제공했다는 것이다.

결국, 이 방대한 정당관료제가 소련과 동구에서 공산주의의 운명을 바꾸는 데 도움이 되었다. 정당관료제의 규모는 중앙에서 사실상 모든 정치적 · 경제적 통제권을 보유함으로써 확대되었다. 이러한 통제가 직위를 가진 소규모 지도자 집단에 의해 유지되는 것은 그들의 이념과 리더십 기술 때문이라기보다는 상위직(seniority)을 획득했기 때문이었다. 그들은 변해 가는 환경에 자신의 사회를 적응시키기보다 자신의 특권을 보유하고 그것을 충성스런 추종자에게 물려주는 일에 더 큰 관심을 둔 구시대 인물이었다. 국가의 고도로 중앙집권화된 정책결정은 그들의 사회와 경제가 보다 복잡해지자 마침내 비틀거리다 사실상 정지해 버렸다. 개혁은 극소수가 여전히 타당하다고 믿는 이데올로기에 의해 봉쇄되었다.

당원 수는 성인의 약 10%에 도달할 정도로 성장했었다. 이렇게 되자 이 방대한 당원의 헌신과 충성은 통제하기 어렵게 되었다. 사람들은 당의 목적에 대한 헌신에서가 아니라 사회적 · 경제적으로 앞서가려는 욕망에서 정당에 참여하였다. 공산세계 전반을 통해서, 국가들의 정치적 · 사회적 리더십은 여전히 당원들에 의해 장악되었으나, 그들은 더 이상 이데올로기나 정치적 이상에 의해 동기부여되지 않는 사람들이었다. 그들은 원하는 지위를 획득하고 그 지위로부터 오는 물질적 이득과 특권을 획득하기 위해서 정당에 참여하였다. 그들은 확신에 의해서가 아니라 야망과 때때로 탐욕에서 '공산주의자'가 되었다. 당원들은 정당의 목표나 공동체에 봉사하려는 욕구보다는 그들의 특권에 더 큰 관심을 가졌다. 당원의 특혜는 자동차, 큰 주택, 고급 상점 출입, 휴가를 보낼 별장, 양질의 의료, 해외여행 같은 실질적인 것이었다. 당에서 지위가 높을수록 관직상의 특권은 많다. 정당지도자들의 이러한 특권들은 당원 자격과 서열에 입각한 새로운 사회적 불평등을 초래하였다. 일반 대중이 이러한 불평등을 깨닫고 당원의 이데올로기적 헌신의 공허함을 목격하게 되면서, 그들은 점차 다루기 힘들고 저항적으로 되었다.

1980년대 말, 공산주의는 동구와 소련에서 붕괴했는데, 대체적인 이유는 그곳 공산당들이 대중의 지지를 획득하지 못했기 때문이었다. 1990년 이래로 공산당들은 예전의 동구 공산국가와 구소련에서 개혁을 추진하였다. 그러나 스타일과 운영에서 그들의 전임자들과는 완전히 달랐다. 그들은 대개 수정된 공산주의 이데올로기를 보유하지만, 한때 이들 국가들에서 지배했던 공산당들의 레닌주의적 특징들은 대부분 제거된 것이다. 그들은 전체주의적 지배를 지원하기보다는 선거 승리의 과업에 초점을 맞추게 됨에 따라 예전의 성격을 상실하였다.

보다 전통적인 레닌-스탈린주의적 공산당은 중국과 그 밖의 몇몇 제3세계 국가들에 잔존하고 있다. 이 국가들에서 공산당의 생존은 여전히 의문 사항이다. 중국에서 공산당은 공산주의적 정통(orthodoxy)을 깨뜨리는 경제적 개혁의 필요성에 더욱 부응해 왔다. 공산당은 증대하고 있는 번영의 혜택들을 비당원들에게 기꺼이 부여해 왔으며, 따라서 불평등은 동구와 구소련에서만큼 크거나 가시적이지 않다. 공산당은 그럼에도 확고한 통제권을 장악하고 있다. 즉 중국은 여전히 그 자신의 국가와 사회를 가진 하나의 정당이다. 그러나 많은 사람들은 정치적 변화를 수반하지 않는 경제적 변화가 얼마나 진행될 수 있을지 의문스러워하고 있다.

Ⅲ. 개발도상국의 정당

개발도상 세계에는 다양한 정당들이 있다. 그들의 대다수는 민주적 상황의 정당들과는 유사점이 거의 없다. 그들의 목적 역시 매우 다양하다. 그들은 너무 다양해서 일반화시키기가 어렵다. 여기서 우리는 개발도상 정치체제에 존재하는 정당들의 수에 기초해서 일반화를 시도할 것이다.

1. 다당 민주주의(multiparty democracy)

1991년 말, 인도의 브하라티야 자나타(Bharatiya Janata) 당의 지도자는 그 나라의 남단에서 북단에 이르기까지 자동차 여행을 시작했다. 여행 일자는 점성가들과 상의한 후에 결정되었다. 그는 안락의자와 화장실을 갖춘 특수한 미니 밴으로 여행하였다. 이러한 설비들을 갖추었음에도 그는 전체 여정 중에서 하나의 긴 구간을 슬쩍 비행기로 갔으며, 여행길 내내 휴게소마다 들렀다. 몇 달 후에 그 행렬은 대중들이 지켜보는 가운데 카슈미르주 북부의 목적지에 도착하였다.[65] 이와 비슷한 예는 1992년 클린턴의 선거운동에서 볼 수 있는데, 그때 그는 비록 여행일정을 점성술을 이용하지 않고 짜기는 했지만, 버스 투어로 많은 대중들의 관심을 끌었다. 그러나 대부분의 민주정치에서 이러한 정당전술은 정상적인 정당활동이라기보다 주의를 끌려는 요술상자같이 보일 수 있다. 인도에서는 점성가의 안내까지도 정당정치의 정상적인 역할의 일부였다. 제3세계 정당들이 경쟁적 선거에 직면한 경우에도, 정당 스타일과 구조는 서구의 그것들과는 현저하게 다르다.

제3세계 국가들에서는 다당 경쟁이 드물다. 다당 경쟁은 라틴 아메리카에서 가장 성공적이었으며, 그곳에서도 정당 경쟁은 때때로 너무 치열하여 정치질서를 해치고 폭력적일 때도 있다. 2차 대전 이후 식민지배로부터 발생한 80여 신생국들 가운데서 경쟁적 정당들 간의 평화적 정권교체가 이룩된 곳은 10개국 미만이다. 인도는 이러한 교체가 정기적으로 이루어지는 몇 안 되는 제3세계 국가들 가운데 하나이다.

정당들이 쟁점에 관한 입장에서 서로 동떨어지지 않는 경우에도, 예전의 정치적 투쟁 때문에 흔히 분극화되는 경향이 있다. 선거는 경찰이나 군대가 공공질서를 유지하고 투표장을 보호해야 하는 거의 언제나 긴장의 시간이다. 정당들 간의 경쟁은 에너지를 국가적 정치와 경제의 발전이라는 과업으로부터 권력을 보유하려는 현직자들의 투쟁으로 전환시킨다. 흔히 격렬한 경쟁은 폭력을 유발하고, 그것은 군대가 모든 정당을 억압하고 독재를 수립하는 구실이 된다.

다당체제를 지닌 제3세계 국가들에서, 정당들은 계급이나 정치적 균열

---

65) Dennis Austin and Peter Lyon, "The Bharatiya Janata Party of India," *Government and Opposition* 28(Winter 1993) : 36~50.

보다는 인종적이나 종교적 균열에 기초하는 경우가 훨씬 많다. 이러한 공동체적 균열은 정치적이나 사회적 분할에 기초한 정당들보다 화해나 타협에 이르기가 어렵기 때문에, 정당 경쟁으로 인한 긴장을 고조시킨다. 이는 인도에서 신생 종교정당들에서 볼 수 있는데, 이것이 이 나라가 달성하려고 하는 민주적 안정에 도전이 되고 있다. 극단적인 형태로서, 인종정당들은 고도의 긴장감을 유발하여 인종적 폭력과 내란을 야기한다. 2장에서 지적했듯이, 이것은 나이지리아 독립의 초기에 발생하였다. 주요 인종공동체와 제휴한 정당들은 다른 인종집단과 그 정당들에 의해 자기들에게 제기된 위협을 과장함으로써 자신들의 지지자들을 동원한다. 그 결과는 정당체제를 해체시킨 군사 쿠데타, 인종적 폭력의 증대, 비극적 비아프라 내전이었다.

국민들이 전체로서의 국가에 대한 강렬한 일체의식을 결여하고, 대신에 공동체 집단들과 일체화하려는 신생국들에서 이 같은 인종적 분할을 극복하기는 매우 어렵다. 계급이나 정치 이데올로기 같은 그 밖의 정당 지지기반은 발전하지 못하고 인종적 균열로 대체된다. 나이지리아는 정당정치의 다른 기반으로의 전환이 얼마나 어려운가에 대한 좋은 예가 된다. 제1공화국(1960~1964)의 비극적 결말 후에 군대는 제2공화국(1983~1987)을 위한 새로운 정당을 준비하였다. 선거위원회는 새로운 정당과 인종적 공동체들 간의 연계를 피하고 정당들로 하여금 인종교차적 호소력을 발휘하도록 가능한 한 모든 것을 했다. 이러한 노력은 제한적인 성공을 거둘 수밖에 없었는데, 그 이유는 신생 정당들이 옛 정당지도자들에 의해 조종되어서 어떤 정당은 어떤 인종공동체와 긴밀히 연관된다는 것을 누구나 알 수 있었기 때문이다. 1990년대에 군대가 제3공화국을 준비하게 되자, 또다시 인종과 무관한 정당을 수립하려는 시도가 이루어졌다. 옛 정당들은 불법화되고 모든 구 정치인들은 신생 정당의 참여가 금지되었다. 법령에 의해 군부지도자들은 두 개의 정당을 창당하였다. 하나는 온건 중도좌익을 겨냥한 사회민주당이고, 다른 하나는 온건 중도우익을 겨냥한 민족공화협의회(the National Republican Convention)였다. 그러나 신생 정당들은 모든 새로운 리더십과 그 기반이 나이지리아에 잘 인식되지 않는 차별성을 지니고 있어서, 자체를 정비하는 데 어려움을 겪었다. 선거가 개최되자 인위적으로 창당된 이 두 정당들마저도 인종적 애착을 보이기 시작하여, 민족공화협의회는 지지의 대부분을 북부의 이슬람교도로부터 끌어왔고, 사회민주당은 남부인에게 호소하는 데 성공하였다. 마침내 군부 리더십은 그들 자신의 창조물에 마음이 편치 않았다. 나이지리아 군사정권은 개표도 되기 전에 1993년 대통령 선거를 무효화하고 그토록 신중히 만들었던 두 정당도 해산시켰다.

나이지리아는 인종적 균열의 애착심이 얼마나 뿌리깊은 것이며, 그리고 그것을 극복하려는 노력이 의식적이고 장기적인 경우라도 제3세계 다당체제에서 얼마나 성공하기 어려운가에 대한 한 가지 예에 지나지 않는다. 그것은 다당정치가 제3세계에서 그토록 빈번하게 정치적 혼란과 폭력에 연관되는 주요한 이유들 가운데 하나이다.

2. 단일 혹은 지배적 정당국가

제3세계에서 보다 더욱 일반적인 경향은 정치체제가 단일정당(single party), 즉 정치를 지배하는 하나의 정당만 가진다는 것이다. 흔히 정당은 독립운동이나 혁명운동의 계승자이다. 독립이나 혁명 후에도 정당은 새로운 엘리트를 위한 대중의 지지를 동원하는 주요 매체로 지속한다. 최선의 상황에서는 정당은 독립이나 혁명에 의해 시작된 정치·사회적 변화과정을 유지하는 데 공헌한다. 하나의 좋은 예는 제1차 세계대전 후 터키에서 아타튀르크(Ataturk)의 민족주의, 세속화, 근대화의 프로그램들을 강요하기 위해서 창당한 케말주의 정당(Kemalist party)이다. 이 정당은 터키의 정치를 1923~1950년까지 지배하였으며, 특히 초반부에 변화의 중요한 매체였다. 또 하나의 예는 멕시코에서 70년 이상 정치를 지배해 온 제도혁명당(PRI)이다. 이 당의 후원자-고객 관계의 방대한 체제는 일반 시민을 당 및 그 지도자와 제휴시켰다. 당은 정치적 지원을 교환조건으로 직장, 교육기회, 영농자금, 정부계약 등을 제공한다. 제도혁명당은 소농, 노동자, 중산층으로부터 지지를 동원함으로써 선거에서 승리했을 뿐만 아니라 다양한 개혁 프로그램으로 자기 당 대통령을 계속적으로 지지하였다. 지난 10여 년 간 제도혁명당은 야당들로부터의 강력한 경쟁에 직면하여 몇몇 중요한 주와 지방선거에서 패배하기도 했다. 야당은 중산층 정당(PAN)과 좌파연합으로 분산되어 있다. 이러한 분산으로 인해 제도혁명당이 전국적 정치에서는 계속 지배권을 누린 것이다.

지배적 정당(dominant party)의 주요 과제 가운데 하나는 그들이 실질적 경쟁에 직면하지 않을 경우 그들의 활력들을 유지하는 일이다. 단일정당의 제3세계 국가들은 활성적인 의회를 가진 경우가 드물기 때문에, 정당의 생활은 대개 선거를 중심으로 이루어진다. 의회에서 정당의 역할이 별로 없고 선거는 오랜만에 치러지므로 정당들은 곧 활력을 잃게 되기 때문이다.

대부분의 제3세계 국가들은 전반적으로 교육 수준이 낮기 때문에, 유능한 지도자들이 제한되어 있다. 정당지도자들은 자연히 정부관리들로 선발되고, 일부 사람들은 고위 공무원 직위의 안정과 위신을 추구하며, 나머지 사람들은 공기업이나 사기업의 운영을 통하여 부를 추구한다. 그 결과, 하나의 조직으로써 정당을 유지하기 위해 정당에 남아 있는 재능 있는 사람은 별로 없다. 이들 정당지도자들의 대부분은 정당을 축재의 수단으로 여긴다. 이들은 정부에 있는 친구들과 정치적 혜택을 뇌물로 거래한다. 그래서 정당조직이 피해를 입을 뿐 아니라 부패에 의해 더럽혀지기도 한다. 많은 국가들에서 정당은 형식적으로는 지속되지만, 상징적 선거를 위해 정기적으로 재생하는 그림자 조직(shadow organization)에 지나지 않는다.

3. 정치적 고객주의

많은 민주적 상황에서 정당조직의 한 가지 흔한 특징으로 후원자-고객 연계가 존재함을 앞에서 지적했다. 개발도상 세계에서 정치적 고객주의(clientelism)는 정당조직의 한 형태로서 그리고 한 가지 동원수단으로서 더욱 보편적이다. 고객주의에서는 정치지도자들, 즉 '후원자들(patrons)'

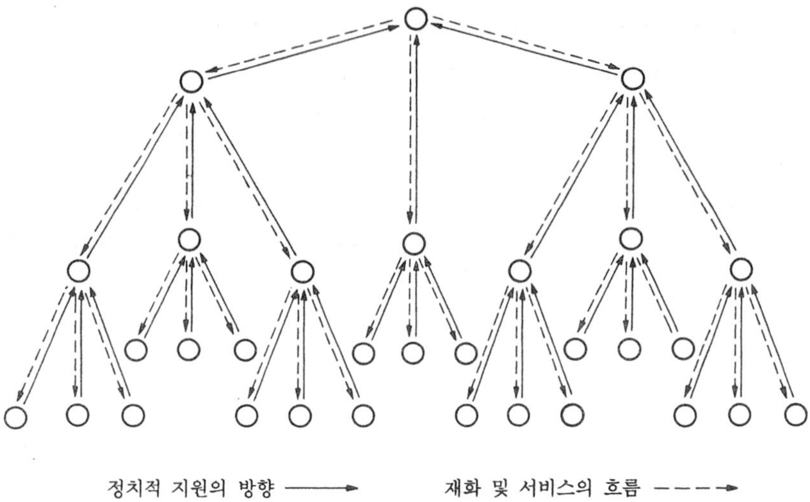

그림 [5-1] 전형적인 후원자-고객 네트워크

이 국민들 사이에 풀뿌리 신봉자들을 발전시킨다. 이 '고객들(clients)'은 투표, 정당집회의 참여, 정당 자료의 배포, 개인적 지원 등의 형태로 후원자들에게 정치적 지지를 제공한다. 고객들이 그들 후원자들의 딸 결혼식에 참석하리라고 기대되는 것은 보통이다. 고객의 정치적·개인적 봉사에 대한 대가로, 후원자들은 정부 일자리, 공적 계약, 대출, 교육에의 접근, 심지어 음식과 의복 같은 물질적 혜택을 제공한다.66)

이들의 관계는 고도로 개인적이며 후원자와 고객 간의 직접 접촉에 기초한다. 그러나 정상에 있는 후원자는 일단(一團)의 고객들을 자기 밑에 두고, 이어 이들은 차하급(次下級)의 일단의 고객들에 대해 후원자가 되는 식으로 해서 정상으로부터 풀뿌리에 이르기까지 일사불란하게 연결되어 후원자와 고객이 거대한 네트워크 속에 함께 짜여진 것이 보통이다. 그림 [5-1]은 전형적인 후원자-고객 네트워크를 나타낸다. 이는 정당으로 하여금 거대한 시민들을 동원하고 그들의 직접적 협조로부터 이득을

66) Steffen W. Schmidt, ed., *Friends, Followers, and Factions : A Reader in Political Clientelism*(Berkeley : University of California Press, 1977).

보게 하는 고도로 효율적인 수단이다. 이러한 관계는 또한 개인들에게 정치참여 의식과 정당생활에의 관여를 제공하기도 한다. 그리고 그것은 그렇지 않으면 풀뿌리 수준에서 조촐한 자원을 가졌을 개인들에게 물질적 안정과 출세의 기회를 제공할 수도 있다.

후원자-고객 네트워크는 그 나름의 단점도 가지고 있다. 그것은 위계적 관계이기 때문에, 흔히 최하급자들이 체면이 손상되는 느낌을 가진다. 또한 그것은 고객들을 보호할 영향력을 상실할 수도 있는 정치지도자들에게 종속시키거나, 그것을 영속화시킬 수도 있다. 후원자-고객 유대는 또한 부패하기 쉽다. 고객적 관계에 기초해서 정부계약을 제공하는 것은 정치적으로 일리가 있기는 하지만, 경제적으로는 현명한 결정이 아닌 경우가 허다하다. 후원자-고객 네트워크는 희소자원을 낭비하고 뇌물과 부패를 촉진한다.

멕시코는 후원자-고객 관계의 훌륭한 사례 연구의 대상이다. 지배적인 정당인 제도혁명당은 조직적 형태로서 고객주의를 사용한다. 그래서 모든 수준에서 이익집단과 정당의 추종자들을 자기와 연계시키는 잠재적 정당지도자들 주위에 수많은 도당들(cliques)이 생겨난다. 이들 관계는 정당 내에서 주요 직위에 대한 경쟁의 기초를 제공한다. 특히 대통령이나 지사는 일단 집권하면 풀뿌리와의 연계를 수립하기 위해 이들 지지자 네트워크를 이용한다. 정부 일자리와 계약, 정부가 주관한 대출, 교육적 기회로의 접근, 기타 물질적 혜택 등은 이러한 고객주의적 유대에 기초하여 분배된다. 그리고 제도혁명당은 추종자 대군(大軍)으로부터 선거에 관한 자원과 활동의 혜택을 받는다.

4. 제3세계의 정당과 안정

제3세계 국가들에서 정당이 정치질서와 안정에 기여하는지는 의문시된다. 우리가 살펴보았듯이, 제3세계 상황에서 다당 경쟁은 그 민주적 잠재력을 평가할 수 있기는 하지만, 분열적이고 안정을 저해할 수 있다. 단일 혹은 지배적 정당들은, 부패로 인해서 그리고 다른 것을 추구하기 위해 그들의 유능한 지도자들을 빼내버림으로써, 흔히 활력을 상실한다. 정당들은 수뢰와 부패에 연루되기 때문에 정권에 대한 대중의 불만을 증대시킨다.

반면에 아타튀르크의 터키나 멕시코에서처럼 최상의 경우에는 정당들이 변화와 정치행위로의 시민 동원을 위한 매개체가 될 수 있다. 사실상, 정당은 정치행위의 촉진과 통로화의 이상적 선택으로 보인다.[67] 정당조직들은 사회적 내지 경제적 변화에 관심을 둔 정권에게 정치적 · 물질적 지지를 제공할 수 있다. 정당들은 대다수 국민을 정치에 참여시키고자 한다는 점에서 배타적이 아니라 포용적이다. 그러므로 정당들은 참여를 억압하기보다는 촉진할 가능성이 훨씬 크다. 정당에 의한 이러한 시민 참여적 경향은 정치체제로 하여금 정권의 정통성을 파괴할 수 있는 억압된 불만의 누적을 모면토록 도와준다.

강력하고 효율적인 단일 내지 지배적 정당을 가진 국가들은 국가적 자긍심을 수립하는 일에 이들 조직을 이용할 수 있다. 예컨대 제도혁명당은 멕시코 혁명에서 좋았던 모든 것의 상징이자 구현이다. 단일정당은 인종적 혹은 공동체적 충성심의 분열을 극복하고 국가적 일체감을 조성할 수 있다. 이것의 또 하나의 예는 1950년대와 1960년대에 인도의 통일을 이루는 과정에서 수행한 의회당의 역할에서 찾을 수 있다.

강력하고 잘 조직된 정당은 특권적 경제세력이나 군대의 정치적 힘을 견제할 수도 있다. 대부분 정부는 경제를 움직이는 경제 특권층의 요구에 도전하기 어렵다는 것을 안다. 그러나 정부가 경제 엘리트들이 원치 않는 개혁을 지지하는 수많은 당원과 동조자들을 동원할 수 있는 정당을 가지게 된다면, 특권층의 압력에 보다 잘 저항할 수 있다. 이와 마찬가지로, 군부가 개입하겠다고 위협할 때 수많은 대중을 길거리에 모을 수 있는 정당을 가진 민간지도자들은 군부의 위협에 취약하지 않다.

정당이 거대한 후원자-고객 체제에 지나지 않는 경우에도 국가와 시

67) Samuel P. Huntington, *Political Order in Changing Societies*(New Haven, CT : Yale University Press, 1968).

민 사이의 연계를 증진시킬 수 있다. 선거적 연결도 증진시킬 수 있다. 정당들은 경쟁에 직면하든 않든 선거지향적이기 때문이다. 이러한 선거에 대한 관심으로 인해 정당들은 민주주의에 최소한이라도 관심을 갖게 된다. 더불어, 정당들은 그렇지 않으면 멀리 소외되었을 그들의 추종자들에게 정치과정에의 참여의식을 불어 넣어줄 수 있다.

불행하게도, 강력한 정당들은 대부분의 제3세계에서 정상적이라기보다는 예외에 속한다. 정당들은 나이지리아에서처럼 군부나 민간 독재자들에 의해 파괴되었다. 독재자들은 대부분 국가들에서 국가, 경제, 정당의 혼합의 결과로 자연히 감소되었다. 그들은 나이지리아와 인도에서처럼 인종적 내지 종교적 갈등의 견인력에 굴복하였다.

Ⅳ. 정당과 정치

정당은 존재하는 곳 그 어디서나 핵심적인 정치행위자이다. 정당은 안정된 정치체제를 발전 · 유지하는 데 긴요한 것이다. 민주주의 국가들에서 정당은 국민과 국가를 연계시키는 주요 수단이며, 대의 민주주의를 가능케 하는 것이다. 비민주주의적 상황에서도 정당은 지도자들과 그들의 목표를 위해 지지를 조직하는 도구로서 중요하다. 개발도상국가에서 정당은 민족의식을 만들어내고 지속적인 정치제도들을 발전시키는 수단이다. 정당은 권위주의적 상황에서도 국민적 통제와 개입을 증대시키는 수단이다.

정당구조의 안정이 정치단위체의 전반적 안정의 훌륭한 지표이기는 하지만, 정당체제를 정치적 안정의 수립과 유지의 유일한 원인적 요소라고 보는 것은 정확지 못하다. 왜냐 하면 정당체제는 일반적으로 사회적 분할, 리더십 기술, 정치적 규범과 태도, 그리고 정치적 안정과 불안정의 그 밖의 원천들도 반영하기 때문이다. 그러나 정당체제의 공헌은 매우 중요하다. 정치적 쇠퇴와 무질서는 흔히 정당들이 흔들리거나 소멸될 경우에 발생한다. 왜냐 하면 그렇게 되면 정치체제는 더 이상 참여의 통로화, 다시 말해서 정치적으로 동원된 대중의 욕구를 충족시킬 수 없기 때문이다. 그래서 정당의 실패는 군부지배, 관료적 정체(stagnation), 그리고 더욱 나쁜 것의 전주곡이다.

V. 결 론

모든 민주주의 국가와 많은 권위주의적 국가에서, 정당은 정치활동의 가장 적극적이고 가시적인 형태이다. 민주주의에서 정당은 국민과 그 지배자 사이의 긴요한 연계이다. 권위주의적 상황에서 정당은 흔히 정치적 통제와 심지어 사회경제적 변화의 수단이다. 그러므로 정당은 세계의 정치과정을 이해할 수 있는 광범위한 연구를 보장한다.

많은 상황에서, 정당은 정치적 감정과 국민 요구를 대표하고 조직하는 핵심적 역할을 수행한다. 그러나 정당만이 사회의 관심사를 대표해 주는 중요한 정치행위자는 아니다. 거의 어느 곳에서나 조직적 혹은 비조직적 이익집단도 이 같은 대표의 과업에 일익을 담당한다. 이제 이익집단 정치를 검토해 보기로 한다.

제6장

집단과 정치

미국인들은 압력단체를 생각할 때면, 특별대우를 기대하여 정치인들을 푸짐하게 대우하고 정치자금을 넘겨주는 로비스트들의 모습을 금방 떠올린다. 그들은 도시구역제(zoning restrictions)를 보호하거나 근처 교차로에 횡단보도 안전장치를 설치하려는 그들 이웃의 노력을 집단정치의 일부로 인식하는 경우는 드물다. 그러나 이 두 가지 형태는—그 밖의 많은 것들과 마찬가지로—이익집단 정치의 일부이다.

개인이 정치과정에 미치는 영향력은 클 것 같지 않다. 보통 시민들은 정치과정과 그리고 공공정책을 수립하기 위해 압력을 집중하는 가장 적절한 요령을 알지 못한다. 이런 두 가지 이유들 때문에, 모든 타입의 정치체제에서 시민들은 정치적 행동을 위해 뭉치는 것이 유익함을 알게 된다. 대부분의 국가들에서, 이익집단은 정치과정에서 중요한 역할을 수행한다.

I. 이익집단의 유형

집단은 정치적 영향력을 행사하기 위해서 조직될 필요는 없다. 모든 타입의 체제에서 정치적 결정자들은 공공 정책을 결정함에 있어서 광범한 사회 범주들에서 의견을 구하기 때문이다. 프랑스 교육부 장관은 대학정책을 결정하기 전에 대학생들이 무엇을 생각하는지를 알고자 하며, 독실한 힌두교도의 감정은 인도 정책결정자들이 사회정책을 고려하는 과정에서 중요하며, 나이지리아 장군들은 식품의 가격통제를 해제하기 위해 가정주부들의 반응을 미리 알고자 하며, 중국 지도자들은 은퇴보조금을 변경함에 있어서 원로들의 요구사항에 관심을 갖는다. 이들 사회 범주들은 비록 그들의 관심사를 변호하기 위하여 공식적으로 조직된 이익집단들을 가지고 있지 않지만 의미와 영향력을 지니고 있다. 사실상 모든 정치지도자들은, 아무리 전제적이라 하더라도, 각종 사회적 범주들의 요구사항과 관심사를 알고자 한다. 그들은 그들의 결정을 부과하기만 하면 영향을 받게 되어 있는 사람들의 반응을 미리 알고자 한다. 그들은 정책 선택을 고려함에 있어서 이들 비공식적, 비조직적 집단들의 의견을 참고한다. 바로 이 때문에 비록 비조직적 집단이라도 정치적 영향력을 갖게 된다.

물론, 공식적으로 조직된 집단들이 비조직적 집단들보다 많은 정치적 영향을 행사할 가능성이 크다. 노인들이나 부녀자들은 자신들에게 영향을 미치는 정책이 만들어질 경우에 자신들의 선호와 반응에 관한 정치가들의 추측에 의존해야 할지 모른다. 이에 비해 기업공동체는 비록 마지못해하는 정책결정자들에 대해서도 자신들의 명분을 변호하기 위하여 영향을 미치는 데 숙달된 공식적 조직을 가지고 있다. 수많은 제3세계 국가와 권위주의적 정권에서는 조직된 집단이 아예 존재하지 않거나 존재하더라도 통치 엘리트에 의해 지배되기 때문에, 비공식적 조직들이 이익집단 정치의 유일한 형태이거나 가장 효과적인 형태일 것이다. 전체주의 정권하에서도 이러한 종류의 집단정치는 존재하며, 정치적 영향력을 갖는다.[68)]

1. 직업에 기초한 이익집단

조직적 이익집단에는 다양한 타입이 있다. 거의 모든 국가에서 가장 중요한 것들 가운데는 특정직업 이익에 기초한 집단들이 있다. 노동조합, 사용자 및 기업집단, 농민집단, 교사연합회, 의사연합회 등이 그 예이다. 이 집단들은 대개 어느 정치체제에서나 가장 잘 조직되고 효율적인 이익집단이다. 직업집단들은 또한 다른 이익집단들보다 많이 영향을 미치고 정치참여의 동기를 부여하는 광범한 정책이익체계(a broad set of policy interests)를 가진다.

일상적인 작업 경험(work experience)의 집중성으로 인하여, 개인들은 자기 직업의 경제적 이익을 방어하기 위해 집단에 공동 참여하는 것이 중요해졌다. 사회와 경제에 대한 국가 개입은 각종 직업집단들로 하여금 정부의 정책결정에 관심을 집중토록 한다. 정부의 정책결정자들도 정책의 실수를 모면하고 실행을 촉진하도록 경제적·사회적 정책을 수립함에 있어서 집단들과 협의하는 것을 반긴다.

사실상 모든 정치체제에서 두 가지 주요 정치행위자는 피고용자를 대표하는 노동조합과 기업 및 고용자들의 결사체이다. 이들 집단들은 경제와 사회적 혜택을 취급하는 공공정책에 핵심적인 이해관계를 가진다. 흔히 이들의 이해관계는 여러 가지 정책들을 둘러싸고 대립한다. 노동과 기업 양측은 정치과정에서 광범한 경제적·사회적 쟁점에 대해 자기들의 발언권을 강조한다. 그들의 영향력은 평등하지 않다. 노조의 이익에 특별한 관심을 보이는 좌파 정부도 기업의 이익에 보다 많은 주의를 기울인 것이 보통이다.

① 노조는 조합원 수효와 조합원들에게 어떻게 투표할 것인가를 지시할 수 있는 능력에 그 세력의 원천이 있다. 때때로 노조는 모든 경제분야의 노동자들에게 특정 정치적 입장을 지지하는 총파업을 요구할 수 있

---

68) Gordon F. Skilling and Franklyn Griffiths, eds., *Interest Groups in Soviet Politics*(Princeton, NJ : Princeton University Press, 1971).

다. 이 두 가지 원천에는 한계가 있다. 사회경제적 균열이 점차 그 중요성을 상실함에 따라, 노조원들은 지도부의 지시를 별로 고려하지 않고 투표한다. 총파업은 조직하기 매우 어렵고 아주 긴급한 사태에서만 사용될 수 있다. 그렇더라도 성공하는 경우는 드물다. 그리고 파업기간 동안 임금 손실의 대가를 치른 것은 노동자이다. 정치가들은 이런 약점을 간파하고 노조의 정치적 요구에 대처할 필요성을 가늠하는 데 있어서도 그 약점을 고려한다.

② 기업이익들의 영향력은 그들의 행동이 경제에 미치는 충격에서 나온다.[69] 이것은 민주적 정권이나 권위주의적 정권, 산업국가나 개발도상국에도 해당된다. 민주적 지도자들은 경제가 악화되면 재선되는 데 어려움을 겪으리라는 것을 안다. 권위주의적 지도자들도 경제 침체나 쇠퇴가 그들의 정통성을 약화시키고 군부 및 민간 경쟁자들의 희망을 고무시킨다는 사실을 안다. 그래서 정치인들은 경제적 번영과 성장에 깊은 관심을 둔다. 그러한 경제적 호황은 기업이 투자할 때에만 온다. 만약 기업이 정부에 대한 신뢰를 상실하거나 정부가 그들의 이익에 무겁게 과세할 것으로 인식하면, 재정적 위험을 무릅쓰고도 투자할 가능성은 적을 것이다.

이에 관한 좋은 예는 1980년대 초 프랑스 사회당 정부의 경험이었다.[70] 사회당은 집권하자마자 정통적(orthodox) 사회주의 독트린을 가지고 많은 수의 개인회사와 은행들을 국유화하였다. 그리고 새로운 부유세(wealth tax)와 경제규제를 부과하였다. 이에 기업공동체는 정부가 다음에 무엇을 할 것인가 두려워하였다. 그래서 장래에 대한 신뢰가 추락되고, 사적인 투자가 지연되어, 경제가 불경기로 깊게 빠져들었다. 경제가 정부와 투자 전망에 대한 신뢰를 회복한 것은 사회주의 정부가 그 입장을 완화한 지 불과 3년 후였다. 일부 프랑스 사회주의자들은 그것은 개

---

69) Graham K. Wilson, *Business and Politics : A Comparative Introduction* (Chatham, NJ : Chatham House, 1985).

70) Howard Machin and Vincent Wright, eds., *Economic Policy and Policy-Making Under the Mitterrand Presidency, 1981~1984*(London : Frances Pinter, 1985).

혁 성향의 정부에 대한 자본주의적 공갈의 또 한 가지 예라고 불평하였다. 그러나 그것은 자본주의적 공갈이라기보다 자유기업에 의한 합리적 경영계산에 따른 것이다. 기업지도자들은 돈을 벌 기회를 무시하지 않겠지만, 어떻게 이윤을 올릴 것인가에 대한 그들의 계산은 정부가 기업에 얼마나 우호적인가 하는 그들의 인식에 영향을 받는다.

③ 농업집단들도 고도의 영향력을 갖는다. 그들의 이익은 기업과 노동보다는 협소하다. 그 결과 농업결사체들은 회원들에게 직접적인 영향을 미치는 제한된 범위의 정책들에 관심을 집중시킬 수 있다. 거의 모든 국가에는 농민의 생계에 영향을 미치는 가격지원, 보조금, 대출 프로그램과 같은 농업에 대한 고도의 정부 개입이 있다. 이런 정책들이 수행되기 위해서 정부는 국가정책에 대한 농민들의 협조를 필요로 한다. 농민들은 또한 비록 농촌 인구가 아주 적을지라도 민주적・비민주적 정치가들의 호소의 대상이 된 투표자 블록 내지 지지자 블록으로 간주된다. 농업은 모든 경제에서 긴요한 한 부문이며, 그래서 정부는 경제의 이 부문을 강하게 유지하기 위해 농민의 협조를 필요로 한다. 마지막으로 농촌적 가치와 근면하고 개인주의적인 농민에 대한 자연적 공감(natural sympathy)이 있는데, 이는 많은 나라에서 정치문화의 한 요소이다. 이것은 또한 농민집단들이 그 회원 규모에 의해 기대 이상의 훨씬 강력한 영향력을 발휘하도록 도와준다. 그 결과, 농업정책은 대개 정부와 농민 집단들과의 긴밀한 협조하에 결정된다. 독일 같은 대부분의 산업국가에서, 농민들의 정치적 영향력은 그들의 숫자가 감소되고 농업이 그 경제적 비중을 상실해 가면서 줄어들었다. 그러나 농업의 정치적 영향력은 여전히 여타 사회적 부문들보다 상대적으로 크게 남아 있다. 농민의 수는 매우 적은 일본 같은 고도의 산업국가에서도 농업 이익들은 여당인 자민당을 지배해 왔다. 많은 일본 지도자들은 농산물에 대한 관세를 낮추어 일본의 대외경제 관계를 용이하게 하려 했지만, 자민당 내의 농업 로비스트의 세력이 그런 개혁을 봉쇄했었다.

④ 자유 전문직의 이익집단들은 많은 국가에서 본질적으로 공적인 정책을 결정함에 있어서 깊숙이 관여한다. 예컨대 변호사협회는 법조계에

종사할 수 있는 자를 결정하는 시험을 주관하였으며, 법조인을 위한 윤리적 기준을 설정하고 집행하였다. 의사협회는 수련의를 위한 교과과정을 설정하고 새로운 의료전문화를 규정하였다. 이러한 경우들에서 볼 수 있듯이, 모든 국민생활에 영향을 미치는 정책들임에도 불구하고 그것이 거의 전적으로 이 이익집단들에 의해 정치적 틀 밖에서 설정되었다. 그 밖의 경우, 집단들은 정책을 설정하기 위해 공직자들과 협조한다. 예컨대 보험협회는 국가의 보험규약을 기초하면서 정치가들과 긴밀히 협조한다. 건축 엔지니어와 청부업자들은 지방정부가 시행할 건축 규약과 기준들을 설정한다.

2. 명분 주장 집단(advocacy groups)

또 한 그룹의 강력한 이익집단들은 정부 서비스의 수혜자들을 위한 권리와 혜택의 옹호를 둘러싸고 조직된다. 이들은 서비스를 받기 위해 정부에 기대를 걸고 정부지원의 지속이나 확대를 위해 압력을 행사하고자 하는 사람들을 대표한다. 여기에는 재향군인회, 자동차 클럽, 사친회, 은퇴자협회, 장애인권리보호협회, 비행기소유자협회 등이 포함된다. 일반적으로 이것들은 정부가 제공한 경제적 혜택을 받는 사람들로 이루어진다. 이것은 대개 잘 조직되어 있고 정부보조금의 추가라는 그들의 편협한 목적의 추구에 성공적이다. 예컨대 영국과 프랑스에서 재향군인회는 감소하고 있는 재향군인들을 위한 관대한 정부 혜택을 계속 받고 있는 강력한 이익집단들이다. 독일에서 자동차협회는 정부가 고속도로에서 속도제한을 못 하게 한다. 나이지리아에서 인종집단들은 공동체 발전기금을 위해 성공적으로 투쟁한다.

그 밖의 집단들은 재정적 이익에 의해 동기가 부여되기보다는 특정한 명분을 주장하는 데 더욱 관심을 갖는다. 여기에는 소비자 권리, 가정, 환경보호, 이웃 개선, 동물보호, 사냥 및 낚시의 권리 등에 기초한 조직들이 포함된다. 이것은 대개 직업에 기초한 집단들이나 경제적 명분 주장 집단들보다 조직화의 정도가 낮다. 이들은 취약한 구조와 회원의 낮은 헌신 수준 때문에 정치적 효능성이 제한되는 경향이 있다. 예컨대 일본의 소비자보호집단들은 제조자협회보다 상업정책에 대한 영향력이 적다. 그러나 이들 명분 집단들은 때때로 정부정책에 영향을 미칠 수 있으며, 특히 여타 집단들의 반대에 직면하지 않을 때는 더욱 그렇다. 예컨대 동물보호 로비는 영국에서 강력하며, 흔히 사냥 및 낚시 클럽은 프랑스에서 가장 영향력 있는 이익집단 가운데 들어간다.

3. 공동체 행동집단(community action groups)

많은 나라에서 지역공동체의 쟁점들에 기초한 명분 주장 집단들이 그 수효와 효율성에서 폭발적인 급증현상을 보여왔다. 이것들은 당면한 단기적 쟁점에 대처하기 위해 생겨난 소규모적이고, 특별하고, 잠정적인 이웃결사체들이다. 이웃사람들은 그들의 재산가치를 떨어뜨릴 수 있는 산업발전을 그들의 지역에 허용하려는 구역제 변경(zoning change)을 봉쇄하기 위해 조직될 것이고, 낡아빠진 학교 건물의 보수를 요구하는 소규모 집단이 등장할 수 있으며, 부패한 지역 관리에 도전하기 위해 정부정화위원회가 형성될 수 있다. 이런 집단들은 흔히 매우 효율적인데, 그 이유는 이런 집단들이 헌신적이고 흔히 전투적인 시민들을 규합하여 단일의 협소한 쟁점에 대해 정치적 행동을 집중하기 때문이다. 그들의 반대는 대개 광범한 공동체 이익에 근거하므로 그 쟁점에 의해 자신의 이익이 치명적으로 영향을 받는다고 보는 사람들만큼 동원되지는 않는다. 때때로 그 목적은 정부의 행동을 봉쇄하는 것이다. 이것이 '님비(NIMBY)' 현상이다. 또 어떤 때는 그 목표가 특정 공동체를 위해 정부 행동을 촉구하는 것이다. 사실상 모든 정치체제는, 공개적인 민주국가이든 전제적인 국가이든, 이런 타입의 지역적 집단행동을 경험한다.

간혹 이런 지역적 집단행동이 대규모적인 정치운동으로 발전할 수도 있다. 이것은 1980년대에 일본에서 발생했던 것인데, 그 당시 나리타 지역에 도쿄 공항을 신설하는 데 반대하는 지역주민들의 항의가 확대되어 모든 유형의 정부의 행위에 도전하는 대규모 항의운동으로 발전하였다.

그러나 이것은 예외적인 것이다. 보통 그들을 동원시켰던 쟁점이 해결되면 소규모의 주민행동집단들(neighborhood action groups)은 사라진다. 한 쟁점에서 또 다른 쟁점이나 광범한 이익체계로 이행할 수 있는 그런 조직을 가지고 있지 않기 때문이다.

Ⅱ. 이익집단의 정치세력 기반

공공정책에 대한 이익집단의 영향을 평가하기란 언제나 어렵다. 간혹 특수한 쟁점에 대해 한 집단의 영향력이 분명한 경우를 발견할 수 있다. 이것의 가장 좋은 예는 미국에서 총기통제에 대한 광범한 대중의 지지에도 불구하고 총기통제 입법을 봉쇄해 온 전국총기협회(NRA)의 효율성이다. 그 밖의 많은 문제에서는 집단들의 영향을 평가하기는 훨씬 어렵다. 어떤 정책결정이 분명히 어느 이익집단의 입장과 일치하는 경우라도 그렇다. 왜냐 하면 정부는 그 집단의 권력 때문보다는 그 집단과 상관없이 동일한 견해를 공유할 수 있기 때문이다. 그러나 집단이 세력이 있느냐 없느냐에 영향을 미치는 몇 가지 요소들이 있게 마련이다.

1. 국가로부터의 자율성

이익집단 세력의 한 가지 핵심적 요소는 국가로부터의 자율성이다. 공공정책에 영향력을 행사하기 위해서 집단들은 독자적으로 자신의 입장을 정리하고 정부의 정책결정 과정에 영향을 미치는 수단과 시기를 선택할 필요가 있다. 자율성의 결여에 관한 실례는 중국 그리고 구소련과 동구의 공산정권에서 찾을 수 있다. 공산주의에서는 조직적 이익집단들이 공산당에 의해 지배되고 있었으며, 이익집단은 공산당의 영향력을 집단구성원들의 견해로 확산시키는 매체였다. 이익집단은 공산당 엘리트의 의견을 농민, 노동자, 여성, 학생들에게 전달하는 '전도대(transmission belt)'에 불과했다. 집단구성원들로부터 정당 엘리트로의 상향적 의견 전달은 항상 가능하였지만 사실상 제한적이었다. 집단지도자들은 대개 공산당에 의해 선발되었으며, 집단의 정책 진술은 항상 공산당 엘리트의 의견을 반영하였다. 간혹 대중조직으로부터 공산당 지도부로 출세한 공산당 지도자들은 지도부의 동료들에 의해 자기 집단의 견해를 설명하도록 배려되기도 한다. 그러나 집단 자율성의 결여로 인해 이익집단들이 공공정책에 영향을 미치는 능력이 심각하게 제한된다.

한편 위와 양극을 이루는 예는 많은 서구 산업 민주주의의 이익집단들이다. 이 집단들은 정부로부터 자기들의 독립성을 빈틈없이 보호한다. 지도자들은 집단 자체에 의해 선택되기 때문에 이들 리더십 선택에 대해 정부가 영향력을 행사하는 경우는 거의 없다. 실제로 리더십 선택이 정부의 영향을 받은 것처럼 보이는 극소수의 경우에도, 그것은 간접적인 것이고 정부와의 관계를 맺는 집단을 강화시키려는 경우이다. 그래서 프랑스 사회주의자들이 반세기 만에 처음으로 집권했을 때, 주요 고용자집단은 새 정부에 대해 보다 강력한 입장을 견지할 새로운 지도자를 선택했다. 거의 모든 경우에 민주적 집단들은 '우호적인' 정부라 하더라도 그것과 거리를 유지하려는 신중한 자세를 취한다. 예컨대 프랑스 사회당과 더불어 정부의 입장을 수용하는 노조지도자들은 그 지위에서 탈락되었으며, 노조는 자기들 지도자의 일부가 정부에 참여하고 있음에도 정부와 사회당으로부터 지속적인 독립성을 주장했다. 이와 비슷하게, 영국 노조들은 노동당과 공식적 연계를 가지고 있음에도 노동당 정부와의 거리를 신중하게 유지하고 있다.

이러한 자율적 집단들은 국가정책에 대한 영향력 행사를 둘러싸고 집단 상호간에 그리고 정부와 경합한다. 경쟁적인 집단들은 공식적 정부구조의 외곽에서 활동하기 때문에, PR 캠페인으로부터 항의시위에 이르기까지 광범한 전술을 사용하여 정책결정자들에게 자신들의 아이디어를 관철시키고자 한다. 자기들의 이익이 정책결정 과정에서 적절히 대표되지 않았다고 느끼는 집단들은 자유롭게 조직화하여 정치적 투쟁에 뛰어들 수 있다. 이처럼 공식적 정책결정의 외부로부터 정부에 압력을 가하는 다양하고 자율적인 이익 패턴을 이익집단다원주의(interest group pluralism)라고 부른다. 이것은 대부분의 선진 산업 민주주의에서 이익집단의 정치 패턴, 그리고 이익집단과 국가와의 관계를 대체적으로 특징짓는다.

전도대와 다원주의라는 양극적인 패턴의 중간에 해당되는 것이 '조합주의(corporatism)'이다. 이익집단 정치의 조합주의 모델에서는 집단들이 다원주의에서보다 적지만 노동, 경영, 농민 등 각 이익 부문에 하나씩 존재하는 것이 보통이다. 각 부문에 대한 집단의 독점권이 국가에 의해 공식적으로 인정되며 때때로 국가에 의해 보호되기도 한다. 공식적으로 허가된 이 집단들은 정부의 대화상대자로서의 특권을 부여받는다. 이들은 정부 관리들과 더불어 이룬 조합체제의 구성원으로서 정책결정 과정에 직접 참여한다.

조합주의에는 두 가지 형태, 즉 국가조합주의(state corporatism)와 사회조합주의(societal corporatism)가 있다.[71] 국가조합주의에서는 국가가 지배적이다. 이익집단들은 공식적 정책결정 과정에 참여가 허용된다. 아마도 정책결정 과정들은 공개적이겠지만, 사실상 국가에 의해 지배된다. 이익집단은 국가의 결정을 정당화하고 집단구성원들을 국가정책에 복종하도록 하는 데 사용된다. 대개 이들 집단의 가입(회원자격)은 관련된 사람들 사이에 의무적이다. 공식적으로 승인된 이들 집단에 도전하여 등장한 집단들은 국가에 의해 억압된다. 이익집단-국가 관계의 이런 패턴은 남미의 권위주의적 정권, 그리고 1970년대 말 민주주의 수립 이전의 이베리아 반도에서 일반적이었다.[72]

1950~1975년 사이의 멕시코 경험은 국가조합주의 모델에 가까웠다. 집권 제도혁명당(PRI)은 농업, 노동, 기업 이익들의 조직에 공식적 부문들(official sectors)을 장악하고 있었다(그림 [6-1] 참조).

---

71) Philippe C. Schimitter and Gerhard Lehmbruch, eds., *Trends Toward Corporatist Intermediation*(Beverly Hills, CA : Sage, 1979).

72) Howard J. Wiarda, *Corporatism and National Development in Latin America*(Boulder, CO : Westview Press, 1982) and *Corporatism and Development : The Portuguese Experience*(Amherst : University of Massachusetts Press, 1977).

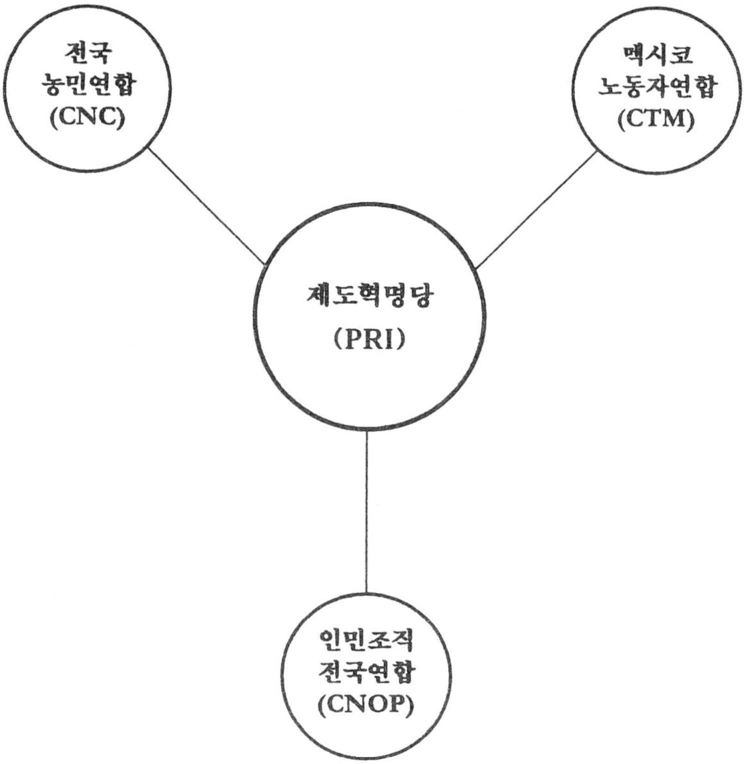

그림 [6-1] 멕시코의 제도혁명당과 연계되어 있는 이익집단들

제도혁명당의 이런 부문에 연계된 공식적 이익집단들 중 하나에 가입하면 자동적으로 제도혁명당의 당원이 되었다. 이 같은 제도혁명당 지배하의 이익집단들은 정책결정에 공식적으로 참여한다. 그러나 사실상 이 집단들은 자율성을 결여하였다. 이 집단들은 대통령의 결정을 지지하고, 그것을 집단구성원 사이에서 옹호하는 데 지나지 않았다. 국가가 승인한 집단들에 경합하는 집단은 국가가 승인한 집단 속에 강제로 병합되었으며, 이에 거부하는 집단들은 경찰이나 군대에 의해 폭력적인 억압을 받았다.

사회조합주의, 즉 신조합주의(neocorporatism)는 국가조합주의와 비슷한 관계를 내포하지만 국가에 의해 지배되지 않는다. 정반대로, 국가의 자율성이 문제가 된다. 국가는 공식적 이익집단들의 독점적 상호작용에 의해 이루어진 결정들을 정당화시키는 존재에 지나지 않기 때문이다. 집단들이 다양한 전술들을 사용하는 다원주의하의 상황과는 달리, 사회조합주의는 집단들을 국가위원회, 이사회, 협의회 등에 규합하여 거기에서 공식적 정책을 수립하도록 한다.

많은 관찰자들은 1970년대에 대부분 서구 민주주의에서 사회조합주의적 경향을 발견하였다. 신조합주의는 스칸디나비아, 북해 연안의 저지대(네덜란드, 벨기에, 룩셈부르크 등), 오스트리아 등의 소규모 민주주의에서 가장 강력하였다.[73] 독일도 사회조합주의로의 길로 나아간 것처럼 보였다. 그러나 이익집단-국가 상호작용의 조합주의적 패턴은 주로 신조합주의가 고도로 발전된 몇몇 정책영역에 제한되었다. 그것은 정부가 임금과 가격의 통제정책 같은 '소득' 정책(incomes policy)을 도입하려 했던 국가들에서 가장 분명하였다. 이런 정책이 성공하기 위해서, 관련된 노동집단과 경영집단의 긴밀한 협동이 필요했었기 때문이다. 나머지 정책영역들은 여전히 다원주의적 패턴에 의해 특징화되었다.[74]

1980년대에는 이 같은 혼합적 신조합주의마저 퇴조현상을 보였다. 독일을 위시한 일부 국가들에서는 노조가 조합주의적 관계를 깨뜨렸고, 스웨덴을 위시한 일부 국가들에서는 기업이 박차고 나갔고, 영국 같은 국가들에서는 정부가 양 집단들과의 특별한 협력관계를 끊어 버렸다. 이처럼 다양한 협력 파트너들이 서로 간의 특권적 관계를 쉽사리 파기하더라도 그들이 서로로부터나 국가로부터 자신의 자율성을 유지하면서 그들의

---

73) Peter Katzenstein, *Small States in World Markets*(Ithaca, NY : Cornell University Press, 1985).

74) 다음을 예로 들 수 있다. Clive S. Thomas, ed., *First World Interest Groups : A Comparative Approach*(Greenwood, CT : Greenwood Press, 1993) ; Aurelia George, "Japanese Interest Group Behavior: An Institutional Approach," in J. A. A. Stockwin and others, *Dynamic and Mobilist Politics in Japan*(Honolulu : University of Hawaii Press, 1988).

일을 할 수 있었기 때문이다. 신조합주의에 의해 국가와 집단들 간의 관계를 훌륭하게 설명할 수 있는 정책부문들(policy sectors)도 일부 남아 있다. 농업부문의 예외가 있기는 하지만, 대부분의 정책부문들은 매우 협소하고 고도의 기술적인 정부결정을 포함하기 때문이다. 그러나 대부분 민주주의에서 이익집단–국가 관계의 일반적 모습을 특징짓는 것은 주로 다원주의적 패턴이다.

요약하면, 이익집단의 자율성은 집단들이 그들 구성원들의 견해를 옹호하는 데 영향을 미치는 핵심적 결정요소이다. 이 집단들은 국가의 간섭으로부터 자유로울 때만 구성원들의 견해를 옹호할 수 있다. 그들은 자율성을 상실할 때 국가로 하여금 사회를 조작하고 통제하는 매체가 되고 만다.

2. 국가의 세력

이익집단의 영향력을 결정하는 또 하나의 주요 요소는 국가의 세력이다. 국가의 세력은 언제나 측정하기 쉽지는 않다. 일반적으로, 그것은 기업, 노동, 농업 같은 사회집단으로부터의 국가의 자율성과, 이들 혹은 기타 외부 집단들로부터의 과도한 간섭 없이 정책을 결정할 수 있는 국가의 능력을 가리킨다. 이것은 집단들이 강력한 국가를 강압하지 않는다는 의미가 아니라, 오히려 국가가 이 압력들로부터 벗어나서 자신의 정책을 결정할 수 있다는 의미이다. 강력한 국가란 거부하는 집단들이나 국민들에게 국가의 결정을 강요할 수 있는 능력을 가진 국가이다. 국가의 세력은 국가가 민주적 성격이냐 비민주적 성격이냐와 별로 관계가 없다. 민주주의에는 강력한 민주주의도 있고 미약한 민주주의도 있으며, 권위주의적 정권에도 강력한 것도 있고 미약한 것도 있다. 국가의 세력은 정치 엘리트들이 어떻게 선택되느냐보다는 그들이 정책 아이디어를 수행하는 효율성을 가리킨다. 그래서 국가를 강력하게 만드는 것은 국가의 경제적 자원, 군사력, 규모가 아니다. 중요한 것은 선출된 정치 엘리트이건 그렇지 않건 그들의 견해를 공공정책화하고 그것을 집행하는 능력이다.

국가가 얼마나 자율적이며, 따라서 얼마나 강력하느냐의 쟁점은 논쟁적인 것이다. 마르크스주의자들은 자본주의 국가가 자율성이 결여되어 있고 독점 자본주의의 도구에 불과하다고 주장한다. 신조합주의자들은 국가가 자율성을 별로 가지지 못하고 정책결정을 소수의 특권적 파트너들에게 양도한다고 본다. 다른 비판가들은 이익집단 다원주의가 다수 이익집단들의 경쟁의 결과로 인하여 국가의 자율성 상실을 초래한다고 주장한다. 그러나 이러한 일반적인 진술들은 너무나 일방적이다. 국가들 중에는 강성국가(strong state)도 있고 연성국가(weak state)도 있어서, 국가의 강약을 분명히 서열화하기는 어렵지만, 두 가지 극단적인 예는 민주적 맥락에서 두 가지 타입을 예증해 줄 것이다.

영국은 흔히 강성국가의 예로 지적된다. 영국의 정치체제는 런던에 있는 중앙정부의 행정부에 고도로 집중되어 있다. 내각과 고위 공무원이라는 소수 핵심 관리들이, 자기들이 원하면 사실상 어떤 것이라도, 전국에 영향을 미치는 정책을 결정한다. 이러한 집중화와 정치권력의 중앙화로 인하여 이익집단들의 접근은 제한된다. 즉 의회의 의원들이 당 노선을 엄격히 준수하여 투표하기 때문에 이익집단들이 의원들을 로비하기가 적합지 않다. 정부는 원한다면 이익집단 압력에서 자유로울 수 있고, 집단들을 자기들 편으로 끌어들일 수도 있다. 공무원은 공평성과 정치가의 결정에 대한 복종성으로 정평이 나 있다.

이와 대조적으로 미국은 흔히 연성국가로 간주된다. 미국의 연방구조는 정책결정을 크게 분권화시키기 때문에 이익집단들이 정책에 영향을 미치기 쉽다. 중앙정부는 권력분립에 의해 분산되어 있어서 이익집단들이 행정부, 상하의원, 마침내 법원에도 영향을 미칠 수 있다. 이러한 정부의 다양한 부처들과 의회의 양대 정당 간에 광범한 연합을 형성해야 할 필요 때문에 정책결정은 완만하게 진행된다. 이러한 완만성과 연합형성의 곤란성으로 인해 정책결정은 여론의 단기적 변화에 영향을 받을 수 있다. 마지막으로, 공무원에 의한 정책의 집행은 모든 수준에서 조작의 영향을 받을 수 있다. 그 결과 정책결정 과정이 많은 상이한 사회세력들에 의해 침투될 가능성이 높고 일관적이지 못하다. 이 때문에 미국은 연성국가로 간주된다.

개발도상 세계에서는 다양한 요소들로 인하여 대부분 국가들이 '연성(weak)'이다.[75] 경험이 부족한 정치 엘리트들은 흔히 공직을 쟁취하는 일에 몰두하기 때문에 정책결정 과정을 관장할 여유가 별로 없다. 정치적 결정의 커뮤니케이션은 교통, 전화, 전보, TV 네트워크의 미발달로 인하여 어려울 것이다. 엘리트들은 또한 자신들의 자율성을 위축시키는 국제적 원천으로부터의 압력에 직면할 것이다. 관료제는 흔히 저발전 상태이고 기율이 해이하다. 부패는 국가정책을 실행 불가능하게 만들 수 있다. 개발도상국가는 저항적인 집단들로 하여금 중앙에서 만든 결정들을 수용하도록 강제할 수 있는 경찰력이나 군사력이 결여되어 있다. 이같이 연성정부의 상황에서는 조직화된 집단들이 최소한 자신들을 규제하거나 자신들에게 영향을 미치는 정책을 결정하는 국가권력을 빼앗을 수도 있다. 이런 상황에서는 대개 기업공동체가 가장 효율성 있는 집단들에 속한다. 기업공동체는 국가경제에 미칠 영향, 국제금융과의 유대, 때때로 다국적기업에 의한 통제 등으로 인하여 연성국가에 대처할 강력한 조직적 토대를 갖게 된다. 예컨대 인도에서 정치지도자들은 중앙집중적으로 부과한 일련의 5개년 계획들을 통해서 사회주의 경제의 수립을 목표로 하였으나, 사기업의 영향력이 강력하여 국가지배적 경제를 봉쇄한 대신에 기업공동체의 이익을 충족시킬 경제계획을 수립할 정도였다.

3. 이익집단의 조직력

이익집단의 권력에 영향을 미치는 또 하나 중요한 요소는 이익집단의 조직력이다. 만약 집단이 잘 조직되지 못하면 국가가 얼마나 연성이냐는 것은 대수로운 일이 아닐 것이다. 왜냐 하면 집단이 자신의 요구를 확신시키는 조직력을 사용할 수 없기 때문이다. 이것은 연성국가들이 조직력

75) Joshua B. Forrest, "The Quest for State 'Hardness' in Africa," *Comparative Politics* 20(July 1988) : 423~442 ; Lisa Anderson, "The state in the Middle East and North Africa," *Comparative Politics* 20(October 1987) : 1~18.

이 연약한 집단들을 상대하는 개발도상국가들에서 흔히 있는 경우이다. 연성국가이든 강성국가이든, 민주적 국가들에서 다양한 집단들이 정부로 하여금 자신의 이익을 고려하도록 하는 데는 조직력이 크게 도움된다.

조직력은 조직구성원의 수에 의해서뿐만 아니라 사회의 얼마나 많은 부문들이 그 집단의 구성원 속에 대표되느냐에 의해서도 결정된다. 이것은 흔히 구성원의 밀도(density of membership)라고 불린다. 예컨대 노조의 정치적 영향력은 그 규모뿐만 아니라 얼마나 많은 잠재적 노동자들이 노조에 가입하느냐에 달려 있다. 표 [6-1]은 노조구성원의 밀도(즉 전체 노동세력 중 노조에 가입한 비율)가 선진 산업 민주주의들 사이에 폭넓게 변하고 있음을 보여준다. 노조구성원은 여타 이익집단의 구성원보다 훨씬 쉽게 측정된다. 이에 비해 사용자단체와 농민집단들은 항상 그들의 구성원에 관해 매우 과묵하다. 그래서 그들은 전 사회적 범주를 대표한다고 주장할 수도 있다. 그러나 구성원은 집단의 권력에 영향을 미친다. 그 결과 밀도가 낮게 조직된 소기업은 밀도가 높게 조직된 대기업보다 영향력이 낮게 마련이다.

조직력의 또 하나의 측면은 집단의 응집력이다. 자기들이 크게 관심을 가진 소수의 쟁점들에 관한 확고한 입장으로 고도로 통합되어 있는 집단은 광범위한 쟁점들에 다양한 견해들을 가진 온건한 신념의 구성원들로 이루어진 집단보다 영향력이 클 것이다.

예컨대 일본에서 빠찡꼬 슬롯 머신의 소유자들은 고도로 통합되어 있

표 [6-1] 노조회원의 비율

국 가	노조 가입 세력의 비율
영 국	39
프랑스	10
독 일	32
일 본	26
미 국	15

자료 : *The Economist*, 3 April 1993에서 인용한 1989년의 ILO 통계.

어서 그들의 이익에 영향을 미치는 정부정책에 대해 매우 강력하게 대처한다. 반면에 프랑스에서 학부모 집단들은 교사노동조합보다 훨씬 다양하게 분산되어 있기 때문에 교육정책에 대한 영향력이 교육자들보다 미약하다.

집단의 조직력과 관련된 또 하나의 자원은 자신의 견해가 구성원의 견해를 대변한다고 정부를 설득할 수 있는 능력이다. 때때로 구성원들의 이익과 집단 간에 괴리가 있을 수 있는데, 그러한 괴리가 있다는 것이 인식만 되어도 그 집단의 세력을 약화시킨다. 예컨대 프랑스의 소비자 집단은 구성원이 극소수이고, 따라서 소비자 대중의 일반적 소망을 대표하지 못한다고 간주되기 때문에 정책결정자들에 의해 흔히 무시당한다. 일본의 여성단체들도 이와 마찬가지인데, 그곳에서 여성단체들은 여성 일반을 대표하지 못한다고 간주되기 때문에 그들의 입장이 정부에 의해 쉽게 무시당한다.

물론, 재정적 자원도 중요하다. 집단은 그 금고가 가득 찰 때 더 많은 활동을 할 수 있다. 돈은 미국에서 특별히 중요해 보이는데, 그곳에서 선거기부금은 집단들이 의원들의 관심을 끄는 중요한 수단이기 때문이다. 돈은 그 밖의 곳에서도 중요하지만, 집단지도자들은 돈보다는 멤버십이나 응집력을 핵심적 자원으로 꼽는다.[76]

최종적인 조직적 자원은 집단지도자들의 세력과 기술이다. 어리석은 지도자를 가진 집단들은 여타 조직적 세력을 가지고 있는 경우라도 비효율적일 가능성이 크다. 이 때문에 집단의 효율성은 지도자의 변화에 따라 변하는 것이 보통이다. 리더십의 효율성은 지도자들의 조직적 기술들뿐만 아니라 정부지도자들과의 교분관계도 포함한다. 이것이 기업이익들에 유리하게 작용한 이유는 정치지도자들은 기업 엘리트가 된 사람들과 대개 동창관계이거나 동료 클럽 회원이기 때문이다. 이것은 특히 경제 엘리트와 정치 엘리트가 같은 학교들에서 배출된 소규모 국가들에서 해

76) Frank L. Wilson, *French Interest-Group Politics*(Cambridge, England : Cambridge University Press, 1987).

당되는 말이다. 프랑스처럼 중간 규모의 국가들에서도, 이 같은 현상은 엘리트 귀족학교(grandes écoles)에서 함께 양성된 수많은 정부관리와 경제지도자들에서 발견될 수 있다

4. 이익집단의 자원과 권력

이와 같은 모든 조직적 요소들은 이익집단 권력의 중요한 요소들이다. 그러나 이 다양한 요소들을 합산하여 어떤 조직은 권력이 강하고 어떤 조직은 그렇지 않다고 정확히 결정할 수 없다. 이 조직적 특성들은 왜 환경집단이 노조보다 권력이 약한가를 이해하는 데 도움을 주지만, 어떤 환경집단이 정부로 하여금 그들의 입장을 수용하도록 하는 데 가장 성공했는가를 언제나 말해 주지는 않는다. 아마도 이들 조직적 자원만큼 중요한 것은 상황적 자원일 것이다. 일반적으로 가장 영향력 있는 집단은 정부가 게임을 훌륭하고 공정하게 하는 상대로 간주하는 집단들이다. 그들의 이익이 정부와 일반 대중의 이익과 같다는 인상을 심어줄 수 있는 집단들은 편협하고 특수한 이익을 추구한다고 인식된 집단들보다 훨씬 효율적일 것이다.

III. 집단과 정부의 권력 공유

아마도 이익집단의 세력이 지닌 가장 중요한 요소는 국가가 그 정책을 효과적으로 수립하고 집행하는 데 필요한 힘을 흔히 집단들이 소유하고 있다는 사실이다. 국가가 사회와 경제에 빈번하게 참견하게 되는 과정에서, 이익집단들은 모든 정부가 사회를 규제하는 데 필요한 두 가지 핵심적 자원, 즉 정보와 묵종을 장악하게 되었다. 집단들은 이러한 자원들을 국가에 제공함으로써, 국가가 사회적·경제적 정책을 결정할 때 그들의 이익이 경청되고 고려되도록 보장할 수 있다.

흔히 이익집단들은 정부가 정책을 현명하고 효율적으로 결정하는 데

필요한 정보를 가지고 있다. 공중보건에 관한 쟁점들이 논의될 경우, 정부는 의료분야의 최상의 정보 원천이 의사협회라는 사실을 번번이 깨닫는다. 마찬가지로 학제 개편은 교장협회만이 제공할 수 있는 정보를 필요로 하고, 은행 규제는 은행가 조직만이 제공할 수 있는 사실들을 필요로 한다. 정보는 전문직 종사자가 가장 소유하기 쉬운 전문지식에 관련된 고도로 기술적인 것이다. 정보는 전문가들의 욕구에 관한 사실이며 아마도 현안 중의 정책에 대한 전문가들의 반응일 수 있다.

대부분의 정부들에 있어서, 이러한 정보는 극히 유용하며 필수적이기도 하다. 선진국들은 그들 나름의 정보 원천을 가지고 있지만, 그때에도 관련된 집단들이 제공하는 사실과 세목(details)은 여전히 유용하다. 물론 집단들은 자신들의 고객, 즉 구성원들의 욕구를 가장 잘 충족시키기 위한 정보를 형성하여 정부에 제공할 수 있다. 대부분 경우, 정부는 필수적인 정보를 제공해 준 집단들에게 정책결정 과정의 접근을 허용하기도 한다. 예컨대 영국 정부는, 보수당의 통제하에 있건 노동당의 통제하에 있건, 국영 '전국의료봉사(National Health Service)' 체계의 설치와 운영에 관해 영국의료협회(British Medical Association)에게 강력한 발언권을 부여하였다. 정부는 영국의료협회가 그 체계를 운영하고 의료적 필요의 변화에 부응할 수 있는 정보를 가지고 있음을 인정하였던 것이다.

집단들이 갖는 두 번째 자원은 어떤 새로운 정책의 가장 직접적 영향을 받는 사람들 사이에 그 정책에 대한 자발적 묵종을 이끌어낼 수 있는 능력이다. 모든 타입의 정부들이 국민생활에 더욱 깊고 직접적으로 개입하는 시대에서, 정부들은 갈수록 정책에 대한 대중들의 자발적 준수에 의존하게 되었다. 권위주의적 체제에서도 정치 엘리트들은 장기간에 걸쳐 사회적·경제적 규제에 대한 준수를 강요할 수 없다. 물론, 법률의 자발적 준수의 필요성은 민주주의 국가에서 특별히 중요하다. 그것은 권위주의적 정권에서도 필수적이다. 정부정책에 대한 광범한 불복종이나 무시는 국가의 정통성 상실을 초래한다. 예컨대 전체주의적 야망을 가졌던 소련은 암시장 금지 규정에 대한 대중의 불복종으로 약화되었다.

집단들은 국가정책에 대한 대중의 묵종을 획득하는 데 두 가지로 도움을 줄 수 있다. 첫째, 집단들은 자기들이 대표하려는 사람들에게 정부가 정책을 설명하고 변호하는 도움을 줄 수 있다. 예컨대 인도에서 새로운 농업보조금 체계의 수용은 농업집단들이 농민들에게 새로운 정책을 홍보하는 역할을 담당하면서 촉진되었다. 정책을 인식시키는 것만으로도 묵종을 확보하는 데 중요하다. 둘째, 집단들은 국가정책을 정당화하는 도움을 줄 수 있다. 인도 농민조직들에 의한 홍보는 국가의 보조금 정책의 정당성을 증대시켜 주었다. 물론, 정당화된 정책들은 비록 해당자들에게 불편을 주더라도 받아들여질 가능성이 크다.

이러한 원리가 작용하는 것을 보여주는 가장 쉬운 길은 권위주의 체제를 관찰하는 것이다. 소련에서는, 국가의 세력이 최고조에 달한 1960년대에도, 공산당 지도자들이 교육자 집단들의 조건부적이고 소극적인 견해들에 의해 조성된 불복종 분위기에 직면하자 주요 교육개혁을 포기하지 않을 수 없었다.[77] 이와 동일한 원리는 어느 상황에서나 작용한다. 예컨대 독일의 역대 정부들은 운전자의 안전을 증진하고, 부족한 석유를 아끼고, 질주하는 차량들이 내뿜는 매연으로부터 산림을 보호하기 위해서 고속도로에서 속도 제한을 원했다. 그러나 어느 정부도 실제로 속도 제한을 하지 못한 이유는 자동차 클럽의 강력한 반대와 독일 운전자들의 불복종 위협 때문이었다.

여기에서 또다시 집단들은 새로운 정책에 대해 묵종을 유도할 수 있는 자기들의 능력을 정책결정에서의 발언권과 교환할 수 있다. 집단은 자기와의 협상을 통하여 정책이 결정될 경우 그것을 정당화할 가능성이 훨씬 커진다. 그렇다고 항상 집단들이 새로운 정책에 대한 지지의 철회를 위협함으로써 정책결정 과정에 참여하는 것은 아니다. 사실상, 대부분 정부들은 정책에 대한 해당 집단들의 사후적 반대의 위험을 미리 배제하기 위해서 사전에 해당 집단들과 협상하고, 때때로 정책결정 과정에 직접 참여시킨다. 그러면 설사 정책결정이 한 집단의 견해를 반영하지 못한 경우라도, 사전에 협상했다는 이유 때문에 그 집단은 정부에 대한 정통

---

77) Skilling and Griffiths, *Interest Groups in Soviet Politics.*

성을 문제삼거나 불복종을 주도하기 어렵게 된다. 대부분 경우, 법률이나 정책들을 해당 집단과 협상하는 것은 시민들의 생활과 운명에 직결되는 정책결정의 정상적이고 용납된 수단이 된다.

집단들이 자기의 고객들에게 영향을 미치는 정책결정에 여러 가지 방식으로 참여하는 것은 바람직한 일이다. 정부가 정책에 의해 가장 직접적으로 영향받게 될 사람들과 협상하는 것은 정상적이고 바람직하다고 생각된다. 이러한 참여는 정부정책을 해당자들에 대해서뿐만 아니라 해당자들의 이러한 참여를 적합하다고 보는 모든 시민들에 대해서도 정당화시킨다. 집단들의 참여는 이익들의 대표, 즉 기능적 대표(functional representation)를 대비하는 것으로서, 이 기능적 대표는 개인들의 대표를 보완하거나 대체하게 된다. 사실상, 일상적 선거구나 투표를 통한 지역적 대표방식(geographically based representation)은 특수 이익을 적절하고 공평하게 대표하지 못할 수 있다. 만약 소수인종 집단이 다수인종 공동체 출신의 후보자가 항상 당선되는 수많은 선거구들에 균등하게 분포되어 있다면, 그들의 발언권은 효력을 발휘할 수 없을 것이다. 이와 비슷하게 선거구에 이익들이 혼합되어 있다는 것은 산업 노동자와 사용자들이 항상 선거구의 다수를 차지하기 때문에, 상인들의 관심사가 무시된다는 것을 의미할 수 있다. 기능적 대표는 지리적 영역보다 이익들을 기초로 하여 대표하는 것이다. 프랑스, 독일, 이탈리아 같은 일부 민주주의 국가들은 사용자협회, 노조대표자, 소비자대표자, 기타 사회집단들로 구성된 '사회경제위원회(social and economic councils)'를 만들어서 이것을 수행하고자 한다. 사회경제위원회는 경제문제들에 관해 의회에 자문하지만, 대개 정책과정에 대한 영향력이 결여된 조언을 제시하는 데 불과하다. 기능적 대표는 집단들이 정책을 수립하기 위해 자기들 상호간에, 그리고 정부 대표자들과 협상하는 신조합주의적 관계에서도 명백하다.

자유선거가 실시되지 않는 국가들에서 기능적 대표는 시민들이 정치권력을 간접적으로나마 공유하는 유일한 방식일 것이다. 그러나 민주주의 국가들에서는 집단의 기능적 대표가 개인적 형태의 대의 민주주의와 충돌된다. 법률이 집단과 공직자들 사이에서 협상된다면, 선출된 대표자들은 그 협상에서 생겨난 일괄타결(package)을 변경할 수 없다. 이처럼 기능적 대표는 거의 항상 의회의 권력을 감소시킨다. 그런데 의회란 민선대표자들이 정책에 관해 통제권을 행사하는 최선의 기회를 갖는 대의기관인 것이다.

기능적 대표는 개인적 대표의 유용한 보완책일 수 있지만, 민주주의적 맥락에서 그것의 훌륭한 대용물은 못 된다. 해당 집단들이 법률을 만들면, 그들은 고객들의 관심사를 반영하지만, 해당되지 않는 사람의 이익이나 전체 사회의 일반 이익을 무시하는 경향이 있다. 더불어 집단지도자들이 그 구성원들의 견해와 이익을 얼마나 잘 반영하는가가 항상 관심사가 된다. 대개 지도자들은 추종자들의 견해를 해석하는 과정에서 자신들의 이익을 챙긴다. 다양한 집단의 지도자들이 함께 모여 오랫동안 공공정책을 협상하다 보면, 그들은 집단구성원들의 시각보다는 지도자들끼리 서로 닮게 하는 공통된 가치관을 갖게 된다.

Ⅳ. 신사회운동

지난 20여 년 동안 많은 민주주의 국가들은 새로운 형태의 이익집단 활동의 등장을 경험하였다.[78] '신사회운동(new social movements)'은 이 시대의 중요한 사회적 쟁점들 예컨대 여성의 권리, 환경보호, 소수파의 권리, 시민적 자유, 평화와 비무장 등을 중심으로 하는 조직이다. 정치적 스펙트럼에서 이들과 정반대편에 위치하면서 스타일과 구조가 유사한 일부 집단(예컨대 세금반대운동과 이민반대 집단들)도 신사회운동 안에 포함시켜야 하겠다. 대부분 이 신사회운동들은 많은 기존 집단들과 정부에 의해 무시되어 온 쟁점들을 앞장서서 옹호하기 위해 등장하였다. 이들은 또한 동일한 명분을 주장해 온 예전의 진부한 집단들에 도전하여 왔다.

78) Russell J. Dalton and Manfred Kuechler, eds., *Challenging the Political Order : New Social and Political Movements in Western Democracies*(New York : Oxford University Press, 1990).

많은 나라들에서 여성운동은 오랫동안 존재해 왔지만, 신여성주의운동이 근래에 획득한 것과 같은 정치적 영향력은 가지지 못했다. 이와 비슷하게 보다 전투적인 환경단체들은 예전의 자연보호단체들이 일찍이 규정했던 명분들을 새로 활기 있게 추진해 왔다.

신사회운동들은 비록 상이한 목적들을 추구하지만 어떤 특성들을 공유한다. 그들은 조직력이 빈약한 것이 보통이다. 하지만 이것은 의도적인 현상으로서 이 집단들 대부분이 모든 공식적 조직들의 보수성을 경멸하기 때문이다. 그들은 비효율성을 감수하면서도 지도자들의 순환을 선호하는데, 그것이 과두적 통제의 위험을 축소시키기 때문이다. 그들은 조직의 허약화라는 대가를 치르면서도 관료화의 위험을 피하기 위하여 집단의 구조적 세련화를 거부한다.

또한 자발성을 선호하는 특성이 있는데, 이는 이 운동들을 자극시키는 동시에 예측 불가능케 하는 요인이다. 예컨대 독일 녹색당(The German Greens)은 항의시위를 항상 회의 안건으로 포함시킨다. 그래서 회원들은 어떤 환경위기의 현장에서 시위하기 위하여 짐을 꾸려 수백 마일을 여행하곤 한다. 신사회운동들은 일반적으로 '기존 통로(established channels)'를 통해서 활동하기보다 보이코트, 항의, 시위 같은 직접 행동 전술을 선호한다. 그들은 기존 통로들이 그들 운동의 정신과 목표에 비효율적이고 그것들을 부식시킬 가능성이 있다고 믿는다.

신사회운동들은 흔히 경쟁적인 몇 개 조직들로 파편화되어 있다. 프랑스 환경주의자들은 분파와 경쟁적 조직들을 가지고 있어서 각자 자기들의 명분을 경쟁적으로 주장하는 데에 많은 에너지를 소모한다. 흔히 그들의 분열은 이 운동이 그들의 목표를 달성하기 위해 주류적인 정당 및 집단들과 협력해야 할 정도로 심하다. 일부 사람들은 그들의 성실성과 순수성이 타협의 대상이 되지 않도록 하기 위해 그런 협력을 그만두어야 한다고 주장하는가 하면, 나머지 사람들은 그런 타협을 최소한 자기들의 정책안건의 일부를 완성하는 것으로 간주한다.

대부분의 신사회운동은 기존 소비자단체와 대의 민주주의들이 마땅히 수행해야 할 것을 달성할 수 있는 능력을 가졌느냐에 대해 심각한 회의를 품는다. 그 결과 이 운동은 흔히 반(反) 정권적이고 심지어 반민주적으로 보인다. 이 때문에 기존 정당과 집단들이 자기들의 목표를 달성하기 위해 이 운동과 협력할 가능성이 줄어들고 있다. 흔히 이 운동은 극단적 입장을 취하기 때문에, 이들의 목표를 지지하는 사람들에게도 매력적 대상이 못 된다. 예컨대 일본 여성운동은 급진적 여성주의 입장을 채택하기 때문에 여성 권리의 증대 필요성을 믿고 있는 많은 여성들에게도 호소력을 발휘하지 못한다.

신사회운동은 서구 민주주의에서 정치에 커다란 영향을 미쳤다. 일부 민주주의는 이들의 극단주의, 전술, 반정권 경향성에 놀라 이들을 서구 대의 민주주의의 위협자로 간주해 왔다. 그러나 이 집단들은 맞서서 해결해야 할 필요가 있는 중요한 쟁점들을 정치의 최전방으로 끌고나왔다. 이들은 전통적인 정당과 집단들로 하여금 신사회운동의 호소력을 잠재우려면 그들의 안건과 우선순위들을 재고하고 흔히 수정하도록 요구하고 있다.

V. 결 론

다른 나라에서는 미국에서 볼 수 있는 가시적 로비가 별로 없다는 이유로 그곳의 이익집단 정치가 미국보다 중요치 않다고 결론짓는다면 잘못이다. 모든 종류의 정치상황에서, 조직화된 비공식적 집단들은 중요한 정치행위자이다. 많은 경우에, 그것들은 공동관심사를 갖는 개별 시민들로 하여금 일상생활을 지배하는 정책에 의미 있는 영향을 미치게 하는 필수적 수단으로 기능한다.

제 7 장

정치 엘리트

모든 정치체제의 정상에는 보통 시민들보다 훨씬 많이 정치에 개입하는 비교적 소수의 개인들이 있다. 그들은 정치과정을 지배하고 정치를 전업(full-time career)으로 하는 사람들이다. 이런 소수 지도자 집단을 보통 정치 엘리트(political elite)라고 한다. 이들이 소수인 이유는 모든 정치체제에서 정치에 많은 관심을 가지고 정치에 적극적으로 참여하는 사람의 수효가 제한되기 때문이다. 정치 엘리트는 관심을 가지고 참여하는 소규모 시민들의 집단 가운데서 가장 영향력 있는 사람이다.

흔히 엘리트(elite)라는 용어는 권력을 독점하고 그것을 자신의 이익을 위해 사용하는 고집 센 개인들의 작은 무리라는 경멸적 함의를 지닌다. 이 책에서 엘리트라는 용어는 그저 정치과정에서 보다 적극적이고, 직위를 가지고 있거나 가지기를 열망하고, 전국적 정치의 정책결정에 시종일관 참여하는 소수들을 가리키는 비경멸적 의미로 사용될 것이다. 이런 엘리트는 이 용어와 흔히 연관된 부정적 성격—즉 정치권력의 독점을 획책하고 이를 자신의 이익을 위해 사용하는 소수집단—을 포함할 수도 있고 그렇지 않을 수도 있다. 정치 엘리트의 구성원은 권력독점을 획책할 수도 있고 하지 않을 수도 있으며, 자신만의 이익을 대표하거나 자기들의 사회적·경제적 지위를 향상시키기 위해 자기들의 권력을 사용할 수도 있고 하지 않을 수도 있다. 그리고 정치과정에서 타인을 배제시키려 시도할 수도 있고 하지 않을 수도 있다. 이 모든 것들은 경험적인 쟁점으로서 이를 단순히 정치지도자들의 특성으로 돌릴 것이 아니라, 오히려 전체 인구 가운데서 소수인 특정 엘리트들을 관찰함으로써 해결되어야 할 것이다.

정치 엘리트는 정치가, 여론지도자와 영향력 행사자, 고위 공무원이라는 3부류의 구성원으로 이루어진다. ① 정치가는 민주주의적 상황에서 규정하기가 비교적 쉽다. 선거직이나 임명직을 추구하거나 장악하려는 사람과 정치운동에서 그들을 돕는 사람들이다. 그러나 제3세계 국가에서는 정치가를 명확하게 규정하기 어렵다. 그곳에서는 전통적인 마을·부족·종교의 지도자, 공무원, 군부지도자들이 지배적인 정치지도자들이기 때문이다. ② 여론지도자는 이익집단의 지도자, 정치협상가, 로비스트, 저널리스트와 대중매체 종사자이며, 자기 아이디어와 견해를 통해 타인의 정치적 가치와 선호의 형성에 영향을 미치는 사람들이다. ③ 고위 공무원은 가장 영향력 있는 공무원으로서, 이것은 10장에서 논의될 것이다. 많은 나라에서 군부는 정치에서 매우 중요한 역할을 수행하기 때문에 별도의 그리고 지배적인 정치 엘리트로 취급된다. 8장은 군부의 정치적 역할을 취급할 것이다. 이 장에서는 대다수 국민의 생활에 영향을 미칠 가능성이 가장 큰 행동들을 하는 정상급 중앙 정치인들에 초점을 맞출 것이다.

서구 민주주의에서 정치 엘리트는 시민 1천 명당 5명 정도로 추산된다. 미국에는 약 1백만 명의 정치 엘리트가 있고, 영국과 프랑스에는 각각 약 30만 명의 정치 엘리트가 있다는 의미이다. 제3세계와 권위주의적 정치체제에서 정치 엘리트의 규모를 일반화하기는 훨씬 어렵지만, 대부분 경우 엘리트는 민주체제에 비해서 적다.

Ⅰ. 정치 엘리트의 충원

정치 엘리트를 다루는 데 있어서 핵심적인 관심사 가운데는 엘리트들이 어떻게 선택되며, 누구에 의해 선택되며, 직무를 위한 훈련을 어떻게 받는가에 관한 문제들이 포함된다. 충분히 예상될 수 있듯이, 이런 문제들에 대한 대답은 동일한 타입의 국가들을 관찰하는 경우에도 매우 다양하며, 더욱이 민주적 정권과 권위주의적 정권 사이에서 차이는 훨씬 더 크다.

하나의 핵심적 관심사는 정치 엘리트의 선출이 귀속(ascription)에 근거하느냐 성취(achievement)에 근거하느냐이다.[79] 단순히 자기들이 누구냐에 의해 정치지도자로 등장하는 사람이 있다. 즉 왕이나 여왕의 아들이나 딸, 종교지도자, 공동체의 최연장자라는 이유 때문에 지도자가 된다. 이것이 정치적 충원의 귀속적 양식(ascriptive mode)이다. 예컨대 엘리자베스 2세는 집권 중인 윈저 왕조(Windsor dynasty)의 자녀 중 최연장자였기 때문에 영국의 군주가 되었다.[80] 그 밖의 지도자들은 그들 나름의 개인적 성취나 숙련(skills)에 기초하여 정치 엘리트로 입문한다. 숙련은 기술적(technical)인 것일 수 있지만, 돈 버는 것이나 인간 상호관계 같은 것도 포함할 수 있다. 이것이 성취에 기초한 충원 패턴이다.

귀속적 충원 패턴은 전통적 사회의 특징이다. 마을 원로, 종교지도자, 대토지 소유자, 추장, 왕 등은 그들이 성취한 내용보다는 출생이나 연령 때문에 타인들의 생활에 영향을 미치는 정치지도자들이 되는 것이다. 보다 발전된 정치체제에서는, 개인들이 타고난 자질보다는 그들 자신이 획득한 성취 때문에 정치적 리더십을 획득한다. 그러나 고도로 발전된 정치체제에서도 귀속적 요인이 정치적 리더십의 획득에 중요한 역할을 하

79) Talcott Parsons and Edward Shils, "Orientation and Organization of Action," in Talcott Parsons and Edward Shils, eds., *Toward a General Theory of Action* (New York : Harper & Row, 1951).

80) 엘리자베스보다 어리더라도 남자아이가 있었더라면, 영국의 왕위는 가장 나이 많은 아들에게 이양되었을 것이다.

는 것이 보통이다. 예컨대 대를 이어 정치에 깊이 관여해 온 정치 가문들이 흔히 존재한다. 이 경우 어린이들은 정치적으로 적극적인 그들의 부모들을 관찰하고 가문 친지들을 이용하여 그들의 정치적 직위로의 길을 용이하게 함으로써 정치지도자가 되는 것을 배운다. 미국의 케네디 가문이 좋은 예이며, 인도에서는 네루(Jawaharlal Nehru)의 수상직을 그의 딸 인디라 간디(Indira Gandhi)가 계승하였고, 영국에서는 윈스턴 처칠(Winston Churchill)의 손자가 하원에서 의원으로 활동하고 있으며, 프랑스에서는 대도시의 하나이자 중요한 도시인 리옹의 시장이 부자간 계승으로 50년 이상 한 가문에 의해 장악되었다. 결혼은 흔히 정치 리더십으로의 귀속적 통로(ascriptive path)이다. 중국과 구소련 같은 고도로 발전된 근대 공산주의 정치체제에서는, 공산주의가 남녀 기회균등을 주장하고 있음에도 불구하고, 고위 정치 엘리트로 상승한 극소수의 여성은 대개 정치지도자의 부인이었다. 마오쩌둥의 부인이 대표적인 예이다. 세습된 부는 때때로 정치 리더십으로의 통로가 된다. 사실상 영국의 상원은 여전히 세습귀족들 가운데서 대부분 충원된다.

정치체제가 발전하고 더욱 근대화되면 정치적 충원의 토대가 귀속에서 성취로 바뀐다는 가설이 있다. 일반적으로 그러한 경향이 있지만, 귀속적 요인은 매우 끈질긴 것으로 밝혀지고 있다. 예컨대 나이지리아에서 마을, 씨족, 공동체 집단의 수장이나 원로 같은 전통적 엘리트들은 성취에 기초한 신생 정치 엘리트 가운데서 발견되기도 한다. 그들은 직접 관여하지 않더라도 그들이 후원해 온 보다 '근대적' 지도자들의 배후에서 여전히 핵심적인 정치적 역할을 수행한다. 이러한 끈질긴 귀속적 충원 패턴의 현상은 매우 발전된 서구 민주주의들에서도 존재한다. 예컨대 프랑스에서 전통적인 지방 '명사들' 즉 공립학교 교사, 교구 사제, 약사와 의사, 공증인 등은 소규모 읍이나 마을에서 중요한 정치적 역할을 수행한다. 그리고 이런 명사들의 지지는 전국적 정치인들이 지방에 정치적 거점을 확보하려 시도함에 따라 중요해지고 있다.

민주국가에서 고위 수준의 정치에 도달하는 방식은 많다. 미국은 가장 공개적인 정치충원 과정을 가지고 있다. 공직을 원하는 사람은 누구나 후보자로 나설 것을 선언하고 예비선거에서 당의 지명을 받기만 하면 된다. 물론 돈이나 연줄을 갖고 있는 동지들, 지명도 등이 그 과정에서 성공하는 데 유용하다. 그러나 선거직 후보자를 지명하는 예비 선거제도는 다양한 배경을 가진 개인들에게 정치 엘리트로의 입문을 시도하도록 해주는 제도이다. 그래서 주요 정당의 후보자 지명은 정당에 의해서가 아니라 투표자들에 의해 이루어지며, 그 결과 미국 정치인들의 배경은 다양하여 기업인, 연예인, 스포츠인, TV 인기배우, 주택지구 지도자들처럼 정치경험이 거의 없고 전혀 당원도 아닌 사람들도 있다. 이는 경험이 부족한 사람이 고위 리더십 지위에 오르는 것을 의미하기도 한다. 더불어 정당을 전혀 대표하지 못하는 후보자들이 총선거를 위한 후보자 명단에 오르는 때가 더러 있다. 예컨대 몇 년 전 루이지애나 주지사를 위한 공화당 후보자는 KKK단원이었으며, 그보다 몇 년 전 그의 추종자들이 일리노이주에서 몇 개 직위에 민주당 후보자로 지명되기도 했었다. 이에 당황한 정당지도자들은 예비선거 과정에서 자기들에게 떠맡겨진 후보자들을 승인하거나 지지하기를 싫어하였다.

그 밖에 거의 모든 민주주의에서 정당들은 선출직 후보자 지명을 통제한다. 후보자 선출은 지방 수준에서 이루어질 수 있지만, 대개 중앙당이 선거 후보자 지명에 대해 절대적 통제권을 갖는다. 후보자를 지명하고 공직에 출마하는 특권(혹은 어떤 경우에는 책임)을 부여하는 것은 정당이다. 후보자들은 당의 승인 없이 당의 명칭을 사용할 수 없다. 이러한 통제로 인해 정당의 결속과 기율의 증대가 가능해진다. 영국, 캐나다, 독일, 프랑스, 기타 거의 모든 서구 민주주의 국가들에서는 선출직 관리들이 저항적이면 당에 의해 재지명될 수 없고, 주요 정당의 지명을 받지 못하면 실패할 수밖에 없다.

대부분 민주국가들에서 전국적 정치에 관여하는 사람들에게 정치는 전업(專業)이 된다. 정치 지망자들은 전국적 직위에 출마하기 전에 지방정치와 당내 직위에서 수습기간을 갖는다. 이런 패턴은 영국에서 잘 확립되어 있다. 그림 [7-1]을 참조하라. 영국에서는 하원에서 10여 년 봉사한 후에야 고위 리더십 직위에 선출되는 것이 보통이다. 이 기간 동안

정치가들은 어떻게 체제가 운영되는지를 배우고, 정치적 제휴와 우호 관계를 발전시키며, 독트린과 민주적 절차들에 대한 당의 기대를 체득하게 된다. 프랑스에서 많은 정치지도자들은 유사한 충원과정으로부터 배출되지만, 지방정치도 전국적 정치가를 키워내는 중요한 통로이다. 일부 프랑스 지도자들은 고위 공무원 직위로부터 직접 전국적 정치로 뛰어드는 경우도 있는데, 이것은 영국에서는 분명히 금지되어 있는 것이다. 때때로 프랑스에서는 정치 초보자들이 고위 직위를 차지할 수 있다. 예컨대 퐁피두(Georges Pompidou)는 선출직에 출마해 본 경험도 없이 수상으로 임명되었다. 그러나 이와 같은 '국외자(outsiders)'에의 개방은 미국 이외의 민주주의 정치에서는 드문 일이다. 독일에서 전국적 리더십에의 통로는 주 정치와 정당 리더십 직위에서 수년간 성공한 다음에 주어지는 것이 보통이다. 일본에서는 후원자-고객 패턴이 장래 정치 엘리트를 선발하고 육성하는 데 중요한 역할을 한다.

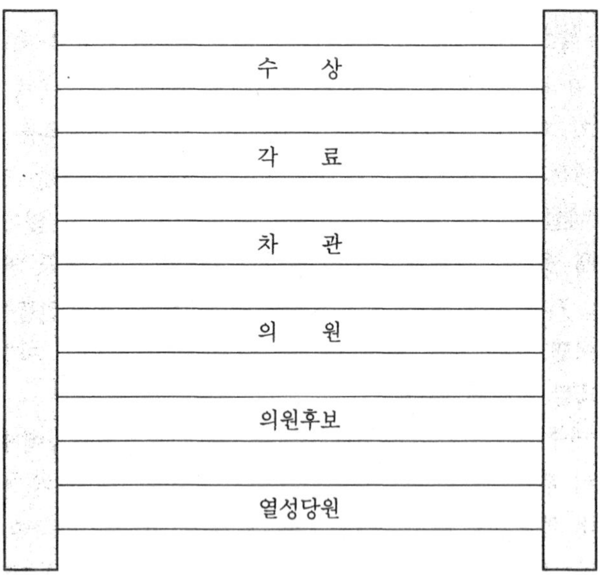

그림 [7-1] 영국에서 정치 충원의 사다리

중국과 동구의 구 공산국가들에서 고위 정치 엘리트는 공산당에서 경력을 쌓은 개인들이었다. 그들은 중국 공산당 간부와 구소련의 아파라치키(apparatchiki : 상근 전문당료)에서 배출되었다. 그들은 당에 봉사하는 것 외에는 다른 전문적 활동이 거의 없는 유급 당원으로의 당 서열을 거쳐서 승진하였다. 가장 성공적인 정치지망생들은 흔히 이미 권좌에 오른 강력한 후원자의 지원을 받은 사람이었다. 일단 최고 수준인 당중앙위원회에 이르면, 지배적 위치인 정치국과 당비서라는 최정상으로의 접근은 개인적 연줄, 숙련, 연령이나 재직 기간 등에 의해 결정되었다.

기타 권위주의적 체제에서는 정치 리더십으로 이르는 데 보통 세 가지 통로가 있었다.

이들 국가의 대부분에서는 장래 정치 엘리트를 충원하고 훈련하는 잘 연결된 후원자-고객체제가 존재한다. 정치지망생들은 그들 자신과 장래를 유망한 정치지도자들에게 연결시킨다. 그들은 정치지도자들이 고위 정치직위로 상승하는 데 도움을 제공함으로써 보다 커다란 기회로 보답해 줄 것을 기대한다.

두 번째 통로는 공무원을 경유하는 것이다. 능력 있는 공무원은 흔히 그들의 전문지식 분야의 장관들로 선발된다. 이들 중 일부는 이 같은 공직으로의 진입을 전업 정치경력을 발전시키는 수단으로 사용할 수 있다. 고위 공무원의 여당이나 지배 엘리트와의 겸직은 이러한 정치적 충원을 촉진하고 권장한다.

많은 나라에서 고위 정치직위로의 세 번째 경로는 군대를 경유하는 것이다. 이것은 8장에서 더욱 상세히 탐구되겠지만, 여기서는 많은 사회에서 군부는 정치적 충원의 주요 수단이라는 사실을 지적하겠다. 사실상, 반복적인 군사 쿠데타의 전통은 때때로 새로운 정치지도자들의 주요 공급원으로 작동하고 있다.

Ⅱ. 누가 충원되는가?

정치학자들이 엘리트들을 연구할 때에 중요한 관심사 중의 하나는 전체 국민들의 일반적인 사회경제적 특성과 비교해서 나타난 정치 엘리트들의 사회경제적 특성에 관한 것이다. 누가 충원되는가? 그 대답은 정치체제의 타입이 무엇이든 그리고 그것이 발전되었든 전통적이든 거의 항상 한결같다.[81] 그 대답을 정리하면 다음과 같다. 정치적 리더십을 획득한 사람은 중류층과 상류층 출신이고, 노동계급이나 불이익을 받은 국민들은 정치 엘리트로 성공하는 경우가 드물다. 정치지도자들은 나머지 국민들보다 부유하며, 가난한 사람들이 엘리트 계급으로 진입하는 경우는 극히 드물고, 만약 진입하게 되면 그들은 대개 곧 부유해진다. 정치 엘리트는 다른 사람들보다 교육을 잘 받은 사람이다. 정치 엘리트는 지배적인 종교적, 인종적, 공동체적 집단들에서 상대적으로 많이 충원된다. 엘리트가 소수파 인구에게 확대된 경우에는 흔히 할당제(quotas)에 기인한다. 더욱이 소수파 국민의 엘리트로의 진입은 그들로 하여금 그들의 문화를 포기하도록 한다. 그들은 상이한 가치와 배경들을 가지고 엘리트로 진입하기보다는 엘리트에 의해 흡수된다. 엘리트는 항상 성인 총인구에 비례적이기보다는 남성이 압도적으로 많다. 즉 정치적 리더십은 일반적 시민을 반영하는 대표적 엘리트가 결코 아니다. 엘리트는 모든 면에서 전형적인 시민을 닮기보다는 기존 특권층을 닮으며, 더욱이나 불이익을 받고 있는 계층을 닮지 않는다.

좌익 정당이나 집단들이 집권하는 경우에도 엘리트는 좌익이 수호하겠다고 약속한 불이익 계층을 대표하지 않는다. 구소련과 동구에서, 지도자들을 위한 편익 축적에만 관심을 쏟아왔던 '노동자당(worker's party)'의 위선은 마침내 공산주의의 붕괴를 촉진하였다. 서구 민주국가들에서 중도 좌익정당의 리더십은 보수당의 그것과는 다르다. 즉 좌익정당들은

---

81) Robert Putnam, *The Comparative Study of Elites*(Englewood Cliffs, NJ : Prentice-Hall, 1976).

대개 교육계 및 노조 엘리트로부터 충원된 데 비하여, 보수당은 기업과 상류사회에서 지도자들을 충원한다. 그러나 양 엘리트의 전반적 성격은 여전히 비엘리트와는 같지 않다. 즉 좌우익을 불문하고 엘리트들은 일반 국민들보다 교육 수준이 높고 부유하며 남성이 많고 지배적 문화집단으로부터 충원되게 마련이다.

이것은 모든 나라에서 하나의 딜레마이며, 특히 민주국가에서는 중요한 문제이다. 만약 정치를 수행하는 엘리트가 전형적인 시민을 대표하지 않고 닮지 않으면서, 일반 국민을 위한 통치를 할 수 있겠는가? 이것은 매우 논쟁적인 문제로서 그 해답도 쉽지 않다. 일부 사람들은 엘리트가 비대표적이라는 바로 그 사실 때문에 엘리트는 사회의 불이익 계층의 이익을 이해하고 지원할 자격을 상실한다고 본다. 비록 엘리트가 불이익 계층 출신의 개인들로부터 충원된다 해도 그들은 엘리트 멤버십 그 자체가 지닌 자연스런 속성으로 인해 여전히 열악한 상황에 있는 사람들과는 다른 가치와 시각을 지니게 된다. 엘리트와 대중 간의 본질적 괴리로 인해 좌익이든 우익이든 모든 엘리트들이 불가피하게 부유층의 지배를 영속화할 경우 어떠한 종류의 정치체제도 냉소의 대상이 된다.

정치적 엘리트 지배(elitism)의 문제는 경제체제와 연관된다고 주장하는 사람들도 있다.[82] 재산이 사유화된 곳에서는 독점 자본가의 이익이 항상 국가를 지배하고, 정부는 불가피하게 집권 자본가 엘리트의 의지만을 반영한다는 것이다. 그 결과 집권 엘리트는 경제적 구조에 근거하게 된다.[83] 이런 급진적 비판가들은 만약 자본주의 경제구조가 사회주의 사회에 의해 대체되면, 즉 위계와 특권이 사라진 국가에서는 엘리트 지배가 소멸될 것이라고 믿는다. 비록 구소련과 동구 같은 예전 사회주의 국가에서의 실제적 경험에 의해 기가 꺾였지만, 급진적 비판가들은 장래에 진정한 사회주의가 이루어지면 정치적 엘리트 지배는 종식될 것이라고

82) Ralph Miliband, *The State in Capitalist Society : An Analysis of the Western System of Power*(New York : Basic Books, 1969).

83) C. Wright Mills, *The Ruling Elite*(New York : Oxford University Press, 1956).

믿는다.

정치 엘리트와 일반 대중 간의 배경적 괴리에 대해 별로 관심을 두지 않는 사람들도 있다. 이들은 엘리트 지배의 쟁점이 다음과 같은 두 가지 의심스런 가정에 입각한 것으로 본다. ① 정치 엘리트는 항상 자신들의 최대의 이익을 위하여 지배한다. ② 사회에서 특정 계급이나 집단은 항상 자기 영역의 사람들에 의해서 정치적으로 가장 잘 대표된다. 그러나 이 두 가지 가정의 어느 것도 경험적 증거에 의해 입증되지 않는다. 거의 모든 국가에서, 정치 엘리트는 자신의 이익이나 가장 혜택받는 사회계층의 이익과 부합되지 않는 정책을 지원하는 사례가 많다. 예컨대 프랑스, 독일, 이탈리아의 광범위한 사회복지 프로그램들은 그것에 의해 가장 많이 혜택받을 민중계층보다는 중상류층과 제휴한 보수적 정부들에 의해 모두 수립되었다. 그러나 일부 급진적인 자본주의 비판가들의 주장에 의하면, 경제적 순환의 악폐를 완화하려는 사회복지정책과 그 밖의 국가조치들은 경제 엘리트가 지배력을 상실한 증거가 아니라, 오히려 그들이 그것을 경영에 유리하다고 보거나 자기들의 통제를 영구화하려는 수단으로 보고 허용한 형식상의 양보라는 것이다. 이처럼 자본주의에 대한 비판은 자본주의 사회에서 엘리트 이익은 거의 모든 정책 속에서 보장된다고 단순화시킴으로써 엘리트 지배의 외형상 부재현상은 허구라고 설명하기 때문에 쉽게 논박되지 않는다. 그러나 대부분의 산업 민주주의에서 사회·경제적 정책들을 추진함에 있어서, 진정한 집권 엘리트라면 경제력에만 근거하지 않는다는 증거가 많이 관찰된다.

불이익 집단 출신의 개인들이 일단 집권하게 되면 자기들의 이익을 주장할 가능성이 더 크다는 것도 분명치 않다. 사실상, 역경을 딛고 정치권력을 장악한 '자수성가'형 인물들은 누구든지 자기처럼 노력만 한다면 그렇게 할 수 있다고 확신하는 경향이 있다. 그러나 서구 민주주의에서 성공적인 개혁가들은 대부분 혜택받는 배경의 출신이며, 이러한 특권적 혜택에서 나온 공적 의무감 때문에 변화를 강행한다. 이와 비슷한 결과는 소수인종들이 일단 정권을 장악한 후의 태도에서 발견될 수 있다. 소수집단 구성원들은 흔히 주류문화에 동화되어 소수집단의 권리에 대해 다수집단 출신들보다 오히려 덜 관용적이다. 예컨대 스탈린은 구소련의 그루지야 공화국 출신이었지만, 구소련의 지도자로서 그는 그루지야인을 포함한 소수민족들을 탄압했던 러시아 민족주의자였다.

정부에 대표되지 못한 소수가 있는 경우에도 민주주의가 운영될 수 있는 것은 정치 엘리트의 이질성 때문이라고 생각하는 사람들이 있다.[84] 정치 엘리트 내에는 경쟁자가 많고 의견 차이가 많아서 어떤 단일한 정치적·경제적 견해를 갖는 집단이 지배할 수 없다는 것이다. 정치지도자들 간의 이러한 차이는 민주적 상황에서는 정당의 차이로 나타나지만, 정치적 리더십의 요소에 따른 특정 쟁점이나 이익들의 중요성 차이로 나타나기도 한다. 정치 엘리트에서 이러한 차이는 권위주의적 체제에도 있다. 엘리트주의적 사회관에 대한 비판가들은 엘리트들을 다원적으로 본다. 왜냐 하면 대개의 산업 민주주의와 많은 권위주의 체제에서 엘리트들은 정치, 경제, 종교, 사회에서 별개로 존재하기 때문이다. 각종 엘리트들은 정치적 영향력을 둘러싸고 서로 경쟁하며, 따라서 단일의 통일적 지배 엘리트의 등장을 예방하게 된다.

Ⅲ. 엘리트 스타일

정치 엘리트의 사회경제적 배경에 관한 자료를 획득하는 것은 그들이 어떻게 권력을 행사하느냐에 관한 자료를 개발하기보다 훨씬 쉽다. 그리고 전자(前者)의 정보는 엘리트들의 공평성을 평가하는 데 필수적이다. 대표되지 못한 엘리트들(unrepresentative elites)이 자기들의 권력을 어떻게 행사하는지에 관한 가정들은 입증되지 않는다. 오히려 엘리트 지배의 스타일과 부산물에 주목하는 것이 더 중요하다.

84) Robert A. Dahl, *Who Governs?*(New Heaven, CT : Yale University Press, 1961).

1. 정통성(legitimacy)

1장에서 정통성의 개념과 정권의 존속에 그것이 지닌 중요성에 관해 논의한 바 있다. 정치 엘리트의 경우도 마찬가지이다. 즉 엘리트의 핵심적 요소는 그들이 정치권력을 행사하는 데 얼마나 정당한 사람으로 간주되느냐의 정도이다. 강제는 정치 엘리트를 권좌에 머무르게 하는 데 부적절하고 결국 비효율적인 수단이다. 권위주의 체제의 엘리트도 자기들이 주민의 복종을 받을 만한 적절하고 정당한 지도자라는 대중들의 의식을 이끌어내려 하고 거기에서 혜택을 본다. 대중들에 의해 정당하지 못하다고 간주된 엘리트는 오랫동안 존속할 가능성이 적다.

1장에서 보았듯이, 정권의 정통성은 전통, 카리스마, 용인된 합리적·합법적 과정 등에 그 뿌리를 둘 수 있다. 그러나 정통성을 유지하는 또 다른 중요 요소는 정부에 기대된 목적들—예컨대 경제성장, 국민의 일반적 복지와 안정의 유지, 정치적 안정, 국내적 질서, 외침에 대한 보호 등—을 수행하는 엘리트의 능력이다. 이러한 일반적 욕구를 충족시킬 수 없는 정치지도자들은 곧 정통성을 상실하게 된다. 자신들만의 이익을 추구하고 권력을 광범한 일반적 목표를 위해 사용하기보다 유지하는 데만 몰두한다고 인식된 엘리트도 정통성을 잃게 된다. 엘리트가 정통성을 상실하면 지도자들은 이기적이고 자기방어적이라는 대중의 의식이 더욱 강렬해진다. 정통성이 없는 엘리트는 곤경과 운을 통해서만 존속할 수 있다. 이때 운은 엘리트의 시각에서는 행운이겠지만 피치자의 관점에서는 불운이다.

2. 리더십의 정치 스타일

정치지도자들이 바라는 것을 피지배자로 하여금 행하도록 하는 방식은 엘리트 스타일의 또 하나의 요소이다.[85] 엘리트가 완전히 정당하다고

85) 이 쟁점에 대한 철학적 배경은 다음을 참조할 것. Barbara Kellerman, ed.,

간주되고 법률 자체가 사리에 맞는 경우에도 그것들에 대한 복종은 항상 자동적으로 혹은 쉽사리 이루어지지 않는다. 이를 증명해 주는 한 가지 예가 있다. 1979년 파리 시 당국은 일몰 후 운전할 경우 헤드라이트 사용을 의무화하는 법률을 시행하겠다고 선언했다. 그것은 어느 곳의 사람에게나 논리적인 것으로 간주될 수 있는 것이었지만, 파리 시민들은 2차 세계대전의 등화관제 기간 동안 시내에서 주차등만 사용하여 운전하는 습관이 몸에 배어 있었다. 다른 도시의 운전자들은 전쟁이 끝나자 헤드라이트 사용을 재개하였지만, 파리 시민들은 자기들이 사는 "빛의 도시(City of Light)"는 거리가 충분히 밝다고 느꼈던 것이다. 1979년 법률은 주차등만 사용하는 차들을 미처 보지 못하여 치인 보행자들이 늘어났기 때문에 취해진 것이었다. 그러나 새로운 법령의 선포는 광범위한 대중적 저항에 봉착하였다. 안과 의사들은 밝은 빛 때문에 실명의 위기가 높아질 것이라고 불평하였고, 전통주의자들은 차량 불빛이 기념물과 표지판들의 부드러운 조명의 미를 해칠 것이라고 불평하였다. 새로운 법은 이러한 광범한 반대에 부딪혀 집행이 어렵게 되었다. 결국 정치지도자들은 복종을 이끌어내기 위해 시간적 여유를 두고 홍보활동을 펴는 부드러운 실행정책을 선택하였다. 그 결과 지금까지도 파리 방문객들은 여전히 도시에서 헤드라이트 사용을 거부하는 운전자들을 많이 발견할 수 있다.

많은 정치 엘리트들은 자신들의 정통성에 의존하여 법률과 정책의 대중적 인정을 받는다. 지도자 집단의 정통성은 대부분 경우에 복종을 자동화시키기도 한다. 법률은 정당화된 리더십에 의해 제안되고, 정당하다고 간주된 절차에 따라 집행되기 때문에 대부분의 시민은 강력한 복종의식을 느낀다. 개인들은 이러한 집단적 결정에 도전하려 하지 않는다. 특히 자기들이 지도자의 선택이나 정책결정 과정의 승인에 발언권을 가지고 있다고 느낄 경우에는 더욱 그렇다. 지도자들에게 복종해야 하기 때문에 실제로 그들에게 따르고 복종하는 것이다.

엘리트들이 자기들의 정통성에 호소력을 보완하기 위해 흔히 사용하

Political Leadership(Pittsburgh : University of Pittsburgh Press, 1986).

는 접근방식은 설득이다. 설득은 지도자들이 시민들로 하여금 하기를 바라는 것이 정말로 시민들의 최선의 이익이 된다는 것을 확신시키는 것이다. 지도자들은 자기들의 결정에 담겨 있는 훌륭한 의의와 이유를 지적하기 위하여 홍보활동을 펴는 경우가 많다. 예컨대 프랑스는 1990년대 초에 오토바이 운전자들에게 안전모 착용을 의무화하는 법률을 채택하였다. 이 법률에 항의하는 수백 명의 오토바이 운전자들이 파리 길거리를 채웠을 때, 정부는 이 안전법률의 합당한 이유를 운전자들에게 설득하는 대중적 홍보활동을 폈다. 전 유럽의 고속도로를 달리는 운전자들은 안전벨트 착용법, 속도 제한, 기타 안전을 위한 법률이 지닌 논리성을 일깨워 주는 간판들을 보게 된다.

일부 정치 엘리트는 자기들의 리더십과 정책을 인정받기 위하여 이데올로기적 주제들을 강조한다. 기존 정치신념과 이데올로기는 엘리트의 특정 행위를 설명하고 정당화하기 위해 사용될 수 있다. 이데올로기적 호소는 이데올로기가 쇠퇴하는 현 시대에서 훨씬 줄었지만 여전히 많은 사례들이 남아 있다. 예컨대 대처 수상은 공공경제 영역의 사유화를 위한 프로그램들을 추진하면서 자유기업 자유주의(free enterprise liberalism)를 강조하였다. 중국 지도자들은 이윤추구와 암시장에 반대하는 행위를 후원하기 위해서 공산주의적 사회정의 개념을 환기시켰다. 이와 비슷하게, 정치적 상징은 특정 엘리트를 지원하기 위하여 사용될 수 있다. 인도의 의회당(Congress Party)은 선거에서 지원을 획득하기 위하여 독립투쟁에서 간디의 희생을 국민들에게 상기시킨다. 멕시코의 제도혁명당은 대중을 자기 주위에 끌어모으기 위해 멕시코 혁명의 유산을 환기시킨다.

엘리트들은 자신들에 대한 지원을 유지하기 위하여 물질적 보상을 사용할 수도 있다. 정치지도자는 자기를 지원해 준 대가로 시민들에게 정부계약, 교육기회, 직업 등을 제공할 수 있다. 이것은 일본, 멕시코, 나이지리아 같이 후원자–고객 정치가 잘 수립된 상황에서 아주 흔한 일이다. 엘리트들은 댐, 고속도로, 공항 같은 주요 공공사업 프로젝트의 약속을 무기로 하여 모든 지역을 공략한다. 엘리트의 후원자들은 공적인 명예와 인정(認定)으로 보상받을 수도 있다. 예컨대 구소련에서 자기 할당량을 초과 달성한 노동자들은 지역적 · 전국적 인정을 받았고, 영국에서 시민들은 연례적인 은전방명록(honors list),[86] 기사작위(knighthood), 기타 국왕 표창 등 공공봉사에 대한 보상을 받는다.

궁극적으로 그리고 대개 최후 수단으로 정치 엘리트는 법률, 경찰, 군사력의 통제를 통해 복종을 강요한다. 예컨대 중국 학생들은 국가가 민주화운동을 탄압하기 위해 폭력과 투옥의 위협을 하거나, 실제로 이를 사용하였기 때문에 마지못해 민주화운동을 중단하였다. 이보다 덜 극적인 형태로, 폭력을 사용하거나 사용하겠다는 위협은 국민들이 기타 이유로 좋아하지 않거나 인정하지 않는 법률에 대한 복종을 이끌어낸다. 폭력의 사용은 무능의 표현이며, 정권과 지도자들의 정통성을 약화시킨다. 그러나 그것은 엘리트 의지의 확실한 실현을 보장하기 위해 정부만이 대대적으로 사용할 수 있는 궁극적 수단이다.

엘리트의 집단적 스타일이 강조되기도 하지만, 지도자들의 개별적 스타일은 매우 다양하다.[87] 일부 지도자들은 자기들의 책임을 다른 사람들보다 훨씬 광범위하게 인식한다. 옐친은 자기가 위임받은 통치는 자기 자신과 공산주의와의 관계를 완전히 결렬시키는 것으로 보았으며, 고르바초프는 공산당의 지배적인 정치적 역할에 도전하지 않고 개혁을 추진하고자 하였다. 보다 적극적이고 진취적인 경향의 사람들이 있는 데 비하여, 보다 수동적이고 개혁보다는 공고화에 관심을 갖는 사람도 있다. 멕시코의 살리나스(Carlos Salinas de Gortari) 대통령이 자기 나라의 경제문제 해결에 창조적인 새로운 접근법을 사용한 데 비하여 그의 선임자들은 예전의 관행과 혁명적 이상에서 비롯된 정책을 추종했다. 자기들의 견해를 남에게 강요하여 지지를 획득하려는 지도자도 있다. 대처 수상은 자기의 지지자들을 적으로 돌리는 대가를 치르고서라도 항상 자기 방식을 고집하였다는 점에서 자기 후임자인 메이저(John Major) 수상과 달랐다. 메이저 수상은 그의 각료들 가운데서 타협과 조절을 추구하였다. 회

86) 역주—국왕의 생일, 신년 등에 발표되는 작위 수여자 명부.

87) 리더십 스타일에 관해서는 다음을 참조할 것. Bernard M. Bass, *Handbook of Leadership,* 3rd ed.(New York : Free Press, 1990).

유적이고 우호적인 지도자가 있는가 하면 남과 마찰을 잘 일으키는 지도자도 있다. 프랑스의 크레송(Edith Cresson) 총리는 재임기간 중에 지지자와 반대자 양편의 반감을 산 데 비하여 그 후임자인 베레고보이(Pierre Bérégovoy) 수상은 모든 사람의 신뢰를 얻는 데 매우 능숙하였다.

이러한 차이성은 개별 지도자의 퍼스낼리티를 반영하는 것이지만, 지도자가 처한 시대적 상황과 도전에 영향을 받기도 한다. 보다 온건한 리더십 스타일의 퍼스낼리티를 가진 개인들도 어떤 시대적 상황에서는 극적인 리더십을 발휘할 수밖에 없다. 예컨대 서독의 콜(Helmut Kohl) 수상은 타협적이고 수동적인 퍼스낼리티를 가진 지도자였지만, 1989~1990년 동·서독 간 통일의 상황에서는 보다 창조적이고 강력한 리더십 스타일을 발휘하지 않을 수 없었다. 다른 한편 평상시에도 국민의 인기를 얻고 각종 자원을 마음대로 할 수 있는 능력으로 사회에 강력한 인상을 심는 지도자도 있다. 이러한 지도자들은 사회를 변화시키는 데에 추종자들을 충분히 활용할 수 있다.88) 그러나 지도자들이 자기들 시대의 도전에 제대로 대처하지 못한 것이 보다 흔한 현상이다. 예컨대 인도의 라오(P. V. Narasimha Rao) 수상은 1990년대 인도에서 점증하던 종교적 · 인종적 긴장에 효율적으로 대처하지 못했다.

리더십 스타일은 특정 지도자 집단이 그들과 국가가 직면한 도전에 대처하는 성공 여부를 이해하는 데 매우 중요하다. 리더십 스타일은 또한 국민들이 어떤 때의 지도자에게 추종하면서도 다른 때의 지도자들을 무시하거나 전복하는지 그 이유를 이해하는 데도 중요하다.

한편으로 문화적 가치와, 다른 한편으로 지도자 및 그의 성과와 스타일에 대해 국민이 갖는 기대 사이의 복잡한 연계망은 엘리트가 추종자들의 충성심을 획득하고 유지하는 능력의 결정적 요소이다. 대처는 금세기 영국에서 가장 강력하고 성공적인 수상이었지만, 결국 그녀의 지지자들에 의해 수상직에서 물러나야 했다. 그녀의 마찰을 잘 빚는 스타일과 지지자와 경쟁자들을 대하는 고압적인 자세가 영국의 정치문화와 갈등을

88) James McGregor Burns, *Leadership*(New York : Harper & Row, 1978).

일으켰기 때문이다.

3. 개방적 엘리트와 폐쇄적 엘리트

정의상, 정치 엘리트는 전체 국민과 비교해서 소규모이다. 이것은 정치에 대한 적극적인 관심과 의지가 사람에 따라 다양하며, 국가적 정치에 깊게 관여하는 사람은 오직 소수라는 사실을 반영한다. 따라서 엘리트가 소수라는 사실로 인해 악하거나 위험한 존재가 되는 것은 아니다. 관심의 초점은 정치 엘리트가 개방적이냐 폐쇄적이냐 하는 정도의 문제이다.

일부 경우에, 정치 엘리트는 정치에 관여하고자 하는 외부인이 쉽게 침투할 수 없는 비교적 폐쇄적 집단이다. 이들은 또한 엘리트 이외(즉 비엘리트)의 개인과 집단들의 영향력에 대해서도 폐쇄적이다. 폐쇄적 엘리트들은 자기들이 승인한 사람들만 엘리트로 진입하도록 허용한다. 이들은 야심 있는 정치가들을 호선하여 이 신참자들이 기존 엘리트의 규칙과 우선권을 인정한다는 조건하에 엘리트에 진입하도록 한다. 이처럼 폐쇄적 엘리트들은 자기들의 정치권력 독점을 유지하도록 서로 협력한다. 결국 이들은 새로운 충원에 있어서나, 비엘리트의 관심사에 유념하려는 의지에 있어서 폐쇄적이다.

폐쇄적 엘리트는 (비록 전부는 아니더라도) 대부분의 권위주의적 정치체제의 특징이다. 예컨대 나이지리아 정치에서 리더십의 지위는 군부 엘리트의 승인을 필요로 한다. 1990년대 초 나이지리아가 문민 민주주의로 이행한 것처럼 보인 경우에도 야심 있는 정치가와 정당들은 군사정권의 명시적인 승인을 받아야만 하였다. 1980년대 중반까지도 멕시코 정치 엘리트로의 진입은 집권 제도혁명당(PRI)과 특히 그의 지도자에 의해 통제되었다. 별도의 정치적 의제(agenda)를 제시하거나 제도혁명당의 호선(cooptation)을 거부하는 집단이나 개인들은 체포나 폭력을 피할 수 없었다. 멕시코 대통령은 단임제로 제한되어 있지만, 대부분 경우 후계자를 선임하였다. 멕시코 정치 엘리트는 이제 개방된 것 같지만, 여전히 폐쇄적 엘리트의 속성을 다분히 포함하고 있다.

서구 민주주의에 대한 일부 비판가들은 북아메리카와 서구의 정치 엘리트가 폐쇄적이라고 주장한다.[89] 서구 민주주의의 엘리트는 권위주의적 엘리트의 서투른 테크닉과는 달리 은밀하게 숨겨져 있다는 것이다. 이런 비판가들은 정치 · 경제적 엘리트가 실질적 권력자(공식적 지도자들을 배후에서 조종하는 독점 자본가들)와 불가피하게 연계되어 있다고 본다. 이런 주장은 민주주의가 경제 엘리트와 결별할 가망성이 별로 없다고 본다. 개혁성향의 좌파가 집권한 경우에도 마침내 자본주의적 게임을 하지 않을 수 없다는 것이다. 1980년대 프랑스 사회당 정부는 여기에 적절한 예로 인용될 수 있다. 사회당은 1981년에 독점 자본주의와의 분명한 결별을 이루겠다는 공약으로 집권하였지만, 3년도 못 가서 보수주의 정권과 별로 다르지 않은 사회 · 경제적 정책으로 되돌아갔다.

이러한 엘리트 지배(elitism)에 관한 주장들에 도전하기는 어렵다. 왜냐 하면 그렇지 않은 개방적 엘리트를 입증하지 못해서가 아니라, 엘리트 이론가들이 사용하는 정의가 모호하기 때문이다. 필자가 이 장에서 전술했듯이, 지배 엘리트의 옹호자들은 사실상 모든 국가정책이 경제 엘리트의 이익에 봉사하기 때문에 지배 엘리트에 관한 그들의 견해가 확증된다고 해석한다. 그 결과 자본주의적 지배 엘리트의 의지에 부합되지 않는 정책은 상상도 할 수 없게 된다. 지배 엘리트의 정체성과 위상도 변하는 경향이다. 엘리트주의에 대한 비판가들이 지배 엘리트는 동일한 수준으로 존재한다는 주장에 대해, 엘리트주의자들은 가치가 격하된 엘리트의 이면에 은폐되어 잠행하는 또 다른 엘리트가 있다고 반박한다.

대부분 관찰자들은 가장 민주적 정권은 단일의 지배 엘리트에 의해서가 아니라 많은 경쟁적 엘리트에 의해 특징화된다고 본다. 민주적 사회의 다원성이란 독립적인 권력의 원천들이 많이 있으며, 그 속의 개인과 집단들은 누가 핵심적인 정치 엘리트의 지위를 차지하며 이 엘리트들은

---

89) Mills, *The Ruling Elite* and G. William Domhoff, *The Higher Circles : The Governing Class in America*(New York : Vantage Books, 1970).

무슨 정책을 수행할 것인가를 둘러싸고 서로 경쟁한다는 의미이다. 민주사회의 엘리트는 국외자(outsiders)들에게 엘리트에 진입하는 많은 기회를 허용한다는 의미에서 개방적이다. 또한 이들 국외자들은 엘리트의 밖에 남아서도 여전히 엘리트에게 영향력을 행사하는 능력을 가지고 있다.

Ⅳ. 권력계승의 정치

● 1993년 1월 클린턴은 12년에 걸친 공화당의 백악관 지배를 끝내고 미국의 대통령으로 취임하였다.

● 프랑스에서 정규적으로 개최된 의회선거에서 투표자들은 보수 정당들에게 압도적 승리를 안겨주었다. 따라서 사회주의자 총리가 물러나고 보수주의자인 발라뒤르(Edouard Balladur)가 사회주의자인 미테랑(Mitterrand) 대통령에 의해 새로운 총리로 임명되었다.

● 캐나다에서 멀로니(Brian Mulroney) 수상이 거의 10년 동안의 재임 후에 은퇴의사를 천명하자, 그의 소속 정당은 캠벨(Kim Campbell)을 당지도자로 선출하고 곧 이어 그녀는 멀루니를 대신하여 수상이 되었다.

● 일본에서 의회가 미야자와 수상을 불신임 결의하자, 그는 사임하고 새로 의회를 구성하기 위한 선거를 요구하였다. 한 달 후 열린 선거에서는 어느 정당도 과반수 의석을 확보하지 못했는데, 이는 1955년 이래 일본 의회사상 처음 있는 일이었다. 그 결과 그 후 1년 반 동안 세 번씩이나 정권이 교체되었다.

● 폴란드에서는 연립정권을 구성하던 한 소수당이 정권지지를 철회하자, 수코카(Hanna Suchocka) 수상이 사표를 제출했으나, 바웬사(Lech Walesa) 대통령은 사표를 반려하고 의회를 중단시켰으며, 1년 후 새로운 의회구성을 위한 선거를 요구하였다. 그 동안 수코카 수상은 수상직을 계속 수행하였다.

● 나이지리아에서는 군사지배 10년 만에 실시된 초대 대통령 선거에서, 투표자들은 민주적인 민간정부로의 이양을 주도하도록 아비올라(Moshoodd

K. O. Abiola)를 선출한 것 같았으나, 군사독재자인 바반기다(Ibrahim Babangida : 그는 이 선거의 후보자는 아니었음)의 측근들이 투표 부정을 주장하면서 법원으로 하여금 선거를 무효화시키도록 압박하였다. 그 결과 나이지리아는 군사독재하에 남았다.

● 베네주엘라의 의회가 페레즈(Carlos Andres Perez) 대통령을 탄핵하여 퇴진시키자, 의회의 의장이 임시 대통령이 되었다.

● 파키스탄에서 샤리프(Nauwaz Sharif) 총리가 대통령에 의해 축출되자, 그는 총선거를 요구하였다. 한 달 후 대법원은 축출을 무효화하고 샤리프를 복직시켰다. 그러자 샤리프는 전에 자신이 요구하였던 선거를 취소하였다.

● 과테말라에서 세르라노(Jorge Serrano) 대통령은 헌법을 정지시키고 의회와 대법원을 해산시켰다. 1주일 후 군부는 세르라노를 축출하고, '부패' 의원의 숙청을 선언하며, 에스피나(Gustaro Espina) 부통령을 지원하여 집권하도록 했다.

위에서 열거한 여러 사건들은 1993년 전반기 동안 불과 몇 개월 내에 일어났다. 각 사건은 한 지도자로부터 다른 지도자로의 정권이양을 나타낸다. 그 중 일부는 오랫동안 확립되어 온 규칙에 의해 질서 있고 민주적으로 발생하였다. 그 밖에 특히 제3세계에서는 예측 불가능하였고 긴장과 폭력의 위험으로 가득 차 있었다. 정치체제가 리더십 이양을 질서 있고 예측 가능하게 할 수 있는 능력은 그 체제의 안정과 지속성을 나타내는 핵심지표이다.

리더십 변화과정은 권력계승(succession)이라고 알려지고 있다. 거기에는 3단계, 즉 구 지배자의 퇴진, 새 지도자의 선출, 새 지도자의 정당화가 포함된다.

① 권력으로부터 퇴진은 여러 사례에서 예측될 수 있다. 민주주의 국가에서 지도자들은 정해진 임기 동안 봉사하며, 이 임기가 끝나면 선거를 통해 더 이상 원치 않는 지도자들을 축출하는 기회가 제공된다. 의원내각제에서는 수상이 의회에서 다수의 지지를 상실하면 임기 중간에도 정권 변화가 발생할 수 있다. 대부분 민주주의 체제는 예기치 못한 사망

이나 사임으로 리더십에 공백이 발생할 경우 권력계승을 보장하기 위한 장치를 구비하고 있다.

그러나 권위주의 체제에서는 지배자의 임기에 자동적인 종료가 없다. 대부분의 권위주의적 지도자들은 임기를 고정된 것으로 보지 않으며, 심지어 자신을 '종신 대통령'으로 만든 경우도 있다. 그런 경우에 지도자의 퇴진은 쿠데타(군부나 정치적 경쟁자들에 의한 권력탈취), 반란, 지도자의 사망, 강압적 사퇴(이런 경우는 드물다)에 의해 이루어진다. 이런 예기치 못한 사건들은 민주주의 국가에서 정상적인 권력계승 과정을 차단시키고 새로운 권위주의 체제를 등장시킬 수 있다.

② 민주주의에서 새로운 지도자의 선출은 선거결과에 의해 영향받는다. 어떤 경우에는 그 연계가 직접적이고 분명하다. 미국에서 선거의 승리자는 대통령이 된다. 단일정당이 의회의 다수를 차지한 국가에서는, 이에 경쟁하는 정당들은 그들이 승리했을 경우 총리가 될 사람을 지명하는 것이 보통이다. 이러한 선택은 선거 전에 이루어지게 마련이다. 예컨대 1993년에 캐나다인들은 보수당이 승리할 경우에는 캠벨이 수상이 되고, 자유당이 승리할 경우에는 장 크레티앵(Jean Chrétien)이 수상이 될 것이라고 알고 있었다. 그러나 과반수를 구성하기 위해서 다수정당의 연립이 필요한 국가들에서는 선거 이후 정당들 간의 협상이 끝날 때까지는 수상이 될 사람이 알려지지 않을 수 있다. 1992년 이탈리아에서 선거 후 몇 주일 동안 정당들이 협상을 끝낼 때까지 누가 수상이 될지 아무도 예측할 수 없었다. 이와 비슷하게 1993년 일본 투표자들은 비록 장기집권 중인 자민당이 다수를 유지하고 있었지만, 파벌들 간의 협상이 선거 후에야 시작되었기 때문에 누가 수상이 될지 미리 알지 못했다.

의원내각제에서 리더십 변화는 임기 중에도 원만하게 이루어질 수 있다. 이런 변화는 지도자의 자발적인 퇴진의 결과일 수 있다. 캐나다에서 멀로니 수상은 자기 당의 새 지도자를 수상에 앉히기 위해 자발적으로 사임하였다. 우호적이지 못한 리더십 변화도 있다. 예컨대 1990년 영국 보수당은 대처 수상을 축출하고 메이저를 새로운 당수로 선출하였다. 그래서 대처는 새로운 당수가 수상이 되게 물러나야만 했다.

리더십 변화는 의회의 다수가 그 균형을 변경시킴에 따라 발생할 수도 있다. 불신임 투표는 한 지도자를 제거할 수 있지만, 새로 선거를 치르지 않고도 정부를 개혁할 수 있는 새로운 지도자를 등장시킬 수 있다. 이것은 1982년에 독일에서 발생했다. 그때 사민당이 하원(Bundestag)에서 과반수를 상실하자, 콜의 기민당이 새롭게 과반수를 형성할 수 있었다. 그 밖의 경우에는 불신임 투표 후에 새로운 선거가 실시된다. 이것은 1979년 영국에서 발생하였다. 그때에는 칼라한(Edward Callaghan) 정부에 대한 불신임 투표 후에 선거가 실시되어 대처가 집권하였다.

③ 의원내각제에서 이 같은 리더십 변화는 다양하고 상당히 복잡해 보이지만, 확립된 절차와 선례에 의한 것이기 때문에, 그들의 시민에 의해 승인되고 있다. 정상적인 상황에서든 특수한 상황에서든 권력계승은 쉽게 정당화된다. 왜냐 하면 궁극적인 결정은 투표자나 그들이 선출한 대표자들이 내린 것이기 때문이다. 권력계승은 권력이 바뀌면 뒤따르리라고 시민들이 기대한 이미 정립된 정당한 과정들에 따라 이루어진다.

정통성을 획득하는 문제는 신생 권위주의 정권의 경우에는 훨씬 불확실하다. 대개 그런 체제는 새로운 지도자들에게 즉각적으로 정통성을 부여하는 공인된 권력계승 패턴이 없기 때문이다. 흔히 권력은 현 지도자의 손아귀에서 너무나 사물화되었기 때문에, 비록 퇴임하는 지도자가 후임 지도자를 지명하는 경우에도 권력이 그 후임자에게 쉽게 이양되지 않을 수 있다. 중국이 좋은 예가 될 것이다. 수십 년 된 원로들로 구성되게 마련인 중국 공산당의 지배 엘리트가 후계자를 지명하면, 이러한 선출 권리를 중국 인민들이 승인함으로써 새로운 지도자에게 정통성이 부여된다. 이러한 지도자 교체과정은 단 세 번 있었으며, 이것이 앞으로 권력계승에도 유효할지는 불확실하다. 그러나 중국은 공산당이 고도의 제도적 힘을 장악하고 있기 때문에, 다른 대부분의 권위주의 정권들보다 질서 있는 권력계승의 기회가 훨씬 많은 편이다.

쿠데타나 반란의 결과로서 새로 태어난 정권은 비정통성(illegitimacy)의 분위기를 띠게 되며, 특히 그 행위가 폭력을 수반하는 경우에는 더욱 그렇다. 그러나 대부분의 쿠데타는 비교적 무혈적이다. 1993년 나이지리아 군부의 정권장악이 그랬다. 군부지도자들이 정통성을 획득하기는 언제나 어렵지만, 나이지리아와 그 밖에 근래의 여러 군사정권에서는 군부가 부패한 문민관리를 축출하거나 혼란한 사회에 문민질서를 회복시킴으로써 대중의 인정을 받았다.

권력계승은 어느 타입의 정권에 있어서나 긴장의 시기이다. 확립된 절차가 있고 정당화가 쉽게 이루어지는 곳에서도, 새로운 지도자들이 자기들의 팀을 구성하고 새로운 책임을 배우고 핵심적인 인물과 권력 거점을 알고 익히는 데는 시간이 걸린다. 하물며 절차들이 분명치 않고 정당화가 자동적이지 못한 곳에서는, 권력계승이 정권들에게 훨씬 힘든 시련의 시기일 수 있다.

V. 결 론

일정한 시기에 있어서 사회 · 경제적 조건과 당면과제도 중요하지만, 개인적 지도자와 지도자 집단들의 퍼스낼리티와 선택이 역사를 만든다. 1980년대 말 구소련의 문제에 대한 고르바초프 자신의 해석과 해결책이 그의 조국과 많은 동구의 운명에 커다란 영향을 미쳤던 것이다. 영국의 장기적인 경제적 병폐에 대한 대처의 설명과 그것을 극복하려는 처방은 대부분의 동료 보수주의자들과 달랐고 노동당 지도자들과 확실히 달랐다. 대처의 선택은 그의 조국뿐만 아니라 그 밖의 많은 서구 민주주의에 영향을 미쳤다. 지도자는 차이를 만들어 내는 것이다.

민주주의적 상황에서, 그리고 정도는 좀 덜했지만 권위주의적 상황에서도, 두 가지의 경쟁적 리더십이 필요하다. 한편으로, 지도자는 국가의 복지와 안정에 필요한 정책을 수립하고 집행하는 효율적인 지배권을 충분히 장악할 필요가 있다. 다른 한편으로, 권력은 그 남용을 예방하고 개인적 · 집단적 권리를 보호하기에 충분할 정도로 제약될 필요가 있다. 모든 정권들이 달성하고자 하는 이 둘 사이의 균형은 미묘하고도 어려운 것이다.

제 8 장

군부와 정치

1993년 11월 16일 아바차(Sani Abacha) 장군이 이끄는 고위급 장교단이 나이지리아 임시정부의 국가원수이자 최고사령관인 쇼네칸(Ernest Shonekan)의 집무실에 몰려와서 그의 지배는 끝났다고 선언하였다. 쇼네칸이나 그의 소수 지지자로부터 아무런 저항도 없었다. 군부는 이미 공항, 라디오와 TV 방송국, 국방부, 기타 정부기관 등 모든 전략적 요지를 장악고 있었다. 쇼네칸은 나이지리아 국민들에게 TV 연설 할 권리를 요구하여 인정받고 다음날 연설에서 새로운 군부정권에 대한 지지를 촉구하였다. 30여 년 동안 아홉 번의 군사 쿠데타가 있었던지라 최근의 이 쿠데타에 관심을 쏟는 나이지리아 국민들은 거의 없었다. 독립 후 35년 중에서 민간정권 기간은 9년뿐이었다. 나이지리아에서 마지막의 문민정부 시대는 이전의 군사 독재자가 마지못해 민간지도자에게 정권을 이양한 지 불과 82일 만에 이렇게 끝나고 말았다.

대부분의 제3세계국가에서 이 같은 군사 쿠데타는 정치지도자 교체의 주요 수단이다. 군부는 자신들을 위해서나, 아니면 그들이 선호하는 지도자를 세우기 위해 권력을 장악하였다. 이런 패턴이 아주 광범하게 퍼져 있어서 군부지배는 아프리카에서 현재 가장 흔한 형태의 정치체제이다. 1960년부터 1985년 사이에 3개국(코스타리카, 멕시코, 베네주엘라)을 제외한 모든 남미 국가들은 최소한 한 번 이상 군사 쿠데타를 경험하였으며 대부분 성공했다.[90] 군부지배는 동남 아시아와 일부 남아시아에서도 일반적이다. 비교적 군부지배를 모면하고 있다고 인정된 유일한 제3세계 지역은 카리브해 지역이다.

그러나 군부의 정치 개입은 제3세계에만 국한되지는 않는다. 공산주의 아래에서 군부는 흔히 중요한 역할을 수행한다. 군부가 야심적인 지도자들의 핵심적 권력 토대가 되었던 권력계승 기간에는 특히 그러하였다. 이것은 예상 밖이었다. 왜냐 하면 레닌주의는 당이 군부를 계속하여 밀착 통제하는 것이 중요하다고 강조했기 때문이다. 그러나 실제로는 당이 군을 통제하기가 어려웠다. 중국에서 인민해방군은 혁명에서 중요한 역할을 했는데, 혁명은 인민봉기라기보다 정규군 사이의 재래전이었다. 혁명 후 20년 동안 인민해방군은 핵심적인 정치적 역할을 하였다. 1960년대 말 문화대혁명으로 국가와 심지어 공산당까지 파괴되었을 때, 사실상 인민해방군이 유일하게 국가를 지배하였다. 당과 국가가 문화혁명 동안 군부에게 상실했던 권력을 완전히 회복한 것은 1970년 말이 지난 후였다. 군대를 국방문제에만 국한시키려는 덩샤오핑 개혁정권의 노력에도 불구하고,[91] 인민해방군은 중국 정치에서 여전히 중요한 권력을 장악하고 있다.

서구 민주주의에서 군부의 개입은 빈도가 낮지만 전혀 없는 것은 아니다. 그리스는 1967년에 군부독재로 전락하였다. 1958년 프랑스에서 군부의 반란은 제4공화국을 붕괴시켰고, 1960년과 1961년에는 그들이 도와 집권케 했던 드골(Charles de Gaulle)을 전복시키려 하였다. 1981년 스페인 군부는 의회 건물을 장악하고 새로운 수상을 선출하러 그곳에 모인 의

---

90) Alain Rouquie, *The Military and the State in Latin America*(Berkeley : University of California Press, 1987).

91) Alastair I. Johnston, "Changing Party-Army Relations in China," *Asian Survey* 42(October 1984).

원들을 볼모로 잡았다. 그러나 민주적 정치인들과 카를로스(Juan Carlos) 국왕의 반대에 부딪쳐, 무혈 쿠데타는 18시간 만에 끝났다. 1970년대의 혼란기에 이탈리아에서는 군사 쿠데타 설이 나돌았다.

이러한 빈번한 군부 개입의 패턴은, 문민지배와 군부복종의 규범이 널리 인정되고 있음에도 불구하고, 세계 도처에 존재하고 있다. 그러나 이러한 규범이 언제나 인정되었던 것은 아니다. 일본은 황제지배의 배후에서 실권을 장악하던 군부지도자들에게 정당성을 부여했던 장군(shogun)과 무사(samurai)의 오랜 지배의 역사를 거쳐서 근대시대에 접어들었다. 이러한 군국주의적 전통 때문에 2차 대전 동안 군부가 점차적으로 일본 정치권력의 모든 수단들을 획득하게 된 것은 놀라운 일이 아니었다. 일본에서는 2차 대전에서 패배한 후에야 문민 우위의 규범이 확립되었다.

그러나 1945년 이전 일본에서처럼 정당한 군부지배의 예는 20세기 후반에는 찾아보기 힘들다. 거의 모든 곳에서 군부지배는 문민정치지도자를 선호하는 문화적 가치를 파괴하는 것으로 간주되기 때문이다. 이러한 문민 우위 규범은 흔히 군부가 지배해 왔던 나라들에서도 수립되어 있다. 군 장교들도 그들의 개입이 원칙적으로 바람직하지 않으며, 특수한 상황에서만 필요하다고 본다. 이러한 가치관이 일반적이기 때문에 군부지배자들은 정권에 대한 정통성을 획득하기 힘들다. 그들은 자신들을 새로운 그리고 보다 적절한 민간지도자가 복귀할 수 있을 때까지만 정당화되는 잠정적 예외로 간주한다.

I. 군부의 정치행동 범위

다양한 나라와 시대에서 이루어진 군부의 정치행동은 문민 우월성의 규범에 완전히 부합되는 정상적인 것으로부터 국가와 사회의 완전한 군부통제에 이르기까지 그 범위가 광범하다. 표 [8-1]은 군부의 정치행동을 요약하고 있는데, 이 리스트의 밑으로 내려갈수록 군부의 역할이 커지고 정치권력의 강도가 상승함을 보여준다.

표 [8-1] 군부의 정치행동 종류

문민지배

① 군부가 없음.
② 군부가 이익집단으로 존재.
③ 장교 출신의 문민이 집권한다.
④ 군부가 국가안보에 특별 발언권을 지닌다.
⑤ 군산복합체(military-industry complex).

집정관주의(praetorianism)

① 군부가 거부권 집단(veto group)이 된다.
② 군부의 공갈.
③ 군부가 문민권력의 핵심이 된다.

군부지배

① 권력의 장악.
② 군부의 집권.
③ 군부가 혁명세력이 된다.
④ '병영국가(nation in arms).'

그러나 군부의 상이한 정치행동들은 흔히 동시적으로 이루어진다. 군부의 직접 개입으로의 진행은 단계적일 때가 있고, 즉각적으로 이행하는 경우도 있다.

1. 문민정부하의 군부

① 어떤 종류의 군사력이든 전혀 없는 나라는 극히 드물지만, 현 시기에 이러한 패턴에 가장 가까운 국가는 코스타리카이다. 이 조그마한 중남미 국가는 1950년대 동안 군사력이 없이도 그 지역의 정치적 패턴을 극복할 수 있어서 민병대 안에 소규모 준(準) 군사력만을 두게 되었다. 일본은 2차 대전 후 군대의 창설금지를 헌법에 규정하였다. 그래서 준군사적인 '자위대'를 창설하였지만, 사실상 모든 상황에 이 준군사력을 사용하는 데는 법률적 · 정치적 한계가 있다. 독일은 재무장했지만, 그나마

도 북대서양조약기구(NATO)의 작전에 참여하는 것 외의 상황에서 군사력 사용을 금지하는 헌법이 수정된 후부터 가능하였다.

그 밖의 거의 모든 곳에서는 강력한 군대가 있어서 국민의 상당 부문을 차지하며 국내총생산(GDP)의 큰 몫을 소비하고 있다(표 [8-2] 참조).

군사력은 외침에 대한 방어를 위해 존재한다지만, 대부분 국가에서 이러한 공격의 위협은 사실상 없다. 군대는 주권국가의 핵심원리로 간주되기 때문에 존재한다. 대부분 정권들이 군사력을 자기들 국가 내부의 질서를 유지하는 데 중요하다고 보기 때문에, 외부로부터의 위협이 없는 경우에도 군사력은 증가한다. 군대는 정치적 항거, 국내적 테러, 민중봉기를 예방하기 위해서도 필요하다.

② 대부분의 서구 민주주의와 문민 권위주의 정권에서 군부는 봉급, 혜택, 신무기 체제, 장비의 추가 같은 물질적 욕구를 위한 정치가의 로비활동에 자기들의 정치적 행동을 국한시킨다. 군부가 국방과 안보정책의 결정에 중요한 역할을 수행하는 것도 흔히 있는 일이다.

표 [8-2] 국가별 군비와 병력

국 가	1987 GDP 중 군비(%)	1988 정부지출 중 군비(%)	병력 규모
영 국	4.7	17.5	635,000
캐나다	2.1	9.8	85,000
중 국	1.9	7.7	3,200,000
프랑스	4.0	18.7	457,000
서 독	3.0	22.6	489,000
인 도	3.8	27.6	284,000
일 본	1.9	?	245,000
멕시코	0.3	1.4	138,000
러시아(구소련)	12.0(추정)	?	5,096,000
미 국	6.4	27.1	2,163,000

자료 : International Institute for Strategic Studies, *The Military Balance 1989~1900*(London : Brassey's 1989), pp. 208~211.

이러한 정상적인 영향력 행사는 일상적인 이익집단으로서의 전술에 국한된다. 대개 군부는 민간 이익집단들이 갖지 못한 두 가지 자산의 혜택을 받는다. 하나는 군부가 국가의 안보이익을 대표한다는 인식이고, 다른 하나는 정부의 일부로서 정책결정자들에게 접근할 수 있는 특권이 있다는 것이다.

③ 일부 경우에서 보면, 군 장교 출신들이 민간 정치지도자가 된다. 그렇다고 이것이 반드시 군부지배가 증대된 증거는 아니다. 서구 민주주의에서는 이것을 입증하는 두 가지 사례가 있다. 하나의 예로, 미국에서 장군으로 퇴역한 아이젠하워가 대통령으로 선출되었지만, 그의 대통령 재직으로 인하여 군부의 영향력이 증대하지 않았다. 사실은 미국의 정치와 경제에 있어서 군부의 위험 증대를 경고하는 군산복합체(military-industrial complex)라는 용어를 만든 사람이 바로 아이젠하워였다. 또 다른 예는 좀 복잡한 것으로서, 드골 장군이 군사반란의 결과로 프랑스에서 집권한 것이다.[92] 드골은 5공화국 대통령으로 취임하자, 프랑스의 식민지인 알제리의 독립을 선언함으로써—이것은 준 쿠데타를 가져오게 한 바로 그 쟁점이었다—군부에 도전하였고, NATO에서 프랑스군을 철수함으로써 군부로 하여금 원치 않는 전략적 재편성을 하도록 했다. 결국 드골의 지배는 군부로 하여금 한때 정치에 개입했던 불장난 후에 정치에서 손을 떼게 하였다.

④ 기본적으로 문민정권인 경우에서는 군부가 기본적인 국방 및 안보의 정책결정을 독점할 수 있다. 예컨대 구소련과 중국에서는 군사적 위계질서가 국가안보 문제를 결정하는 주된 역할을 담당하였다. 이 분야의 국가정책에 군부가 권력을 행사하고 있다는 것은 국방장관이 거의 항상 적극적인 고위 군부지도자들이었다는 사실에 의해 상징적으로 나타난다. 이런 현상은 이스라엘이나 인도같이 특히 외부로부터의 주요한 안보적 위협에 직면해 있는 국가들에서 흔히 나타난다. 제3세계의 많은 민간정

92) 역주—1958년 식민지인 알제리에 주둔하던 프랑스군의 반란으로 인한 난국을 타개하고자, 의회에서 비상대권을 부여하여 드골에게 정권을 이양하자, 드골은 강력한 대통령제의 새 헌법을 통과시켜 1959년 제5공화국의 대통령에 취임하였다.

권들은 그 밖의 정부 과업들도 흔히 나약한 이 정권들에겐 그저 벅차다는 이유만으로 국방문제를 주로 장교들의 수중에 맡긴다.

⑤ 대부분의 상황에서 국방비와 군수산업은 막강하기 때문에 사회와 경제에 엄청난 영향력을 발휘한다. 예컨대 대부분의 미국 젊은이들은 주간(州間) 고속도로체계(interstate system of highway)가 군사계획으로 시작되었다거나, 많은 대학의 외국어 교수들이 국방부의 특별 연구비 지원에 힘입어 학위를 획득했다는 사실을 아마 잘 모를 것이다. 국가경제가 점차 군사비에 의존하게 됨에 따라, 국방산업과 군부를 연계하는 거대한 블록이 군산복합체로 발전하여, 국방비 증액을 위해 로비 활동을 전개한다. 이 문제는 지난 수년 동안 국방비를 삭감하고 군사기지를 폐쇄하려는 노력에서 보여준 바와 같이 미국에서 특히 어렵다. 그리고 프랑스, 러시아, 구 체코슬로바키아, 이스라엘, 심지어 스웨덴에서처럼 국방산업이 경제의 중요 부분이 되고 있는 많은 국가들에서도 문제가 되고 있다.

2. 집정관주의(praetorianism)

고대 로마에서는 원로원이 외국의 침략이나 위협에 대처할 수비대로서 정예부대를 승리한 로마제국 군대(victorious imperial armies)에서 선발하였는데, 그것이 친위대(Praetorian Guard)였다. 마침내 친위대는 보호를 철회하겠다고 위협하거나 원로원에 몸소 도전함으로써 황제의 선출까지 통제할 수 있을 정도로 실권을 장악하였다. 오늘날 개발도상 세계의 많은 민간 정치체제들은 너무 취약하기 때문에, 그들의 군부로부터 이와 유사한 위협에 직면해 있다. 친위대 독재란 공식적으로는 정부 밖에 있으면서도 모든 종류의 정치적 결정을 통제하려는 강력한 군부에 의해 민간정권이 항상 위협받고 있는 상태를 가리킨다.[93] 특히 국내의 테러리즘이나 시민적 봉기와 불안으로부터 자신을 보호하기 위해서 군부에

93) Amos Perlmutter, "The Praetorian State and the Praetorian Army : Toward a Taxonomy of Civil-Military Relations in Developing Politics," *Comparative Politics* 1(April 1969) : 382~404.

종속된 정권들은 친위대 독재로 전락할 가능성이 많다.

① 일부 친위대 독재 가운데는 군부가 법률집행, 교육, 인종관계 같은 특정 정책결정에 대해 거부권을 갖는 경우도 있다.

② 이보다 높은 수준의 군부 개입은 군부가 광범한 영역에 걸쳐 그들의 이익을 보장하려고 공갈을 행사할 때에 발생한다. 즉 군부가 국내의 적으로부터 민간정권을 보호해 주지 않겠다고 위협하여 강탈하는 것이다. 이런 일은 나이지리아에서 제2공화국(1979~1983)의 문민지배 동안에 발생하였다.

③ 이보다 더 큰 군부 개입은 군부가 최고 민간지도자를 결정할 수 있을 정도로 그 위상을 높이는 경우이다. 이것은 여러 가지 수단에 의해 가능하다. 예컨대 군부가 야심적 지도자들이 집권하기 위해 필요로 하는 핵심적 지지자 블록을 단순히 제공하거나, 새로 등장한 지도자 집단을 전복하고 자기들에게 우호적인 다른 민간지도자 집단으로 교체하는 것 등이다. 문민정치적 리더십 형성에 대한 이러한 모든 군부통제에 함축되어 있는 것은 군부의 요구가 충족되지 않으면 직접 개입하겠다는 위협이다.

3. 군부지배

가장 높은 수준의 군부의 정치 개입은 군부가 실제로 지배하는 것이다.

① 거의 모든 경우에 군부는 오직 단기간 동안만 지배한다는 단기적 전망으로 정권을 장악한다. 당면한 경제적 위기나 공공질서의 위협이 극복되기만 하면 군부는 민간에게 정권을 되돌려줄 것이라고 선언한다. 이것이 실제로 이루어진 경우들도 있다. 군부가 단기간만 지배하고 민간지도자들이—이들은 대개 군부에 의해 선택된다—정권에 복귀한다.

② 그러나 더욱 빈번한 것은 민정이양의 약속이 망각되거나 장기간 연기되는 것이다. 정당, 입법부, 중앙 및 지방의 선출직 관리들이 축출되고, 민간인의 공개적 정치활동이 금지된다. 군부는 군 고위층을 장관이나 기타 직위에 포진시킴으로써 장기적으로 정착한다. 군부의 영향력은 대개 미온적이므로, 정치영역을 초월하여 경제와 사회에까지 확산되는 경

우는 드물다.

③ 정권을 장악한 장교집단이 사회와 경제를 극적으로 개조하려는 민족주의적 혹은 이데올로기적 목표를 갖는 경우로서, 케말주의자(Kemalists)는 1920년대에 터키의 근대화라는 민족주의적 목표를 내세워 집권하였다. 이러한 혁명적 군사정권의 예에서는 군부가 국가의 사회·경제적 생활에 깊이 개입하여 그들의 군사 개입의 동기가 되었던 이데올로기적 혹은 민족주의적 이상에 부합되게 개조시켰다. 이 경우 군부는 교회, 마을의 원로와 통치자, 중소기업 같은 전통적 사회세력들을 공격한다.

④ 최대의 군부 개입 형태는 군부가 학교에 대한 통제권을 떠맡고 주로 새로운 군인들의 훈련을 위해 학교를 이용하는 경우에 나타난다. 이 경우에 군부는 독자적인 정치·경제적 집단을 통제 혹은 제거할 뿐만 아니라 사실상 모든 사회기관들을 대신한다. 그 결과적 산물은 '병영국가(nation in arms)'이다. 이것의 전형적인 예는 고대 스파르타이다. 다행히 오늘날 이 같은 군부국가(military state)의 예는 별로 없다. 1940년대와 1950년대에 스트로에스네르(Alfredo Stroessner) 장군이 오랜 계엄하에 지배했던 파라과이가 이런 타입에 가장 가까웠다.

Ⅱ. 군사 개입의 이유와 시기

군부가 왜 그토록 빈번하게 주요 정치행위자가 되는지를 설명해 주는 이유는 다양하다. 군부 자체의 내면적 요소에서 이유를 찾기도 하고, 군부가 통제하거나 붕괴시키려 하는 민간정부의 여건에서 이유를 찾기도 한다. 그 밖에 일정한 사회나 시대의 특수한 상황에서 이유를 찾는 경우도 있다.

1. 정치 개입을 유발하는 군부의 내면적 요소

군부에게 우월한 정치적 위상을 부여하는 중요한 요소들 가운데 하나는 군부가 무력과 폭력 사용의 수단을 독점하고 있다는 점이다. 위기가 발생하고 국내외적 위협으로부터 보호하기 위해 무력이 필요할 경우, 대부분 제3세계 국가들에서 그것을 충족시킬 수 있는 것은 군부뿐이다.

개발도상체제에서 통치권력을 행사할 수 있는 조직적이고 기율 있는 유일한 세력은 군부이다. 문민지배의 규범이 널리 인정되고 있음에도 불구하고 그렇게 할 수 있는 다른 집단이 없는 것이 대부분이기 때문에 군부가 그렇게 하는 것이다. 군부는 문민정부들이 생활필수품과 공공질서를 제공하지 못함으로써 생긴 정치적 공백을 채울 뿐이다.

군부 개입은 문민정부의 정통성이 붕괴됨으로써 동기가 부여될 수도 있다. 문민지도자들이 국가의 요구에 효율적으로 대응하지 못하거나, 사적 이익만을 위하여 통치하는 것으로 인식되거나, 부패하거나, 무질서와 폭력으로부터 대중을 보호할 수 없을 경우에 대중은 문민지도자들에 대한 정통성을 철회하게 된다. 문민지도자들이 정통성을 상실할 때 군부가 개입하기가 훨씬 쉽다.

그런 경우에 군부가 집권하여 질서, 정직한 정부, 경제적 번영의 복귀를 약속하면 대중은 안도의 한숨을 내쉴 것이다. 이런 환영은 오래가지 않을 수 있지만, 군부지배의 미묘한 초기에는 군부로 하여금 대중적 인정을 받고 있음을 위장하도록 해준다. 군부가 정당한 것으로 보이는 경우는 드물지만, 군부의 어떤 성격들은 대중적 인정을 받는다. 군부는 흔히 정치를 병들게 한 정파와 특수 이익으로 인한 분열을 초월한다고 자처한다. 특히 민간지도자들이 부패하거나 편협한 이익에 얽매여 있을 때, 군부는 서로 헐뜯고 이기적인 정치가들과는 대조적으로 국가이익에 전념한다는 인식을 대중들에게 광범하게 심어줄 수 있다. 군부의 기율과 조직력은 이런 덕성을 갖추지 못한 민간정부의 국가들에서는 흠모의 대상이다. 국민들은 군부의 애국심과 국가에 대한 봉사를 흠모한다. 그래서 부패와 무능으로 민간정부가 붕괴될 경우, 군대는 기율과 질서 그리고 정직과 근대성의 명성(이것은 흔히 부당한 것이다) 등을 제시할 수 있다. 이런 특성들은 민간지도자들이 실패한 고난의 시기에 국민들로 하여금 군부 개입을 받아들이게 하는 '도덕적 후광효과(moral halo)'를 발휘한다.[94]

2. 군부 개입의 동기

군부 개입의 동기는 여러 가지이지만, 네 가지로 요약할 수 있다. 군부 자체의 이익옹호, '국가이익'의 보호, 특정한 계급 · 지역 · 인종의 이익보호, 정치개혁을 촉진 혹은 중단하려는 욕구가 그것이다.

① 군부는 봉급인상, 장비개선, 병력증대, 승진기회 등을 추구하기 위해 정치에 개입하거나 심지어 민간정부를 전복하는 경우가 있다. 군부는 자기들의 특권이라고 믿는 국방문제에 민간인이 '간섭'하려는 시도를 아주 경멸하기 때문에 몸소 정치에 개입한다.

② 보다 빈번한 것으로, 군부는 자신들의 이익을 다소나마 마음속에 두고 있기는 하겠지만, 국가를 문민정권의 결함으로부터 구원한다는 의무감에서 간섭하게 된다. 자기들이 '국가이익'을 보다 분명하게 이해하고 그것을 수호하려는 의무감을 갖고 있다는 의식 때문에, 군부는 민간지도자들을 압박, 위협, 전복하게 된다. 군부는 문민정부가 경제위기의 해결, 내부적 부패로부터 국가의 구출, 국내질서의 유지 등에 무능하기 때문에 국가이익이 위협받는다고 본다. 군부는 이러한 국가적 위협에 대처하기 위해 간섭하지 않을 수 없다고 느낀다. 1983년 나이지리아의 경우가 여기에 해당된다. 그때 군부는 문민정부가 부패, 경제적 운영 실패, 선거부정 등으로 얼룩져 있다는 비난이 나도는 가운데에서 정권을 장악했다.

③ 군부 개입은 국가 이익에 의해서가 아니라 부분적 이익에 의해 동기 부여되는 경우도 있다. 이러한 부분적 이익은 인종, 종교, 특정 이데올로기적 견해 등에 입각할 수 있다. 여기에 해당되는 사례 역시 나이지리아에서 발견될 수 있다. 1966년 민간정부가 북부 이슬람교도로 이양되자, 남부 기독교인들이 반발하여 제1차 군부 쿠데타가 발생하였다. 이보(Ibo)족의 아이론시(Johnson Aguyi Ironsi) 장군은 제1공화국을 전복하고 군사정권을 수립하여 군부와 정치에서 북부의 영향력을 배제하려 하였다.

---

94) S. E. Finer, *The Man on Horseback,* 2nd ed.(Boulder, CO : Westview, 1988).

몇 개월 후 아이론시 장군은 암살되고 북부를 기반으로 하는 군사정권이 수립되었다. 이제 남부 장교들이 군대에서 숙청되고 정치적 균형도 인구가 더 많은 북부 이슬람교도로 되돌아갔다.

④ 군부 쿠데타는 광범한 사회・경제적 개혁 프로그램을 추진하려는 욕구에 의해 동기가 부여되기도 한다. 1920년대 초 터키의 케말(Mustafa Kemal)은 광범한 경제・사회・정치적 변화를 통해 터키를 서구화하려는 목적에서 전통적인 정권에 대항하여 군사반란을 주도하였다. 이보다 30년 후에 나세르(Gamal Abdel Nasser)는 이집트를 근대화하려는 군사반란을 주도하였다. 그러나 그는 이집트적 가치를 유지하고 있다고 믿는 자기 나름의 모델을 선호했기 때문에 서구적 모델을 거부했었다. 군부가 정치적 견해에 입각하여 민간 주도의 사회경제적 개혁에 반발해서 반란을 일으킬 수 있다. 칠레가 여기에 해당되는 예이다. 피노체트(Pinochet) 장군은 소위 급진 사회주의적 민간정권에 반대한 군사 쿠데타를 일으켜서, 한때 남미에서 제일가던 자유민주주의 국가를 억압적으로 군사지배하였다.

이상과 같이 여러 가지 범주의 동기를 따로따로 취급해 왔지만, 군부가 많은 동기를 동시에 가질수록 자력으로 정권을 장악할 가능성이 커진다. 실제 세계에서 대부분의 쿠데타는 여러 가지 동기들이 동시에 부여될 때 발생한다. 즉 군부는 자신의 이익과 국가이익이 동시에 위협받고 있다고 생각하면, 현 정권의 사회경제적 변화방식에 반대하게 된다. 동기가 많을수록 개입의 수준이 문민정권의 전복 쪽으로 이행할 가능성이 크다. 군부가 정치적 불안을 느낄 만한 이유가 많을 경우에는 압력이나 공갈만으로 그들의 걱정거리를 해소할 것 같지 않다.

3. 쿠데타의 촉발

군부와 정치에 관한 하나의 고전적 연구에서, 영국의 정치학자인 파이너(Samuel Finer)는 '군부 개입의 계산법(calculus of intervention)'을 제시하였다.95) 이에 의하면, 군부에 의한 최고 수준의 정치 개입의 성공 여부는 개입의 동기와 기회를 갖느냐 여부에 달려 있다. 군부가 적절한 기회를 갖지 못하면, 정치 개입의 동기를 부여하는 관심이 높음에도 불구하고 여전히 병영에 머물러 있게 된다는 것이다.

군부 개입을 촉발시키는 특수한 조건들 가운데는 군사적 패배나 침략이 있다. 특히 그 패배가 문민지도자들의 실패나 부조리 때문이라고 군부가 주장할 경우에는 더욱 그렇다. 국내적 봉기나 폭력의 폭발은 즉각적으로 군부 개입의 빌미를 제공한다. 상황이 위급하여 민간지도자들이 군부에게 정권의 구원을 요청할 경우는 두말할 나위가 없다. 갑작스런 경제위기도 군부 개입의 즉각적인 자극제가 될 수 있다. 정권계승 시기도 흔히 군부 개입의 기회가 된다. 새로운 지도자가 이끄는 새로운 정권은 흔히 정통성을 수립하는 데 시간이 걸린다. 선거과정에 농간이나 부정이 있었다는 비난이 널리 퍼질 수도 있다. 혹은 새로운 정치지도자는 군부지도자들이 용납할 수 없는 사회경제적 내지 정치적 견해를 주장할 수도 있다. 이런 모든 이유들 때문에 지도자 집단들 사이의 정권이양 시기는 흔히 군부 개입의 절호의 기회이다.

보다 장기적인 요소들이 누적되어 군부 개입의 기회를 제공할 수도 있다. 내전을 치르기 위해서나 만성적인 내란을 통제하기 위해 군부에 의존하게 된 민간정권들은 군부지배에 넘어가기 쉽다. 특히 군대가 패배하거나 반군들의 공격이 성공할 경우 더욱 그렇다.

끝으로 문민통치의 무능을 보여주는 장기적 추세들은 마침내 정치적 공백을 조성하게 된다. 이 진공상태는 민간지도력의 어리석은 행동결과로 현저해질 수 있다. 그러면 군부는 자신들의 기율 있고 조직화된 권력으로 이 정치적 공백을 채우게 된다.

---

95) Finer, *The Man on Horseback.*

Ⅲ. 군부지배의 시기

대부분 경우에 군부는 개입의 직접적 원인이 되었던 것을 교정하겠다는 겸손한 목적을 가지고 정권을 장악한다. 그러나 군부는 일단 권력을 장악하면 그 자신의 정치체제를 수립한다. 그렇게 함으로써 군부는 정치에 더욱 깊게 관여하고 그들의 목적은 흔히 확대된다. 군부가 자신들의 집권 기간을 국가를 개혁하거나 근대화하는 기회로 보는 경우도 있다. 군사정권이 성취한 근대화의 성과는 일률적이지 않다. 군부지배는 권위주의적이지만, 인권에 관한 군부의 성과는 천차만별이다.

군사정권의 이 같은 다양한 측면을 살피기에 앞서 지적해야 할 중요한 사항은, 국민 대다수가 군사 쿠데타의 성과를 느끼지 못한 것이 일반적인 상황이라는 사실이다. 국민 대다수는 학교, 우체국, 세무소 이상의 수준에서는 정부와 별로 접촉하지 않는다. 이런 수준의 서비스는 정권이 아무리 바뀌어도 사실상 거의 변화 없이 지속되는 것이다. 군사 쿠데타로 생활이 변한 사람은 정치에 가장 적극적인 소수에 불과하다. 만약 그들이 정치지도자나 활동가라면, 그들은 정치활동이 금지되거나 아마 감옥에 갇히기도 할 것이다.

대부분의 군사 쿠데타는 거의 무혈 쿠데타이다. 군부의 반대자들은 군부에 저항하기에 필요한 무기를 거의 갖지 못한다. 군부 역시 많은 시민을 죽여서까지 정통성 수립의 문제에 부담을 안으려 하지 않는다. 물론 많은 폭력과 출혈을 빚어내는 예외도 있다. 나이지리아에서 1966년 쿠데타의 폭력은 비아프라의 분리와 오랜 내전을 불러왔다. 칠레에서 아옌데(Salvadore Allende)의 축출 역시 폭력을 수반하여 많은 상처를 남겼다.

1. 정치적 형태

대부분의 경우에 군부는 국가를 지배하기 위해 군사위원회(junta)를 수립한다. 이 위원회에는 쿠데타를 지원한 장교 그리고 필요할 경우에는 각급 부대의 대표들이 포함된다. 쿠데타의 지도자는 대통령의 직위를 떠

맡은 경우도 있고, 군대 직위만을 그대로 보유하는 경우도 있다. 그러나 그는 국가 원수이자 주요 정치적 인물이다. 군사위원회는 특정한 부처 장관의 책임을 떠맡는 내각이 되기도 한다. 하급장교들은 지역이나 지방 단위를 통제하거나 지배하는 책임을 맡는다. 정책결정은 대개 절차규정이 거의 없이 임기응변식으로 이루어진다.96)

군사위원회는 거의 항상 기존 비정치적 엘리트와 긴밀히 협동하여 운영된다. 장군들은 흔히 지방정치를 전통적 지도자들에게 이양하는데, 이는 주요 정책과 국가적 쟁점에 관한 한 그들이 군부의 명령을 준수할 것이라고 생각하기 때문이다. 전통적인 인종과 종교의 지도자들은 그들이 장군들에게 도전하지 않고 시민 질서를 증진한다는 조건부로 간섭받지 않고 방임된다. 경찰의 충성심은 민간지도자로부터 군부지도자로 순조롭게 이양된다. 경제계의 이익은 대개 방해되지 않으며 심지어 군부에 의해 보호된다.

군부는 대개 공무원과 긴밀하게 협동한다. 관료는 정책결정자들의 명령에 따르게 되어 있다. 그들은 군부지배자들이 민간지도자보다 더 많은 자유재량권을 허용한다는 사실을 알게 된다. 사실상, 군부지도자들은 예전에 정치가와 장관들에 의해 장악된 높은 정치적 직위를 대부분 관료들에게 제공한다. 이것은 자연스럽고 우정어린 동맹이다. 군부와 관료는 시각(視角)과 업무 스타일을 대부분 공유하므로 개발도상국을 통치하기 위한 사이좋은 파트너가 될 수 있다.97)

2. 군부와 근대화

군부의 근대화 추진 능력은 오래 전부터 논란의 대상이 되어왔다.98)

---

96) Christopher Clapham and G. Philip, eds., *The Political Dilemmas of Military Regimes*(London : Croom Helm, 1984).

97) Edward Feit, *The Armed Bureaucrats*(Boston : Houghton, Mifflin, 1973).

98) 양쪽 진영의 토론에 관한 주요한 논의의 요약은 다음을 참조할 것. Henry Bienen, ed., *The Military and Modernization*(Chicago : Aldime-Atherton, 1971).

군사정권이 문민정권보다 근대화를 더욱 잘 추진할 수 있다고 보는 사람들은 모든 군대가 최신 무기에 대해 관심을 가지고 있음을 지적한다. 이러한 관심 때문에 군부는 그런 장비를 구입하거나 국내에서 그것을 생산할 수 있는 경제적 자금(수단)을 발전시키려는 관심을 갖게 된다는 것이다. 군부는 또한 조직과 기율을 사회에 보급시키는데, 이는 경제와 사회를 근대화하는 데 유용한 것이 된다. 군장교들은 과거와 유대를 맺고 있는 전통적인 재산소유자들보다 경제적 성장과 상업에 관심을 갖는 중산층 시민들과 더욱 긴밀한 유대를 맺는 경향이다. 더욱이 군부의 기율과 스파르타식 윤리로 인해 군인들은 민간인들보다 부패할 가능성이 적다고 주장한 사람들이 많다.

이 반면에 군부는 그렇게 위대한 근대화 주체가 아니라는 주장도 강력하다. 군부가 지배하면 국가의 자원이 군대의 봉급인상, 혜택증대, 신무기, 병력증강 쪽으로 편중되게 배분된다. 이것은 애당초 경제발전을 촉진하는 데 사용되었을 자금을 다른 데로 돌린 것이다. 군부는 교육과 농업에 대한 투자에 무관심하기로 유명하지만, 이들 영역이야말로 대부분 개도국의 사회·경제적 발전에 중요한 것이다.[99] 군부가 자랑하는 조직적 능률과 스타일도 경제로 순조롭게 전이되지 않는다. 군부는 뇌물로부터 초연할 수 있다는 자신감을 갖고 있음에도 불구하고, 장교들은 민간인과 마찬가지로 부패를 면할 수 없는 것 같다.

발전에 대한 군부의 공헌을 평가해 보는 경험적 연구는 많다. 이러한 연구들의 결과는 제3세계 국가들에서 군부의 경제적 근대화와 산업화의 성공은 비록 있었다 하더라도 매우 제한적임을 보여준다. 제3세계 국가들의 비교연구에 의하면, 경제성장과 군부정권 사이의 상관관계는 근대화의 초기 단계에 있는 가장 후진적인 국가들 사이에서만 존재하였다.[100] 그 밖의 곳에서 군부는 경제성장에 별로 영향을 못 미치거나 부정적인 영향을 미쳤다.[101]

---

99) Eric A. Nordinger, *Soldiers in Politics : Military Coups and Governments* (Englewood Cliffs, NJ : Prentice-Hall, 1976).

100) Ibid., p. 170.

경제성장과의 관계가 어떻든 간에, 군부의 정치발전 능력에 대해서는 별로 논란의 여지가 없다. 즉 군부지배는 정치발전을 가져오지 못한다는 것이다. 정치발전을 위해 가장 필요로 하는 제도들은—이것은 정치참여를 촉진하고 조직하는 것들이다—군부지배자들이 제일 먼저 억압하는 바로 그것이다.[102] 정당과 선거가 금지되고 그 밖의 정치참여 형태들도 억제되거나 심지어 투옥으로 제재된다. 그 대신 군부는 정치발전에 도움이 안 되는 조직과 시각(視角)을 갖는 관료와 전통적 지도자들의 역할을 확대하는 경향이다.

3. 군부지배하의 인권

인권존중에 관한 군부정권의 성과는 국가에 따라 크게 다르며, 심지어 같은 국가라도 정권에 따라 달라지기도 한다. 예컨대 나이지리아는 온건한 군부지배의 전통을 가지고 있어서 인권에 별로 피해를 주지 않는다. 나이지리아 군부정권은 종교의 자유, 출판의 자유, 언론의 자유, 집회나 스트라이크의 자유를 존중한다. 예외도 있다. 비아프라 전쟁 동안 고원(Gowon) 장군의 지배, 부하리(Buhari) 장군의 수 천명의 구 정치인과 공무원에 대한 투옥, 아바차(Sani Abacha) 장군의 현재의 고압적 지배가 그것이다. 고원 장군은 내란 이후 그의 지배를 완화하였으나, 문민지배로 신속히 이행하지 못함으로써 쿠데타에 의해 붕괴되었다. 부하리 장군은 또 하나의 쿠데타에 의해 불과 1년 만에 전복되었다. 새 지도자인 바반기다 장군은 대부분의 정치범을 석방하고 언론 통제를 대폭 제거하였다. 1990년대 중반에 아바차 장군은 시민의 자유를 계속 억압하였지만, 나이지리아의 전통적인 언론출판 자유는 단호한 군부지배자 후에도 널리 확

---

101) 다음을 참조할 것. R. D. Mckinlay and A. S. Cohar, "A Comparative Analysis of the Political and Economic Performance of Military and Civilian Regimes : A Cross-National Aggregate Study," *Comparative Politics* 8(October 1975) : 1~30.

102) Samuel P. Huntington, *Political Order in Changing Societies*(New Haven, CT : Yale University Press, 1968).

산될 것이다. 이것들은 나이지리아 군부지배를 특징짓던 너그러운 인권 정책의 단명했던 예외라 하겠다.

반면에 인권에 관한 전통이 없거나, 인권에 별로 개의치 않는 군사지도자들로 끝난 국가들도 있다. 1970년대와 1980년대 초 사이에 칠레에서 피노체트 장군의 지배는 스트라이크, 회합, 출판 등을 통제하는 강압정책이 특징적이었다. 이것은 칠레에 문민지배 및 인권존중의 오랜 역사가 있었음에도 불구하고 발생한 것이다. 마찬가지로 아르헨티나에서는 군부가 대부분의 인권을 억압하였고, 반정권적이라고 생각된 사람들을 납치하고 암살하는 군경합동의 '살인부대'를 가지고 통치를 강행하였다. 교회와 기업체만 간섭받지 않고 남겨 있었다. 그것들은 정치 밖에 있으면서 군부지배를 지지하였기 때문이다.

군부정권은 결국 권위주의적 정권이다. 그들은 일부 억압적인 문민정권보다 반드시 더 강력한 것은 아니라 하더라도, 정통성이 없다는 태생적 한계 때문에 힘으로 지배한다. 그들은 민간인보다 가혹하지 않을 수도 있지만, 기본적 인권을 유린하는 것이 보통이다.

Ⅳ. 병영으로 복귀

대부분의 군부는 몇 가지 긴급한 문제를 해결할 목적으로 정권을 장악하기 때문에, 곧 민간인에게 정권을 돌려주고 원대복귀할 것으로 기대된다. 왜냐 하면 장교들은 정통성을 획득하는 데 문제가 있음을 인식하고, 국방이라는 본래적 사명으로부터 정치로 빗나간 것을 후회하며, 권력으로 접근함에 따라 군부가 부패하지 않을까 염려하기 때문이다.

그러나 군부는 그들의 의도에도 불구하고 군부지도자들이 예상했던 것보다 오래 권좌에 머무른 것이 보통이다. 권력의 유혹은 강하고 중독성이 있다. 더욱이 군부는 민간인들이 정권을 회복하도록 능숙하게 조직하지 못한다. 군부의 기질과 사고방식이 본래부터 비민주적이고, 장교들은 다른 사람들에게 민주주의를 가르치는 데 별로 재능을 보이지 못한다. 그 결과 군부는 권좌에서 오랜 세월을 보내게 된다. 그래서 군부는 흔히 권력을 민간인에게 이양하는 일을 그르치고 권력을 재차 장악해야 했다. 그 결과 대부분의 제3세계 국가들은 군사지배의 정례화를 전통으로 수립하였다. 특히 1950년대 이후 독립하여 자치를 획득한 국가들에서 현저하였다.

예컨대 나이지리아에서 문민지배는 예외적인 일처럼 보인다. 나이지리아는 독립 후 35년 중에서 25년이 군사지배이다. 민정이양의 어려움은 민주주의의 재건에 관한 바반기다 장군의 슬픈 역사에 의해 잘 예증된다. 민정이양의 날짜가 여러 차례 연기되었다. 정권이양을 실행하기 위하여 정당들이 결성되었지만, 바반기다는 그 정당들이 마음에 안 든다고 모두 해산시켜 버렸다. 그러고 나서 두 개의 새 정당을 결성하도록 지시하고 대통령 선거에서 두 당의 후보자로 자기 측근들을 내세웠다. 여러 차례 연기 끝에 마침내 선거가 실시되었을 때에도 바반기다와 그의 측근들은 정권을 이양할 준비가 되어 있지 않았다. 군사정권은 개표를 중단시키고 선거를 무효화시키면서, 정당들을 새롭게 결성하여 장래 언젠가 민정이양을 위한 선거를 재차 실시하겠다고 약속하였다.

나이지리아의 사례는 유별난 것이 아니다. 거의 모든 군사정권의 경우에서 민정복귀로의 길은 험난하고 불확실하다. 민간인들이 권력에 복귀하면 군부는 병영으로 되돌아가지만, 여전히 새로운 문민정권을 면밀히 감시하며, 만약 그 정권이 비틀리거나 군부의 이익을 무시하면 또다시 개입할 준비가 되어 있다.

군부지배의 전통을 깨뜨리는 데 성공한 나라는 별로 없다. 일본의 경우, 그런 전통은 1945년 군부의 총체적이고 파괴적인 패배 이후에야 사라졌다. 그런 전통의 부활을 염려하여 미국 점령군은 일본의 새 헌법에 반전(反戰) 및 군대육성 금지의 규정을 포함하도록 영향력을 행사하였다. 일부 일본인과 외국 관찰자들이 민족주의와 군국주의의 부활에 관해 걱정을 표현하기도 하지만, 그 옛 전통은 사라진 것 같다.

멕시코는 오늘날 제3세계 국가의 경험에 훨씬 적절한 예가 된다. 멕시코는 1920년대까지 군부지배 및 간섭의 오랜 역사를 가지고 있었다. 그

후 군부의 행동은 몇 가지 전술에 의해 견제되었다. 첫째, 강력한 대중정당인 제도혁명당이 조직되어 민간지도자들이 수많은 추종자들을 이끌 수 있었기 때문에, 만약 정당통치가 군부에 의해 위협받으면 추종자들이 거리로 뛰쳐나올 수 있었다.

둘째, 군부는 제도혁명당 내에서 현저한 역할을 부여받았지만, 그 당을 지배할 정도로 대규모는 아니었다. 군부는 제도혁명당의 4개의 '부문(sectors)' 가운데 하나였으며, 나머지 3개 부문들이 군부의 영향력을 효율적으로 견제할 수 있었다. 수년 후 군부의 위협이 사라졌을 때 군부 부문은 제거되었다. 특히 군부는 그런 행동이 폭력적 저항과 어쩌면 내란을 유발하리라는 것을 이미 정치 개입의 유혹을 느끼던 초기에 알고 있었다. 이것은 군부가 개입해서 치를 대가는 개입하지 않아서 별로 저항을 받지 않을 때에 비해 훨씬 비싸다는 것을 알고 있었다는 의미이다.

마지막으로 원로 장교들에게는 제대하고 정치에 개입하지 않게 하는 '황혼 특급열차(silver cannonballs)'가 주어졌다. 그래서 은퇴하여 공무원이나 공공 분야에 자리잡거나 연금을 받고 커다란 목장에서 생활하게 되었다. 이렇게 해서 1930년대 초부터는 한때 정치에 적극적이었던 멕시코 군부가 영원히 병영에 머무르게 되었다.

불행하게도 멕시코의 사례는 일반적인 것이 아니다. 그러나 정치적으로 적극적인 군부를 제압하는 문민지배를 수립하는 데 성공한 기타 사례들은 멕시코식 처방의 요소들을 일부 포함하고 있었다. 핵심적 요소는 강력한 정당을 창조하여 수많은 대중을 동원할 수 있는 민간지도자의 능력인 것 같다.[103] 시민들이 군대의 총부리에 맞설 수 있는 결연한 의지는 군부의 정치 개입을 막는 강력한 억지력이다. 자기들이 봉사하고 보호하는 조국을 약화시킬 것이 뻔한 내란 촉발의 위험까지 무릅쓰려는 군 사령관은 많지 않다.

---

103) Huntington, *Political Order in Changing Societies*.

V. 결 론

이 장은 주로 제3세계에 초점을 두었는데, 그곳에서는 주로 군부가 현저한 정치행위자이기 때문이다. 이 장을 끝냄에 있어서 상기해야 할 것은 어떠한 국가도 군부에 의한 부적절한 정치행위나 간섭으로부터 면제되어 있지 않다는 사실이다. 프랑스, 스페인, 그리스는 모두 지난 40여 년 동안 군사 쿠데타의 유혹에 직면했다(그리스에서는 성공했다). 우리는 미국에서 군산복합체의 위력을 걱정한다. 또한 군부가 동성연애자들에게 균등한 군복무 기회를 제공하려는 민간지도자들의 시도를 무력화하려는 모습을 지켜보고 있다. 궁극적으로 군부의 역할을 최소화하는 것은 시민들의 경각심이며 군부의 역할을 불명예로 여기는 정치문화에 대한 시민들의 강렬한 애착심이다. 이러한 문화가 제대로 지켜지지 않으면 선진 민주주의들도 군부 개입의 희생물이 될 수 있다.

제 III 부

정부정책 결정

이제 우리는 정치학의 핵심처럼 보이는 것, 즉 공식적인 정부제도와 이것이 공공정책을 형성하고 적용하기 위해 정당이나 집단들 같은 정치 행위자들과 상호작용 하는 방식에 대해 연구하게 되었다. 정치를 이해하기 위해서는 단순히 한 나라의 헌법을 해석하는 것보다 훨씬 더 많은 일들이 있음을 우리는 안다. 그러나 권위주의적인 나라들에서조차도 헌법이 중요하다는 사실을 잊어서는 안 된다. 또한 어떤 제도들이 있으며, 그것이 어떻게 기능할 것인지에 대한 이해가 중요하다. 물론 헌법은 해석하기 어려우며, 경험이나 새로운 환경에 대응하여 비공식적인 변화를 겪기 마련이다. 헌법은 정치권력이 국민과 정부 사이에서, 다양한 정부부문 및 제도들 사이에서, 중앙 및 지방 수준의 정부 사이에서 어떻게 분할되는가에 관한 기본적인 질문에 답하는 데 도움을 준다.

실제 정책결정 과정은 공식적인 헌법 및 제도들과 항상 일치하지는 않는다. 헌법에 언급되지 않거나 공식적인 정부구성원도 아닌 중요한 행위자들이 정책형성에 관여하기도 한다. 정책의 집행도 마찬가지이다. 이론상으로 정책은 정치인에 의해 만들어지고 공직자에 의해 집행된다고 주장하기 쉽다. 그러나 사실 그 관계는 훨씬 더 복잡하다. 비정부 조직이 정책의 결정과 집행에 참여하는 경우도 흔하다. 관료들이 흔히 정책을 형성하고 정치인이 거의 항상 정책의 집행에 영향을 미친다. 이러한 역동적이고 복합적인 정책형성 및 집행과정은 모든 나라에서 정치의 핵심을 이룬다.

제9장

정치구조

나는 공산주의자도 민주주의자도 아니고 자본주의자이다. 차르(tsar)? 칸(khan)? 대통령? 여러분이 원하는 대로 불러달라……. 우리는 보잘것없는 여러 사람이 아니라 위대한 한 사람을 필요로 한다. 낡은 것들을 쓸어버릴 힘. 나를 문지기(janitor)라 불러달라. 그것이 바로 내가 여기서 하는 일, 잡동사니들을 쓸어버리려 하는 일이다.[104)]

러시아의 칼미크(Kalmyk) 공화국의 대통령인 키르산 일륨치노프(Kirsan Ilyumzhinov)는 취임 첫 주에 KGB 폐쇄, 의회해산, 모든 정당의 해산을 통해 자신의 공화국에 적합한 정치구조(political framework)를 찾기 시작했다. 위의 말을 통해 그는 어떠한 공식적인 정부제도에 의해서도 제약받지 않으며, 위기에 처한 작은 자기 나라에서 정책결정을 위한 직위나 구조를 찾을 필요가 없는 자신의 역할을 설명한 것이다.

---

104) *The Boston Globe*, 27 May 1993.

이러한 상황은 결코 예외적인 것이 아니다. 많은 나라들이 정치적 혼란이나 변화의 와중에 있으며, 정책결정을 위한 공식적이고 정규적인 제도들을 가지고 있지 않다. 강력한 지도자들이 일정한 패턴이나 제도적인 제약을 준수하여 자신의 행동을 제약할 필요가 없는 권위주의 나라들에서도 마찬가지이다. 이러한 경우 정책결정은 정책을 결정하거나 정부행위를 결정하기 위한 일련의 체계적인 지도자나 조직체 없이 임시변통으로 이루어진다. 어떤 정책은 특정 지도자나 집단들을 포함하지만 그렇지 않은 정책들도 있다. 즉 정책은 상황이나 조직체에 따라 달리 결정될 수 있기 때문에 관찰자들이 거기에서 일정한 패턴이나 체계를 발견하기가 쉽지 않다.

그러나 시간이 흐름에 따라 대부분의 정치체계는 제도화된 정책결정 패턴을 발전시켜 나간다. 특별제도(ad hoc arrangement)는 잠정적인 상황이나 위기시에 필요할 수도 있다. 결국에는 효율성(efficiency), 효능성(efficacy), 효과(effectiveness), 예측 가능성 때문에 민주적인 지도자뿐 아니라 권위주의적인 지도자들도 정책을 결정하고 집행하기 위한 일정한 패턴의 정부와 제도를 수립하게 될 것이다.

I. 헌법과 입헌주의

미국인들에게 헌법은 가장 강력하고 경이로운 정치적 상징 중 하나다. 210년이 된 이 문서는 정부가 운영되는 절차에 관한 규정뿐만 아니라 영광스러운 과거 및 오랜 민주주의 전통과의 관련을 상징한다. 그래서 이 문서를 중요하게 변화시킬 것을 생각만 해도 헌법에 의해 규정된 민주주의를 파괴할지도 모른다는 두려움을 갖게 된다. 이와 대조적으로 프랑스는 미국 헌법이 존속되는 동안에 수십 개의 공식적, 비공식적인 헌법을 갈아치워야 했다. 이처럼 프랑스 헌법은 너무 자주 바뀌어서 새로 나온 법전은 신문 가판대에서 잘 팔리기 때문에 서점에서는 팔지 않게 되었다는 농담이 나돌았다. 아직까지도 프랑스인들은 자기들의 헌법에 대해 미국인들이 그들의 헌법에 대해 표현하는 것과 같은 존경심을 나타내지는 않는다.

존경받든 아니면 단순히 받아들여지든 대부분의 나라들은 주요 정치 제도를 명확히 하고 권력을 규정하며, 공공정책을 정하고 집행하는 데 있어 세력들 간의 관계를 설정하는 헌법을 가지고 있다. 그러나 모든 헌법이 공식적인 문서로 되어 있는 것은 아니다.[105] 영국의 헌법은 비록 성문화된 헌법은 아니지만 정책결정을 위한 절차를 명확히 밝히고 있다. 대신 영국 헌법은 역사적 기록, 법률, 그 밖에 정치권력의 위상과 정치권력의 행사방법에 관한 일반화된 규칙들을 수립해 온 불문(不文)의 전통 및 관습의 종합물이다.

물론 공식적인 헌법구조와 정치과정의 현실 사이에는 간극이 존재한다. 예를 들면, 미국 헌법은 정당, 내각(presidential cabinet), 사법심사(judicial review), 의회위원회(congressional committee) 등의 제도들이 정치과정에서 행하는 중요한 역할에도 불구하고, 이러한 제도들에 대해서는 언급이 전혀 없다. 미국인들은 총체적인 정치권력의 패턴이 광범한 헌법원리에 부합한다고 간주하기 때문에, 공식적인 구조와 현실 사이의 차이에는 별로 관심이 없다. 다른 나라들에서도 이와 유사한 간극이 있게 마련이다. 다시 프랑스를 예로 들자면, 프랑스 대통령은 5공화국 헌법에서 찾아볼 수 있는 중재자의 역할보다도 실제로는 훨씬 중요한 역할을 한다.

권위주의적 환경에서는 헌법이 전적으로 무시되는 것이 보통이다. 예를 들어, 중국에서는 1982년에 채택된 헌법이 준수되는 경우보다는 위반되는 경우가 더 많이 관찰된다. 헌법은 권력을 전국인민회의의 수중에 둔다. 그러나 이러한 입법부는 거의 회의를 열지 않으며, 실재 권력은 공산당 정치국이나 상임위원회에서 활동하는 당의 지도부에 의해 행사된다. 마찬가지로 나이지리아에서는 군부지도자가 헌법에 상관없이 수십

---

105) Keith G. Banting & Richard Simeon, eds., *Redesigning the state : The Politics of Constitutional Change*(Toronto : University of Toronto Press, 1985).

년간 권력을 행사했다. 비민주적인 환경 속에 존재하는 헌법은 정치를 조직하기보다는 엘리트 지배를 위장하는 허울에 지나지 않는다.

그러나 입헌주의는 확립된 규칙과 절차가 정책결정을 방향지으며, 권력행사에 효율적인 제한을 가한다는 것을 의미한다. 헌법이 존재한다고 해서 입헌주의의 성공을 보장하지는 않는다. 즉 입헌주의는 정치권력이 헌법이라는 공식적인 규칙에 의해 제약되는 것을 필요로 한다.[106] 이는 헌법을 침해하려는 정부행위에 대해 도전할 수 있는 정상적이고 효과적인 수단이 있다는 것을 의미한다. 그러한 도전들은 법정, 여론이나 선거를 통한 것일 수도 있겠지만, 정치 엘리트들로 하여금 헌법에 부합되는 행위를 하도록 강제할 수 있는 능력을 가져야만 한다.

헌법은 전형적으로 세 종류의 쟁점을 포함한다. 첫째, 헌법은 개인들이 정부나 동료 시민들로부터 스스로를 보호할 수 있는 기본적인 권리와 자유를 공표한다. 둘째, 헌법은 주요 정치제도들(행정, 입법, 사법)을 명확히 하며, 이들 사이에 정치권력이 배분되는 방식을 규정한다. 이를 권력의 수평적 분립이라 한다. 셋째, 헌법은 또한 권력이 상이한 수준의 정부(중앙, 지방, 지역) 사이에 배분되는 방식을 규정한다. 이를 권력의 수직적 배분이라 한다. 미국에서는 다양한 전국 수준의 정체제도들 사이의 수평적인 권력배분이 '권력분립'이라는 헌법적인 개념에 의해 규정된다. 권력의 수직적 배분은 주의 권리 및 연방의 원리를 다루는 조항에 의해 규정된다. 그러나 미국식의 해결책이 전국적인 제도들 사이의 수평적인 권력배분이나, 전국과 지방 수준의 정부들 간 수직적 권력배분을 다루기 위한 유일한 방법은 아니다.

106) 이와 같은 헌법에 대한 고전적인 정의는 프리드리히의 저서『헌법과 입헌주의』에서도 여전히 발견된다. Carl J. Friedrich, *Constitutions of Constitutionalism*, rev. ed. (Boston : Ginn and Company, 1950).

Ⅱ. 권력의 수평적 배분

미국인들은 상이한 정부 부문(branch) 사이의 권력배분이라는 개념에 익숙해 있다. 미국 헌법하에서 세 가지 정부부문(행정, 입법, 사법)은 권력을 분할한다. 이론적으로 대등한 이러한 정부부문들은 권력남용을 방지하기 위한 견제와 균형을 이루어낸다. 다른 나라들은 민주적인 나라들인 경우조차 권력배분에 관한 미국식 선입견에 관심이 덜하다. 이 나라들은 입법부라는 단일한 전권을 휘두르는 정부부문에 권력이 집중되는 것에 별로 우려하지 않는다. 이러한 두 가지 시각과 전통은 정치권력을 조직하는 두 가지 상이한 패턴, 즉 대통령제 정부와 의원내각제 정부를 낳았다.[107]

1. 대통령제와 의원내각제

미국 헌법의 행정, 입법, 사법부 간의 권력에 대한 신중한 배분과는 달리 의원내각제 정부체계는 의회의 절대적 우위(supremacy)라는 핵심원리에 기초한다. 국민에 의해 선출된 유일한 전국적인 정치지도자 집단으로서 의회는 국민주권과 국민의사를 구현한다. 의회는 수상과 각료로 구성된 정부에 자신의 권력 일부를 위임하여 집행기능을 수행토록 한다.

그림 [9-1]은 의원내각제 안에서의 기본적인 제도(institution)와 그것들 간의 관계를 설명한다. 정부는 수상이 행정수반(chief executive)의 역할을 수행하는 행정부를 구성한다. 정책을 결정하고 국가행위를 결정하는 것은 바로 정부이다.

의원내각제는 수상 외에 또 다른 행정부, 즉 국가원수라는 의례적인 임무를 수행하는 군주(영국과 일본처럼)나 혹은 대통령(독일이나 인도처럼)을 갖는다. 국가원수가 세습군주가 아니라 대통령일 경우, 대통령은

---

107) 이와 관련된 자세한 논의는 리파르트의 저서를 참조할 것. Arendt Lijphart, *Parliamentary Versus Presidential Government*(Oxford, England : Oxford University Press, 1992).

대개 의원들의 투표로 선출된다. 대통령이나 군주는 일정한 정치적 영향력을 갖게 될 수도 있지만, 대개는 주요 정치행위자이기보다는 국가의 상징으로서 표면적인 대표자일 뿐이다.

대부분의 경우 수상이나 정부의 다른 구성원은 의원 중에서 선출되며, 정부의 지도적 지위를 갖게 되는 경우라도 의원직을 유지하고 의회 내에서 투표를 계속할 수 있다. 정부는 의회에 의해 구성되기 때문에 의회 내 다수의 신임을 받는 경우에만 유지될 수 있다. 따라서 정부가 위임받은 권한(mandate)은 불확정적이며, 의회 내 다수의 지지를 유지하는 경우에만 지속된다.

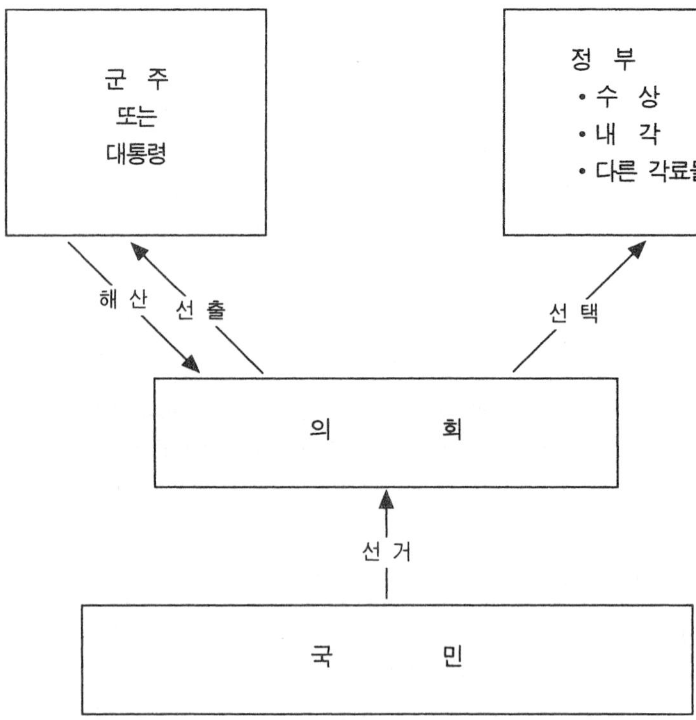

그림 [9-1] 의원내각제 체계도

정부가 의회의 지지도를 측정하는 데는 몇 가지 방법들이 있다. 가장 분명한 방식은 법안을 의회에서 통과시키는 것이다. 그러나 정부안건이 의회의 동의를 획득하지 못할 경우의 결과는 대통령제의 경우보다 훨씬 더 심각하다. 중요한 투표에서 실패하는 것은 정부가 의회의 신임을 상실했다는 징후이다. 대부분의 경우 투표에서 빈번히 실패하는 정부는 의회 다수를 상실했음을 인정하고 사임할 수밖에 없다. 예를 들면, 1994년 초 일본에서 주요 정치개혁에 대한 의회에서의 패배는 모리히로 호소가와 수상의 정부를 약화시키고 내각의 존립을 위협했다.

이러한 의회 내 투표에서 성공함으로써 의회의 신뢰를 획득하는 것 외에 정부의 지지를 시험할 수 있는 두 가지 공식적인 절차가 있다. 하나는 정부가 자진해서 의회에다 신임투표(vote of confidence)를 요청하는 것이다. 정부가 신임투표에서 패배하면 대부분의 경우 정부는 사퇴한다. 또 다른 절차는 야당이 주도하여 정부를 견책하려는 불신임투표(vote of censure)이다. 불신임안이 채택되면 대개의 경우 정부는 사퇴한다. 이들 중 어떤 경우든 정부의 사퇴는 의원내각제의 정상적인 일부분이다. 만약 신문에 민주적인 정부의 '실각(fall)'이나 '전복(overthrow)'에 관한 기사가 났다면, 이는 내각제 정부의 민주적인 구조는 여전히 유지된 채 발생하는 일상적인 사건을 의미하는 것이다. 즉 민주적인 절차는 단순히 정부의 변화만을 초래한다.

이 모든 이유 때문에 정부의 존속은 기술적으로는 의회 다수의 의사에 따라 좌우된다. 대개 정당의 규율(party discipline)이나 응집력 있는 다수(cohesive majorty)는 정부의 임기를 보장하는 요소이지만, 정부는 언제라도 지지를 상실할 위험에 처해 있다. 의회에 의해 사용되는 또 다른 장치는 수상과 다른 각료들에 대한 정례적인 질의(regular questioning)의 관행이다. 정부가 의원 질문에 반드시 답변해야 하는 경우에는 대개 1주일의 여유가 주어진다. 이러한 질문들은 정부의 실패나 취약성을 지적하거나 이에 대한 관심을 끌기 위한 것이다. 또 이러한 토론의 결과는 정부의 의회 내의 위상과 대중의 지지에 손상을 가할 수도 있다. 영국에서 수상에 대한 질의는 한 주에 두 번씩 이루어지는데, 이는 의정활동의 일

상적이고 중요한 일부분이다.108)

위에서 필자는 '대부분의 경우(in most cases)' 또는 '대개(usually)'라는 단어들로 언급을 제한하였다. 이는 신임투표와 불신임투표의 세분화된 절차라든지 의회에서의 패배에 대한 정부의 대응이 법률과 관습에 따라 나라마다 상당히 다르기 때문이다. 그러나 의원내각제의 일반적 원리는 정부가 의회에서 다수의 신임을 유지하는 경우에만 계속 유지될 수 있다는 것이다.

다수를 상실한 정부일지라도 방어수단이 없는 것은 아니다. 불신임 절차를 어렵게 하는 특별한 규칙들이 있다. 예를 들면, 독일 하원(Bundestag)은 새 수상을 미리 선출해 놓은 경우에만 정부를 사퇴시킬 수 있다.109) 프랑스에서 불신임 동의안은 50인의 지지자를 필요로 하며, 한번 불신임안을 상정하면 동일 회기 동안에 다른 불신임안을 상정할 수 없다. 의회에서 패배한 정부는 순순히 사퇴하고, 의회는 그들이 신뢰하는 새 정부를 찾는 경우가 대부분이다. 그러나 패배한 정부는 또한 국가원수로 하여금 의회를 해산하고 새로운 선거를 치르도록 할 수도 있다. 정부 각료는 대개 안전한 선거구에서 계속 재선된 원로 정치인들이기 때문에, 새로운 선거에 대한 위험부담은 정부 각료보다는 오히려 의원에게 훨씬 크다. 반면 정부직책을 맡지 못한 정치인들은 대개 경쟁이 치열한 선거구에서 어려운 선거를 치러야 하는 소장 정치인들이다. 따라서 정부를 구성한 정당이나 연합정당의 의원들은 자신들의 의석을 상실할지도 모를 선거를 치르기 원치 않기 때문에 정부에 반대투표하기를 꺼린다.

의원내각제에서 정부는 재임 중에, 미국 대통령이 자신의 제안에 대한 의회의 동의를 얻기 위해 한 것처럼 의회와 다툴 필요가 없다. 정부는 규율 있는 의회 다수를 가지고 있어서 자기의 입법안에 대해 그들의 지지를 받을 것이 확실하기 때문이다. 정부는 자신의 입법안을 의회에 직접·제출하며, 입법일정(legislative calendar)과 의제(agenda)를 관장하는

108) Mark Franklin and Philip Norton, eds., *Parliamentary Questions*(New York : Oxford University Press, 1993).

109) 역주—독일의 이러한 제도를 '건설적 불신임제'라고 한다.

것이 보통이다. 대부분 의원내각제에서는 정부에 의해 보증된(endorsed) 법안들만 상정될 수 있으므로, 정부가 제출한 입법안은 통과되기 마련이다. 물론 미국의 대통령제에서는 상황이 매우 다르다. 미국에서는 대통령이 법안을 제출하기 위해서는 동조하는 의원들을 찾아야만 하며, 그러기 위해서 의회 내 지지자들과 법안 내용에 대해 타협하는 것이 보통이다. 법안 상정은 대통령에 의해 통제될 수 없다. 따라서 미국에서 채택되는 대부분의 입법안은 상원과 하원 자체에서, 상원과 하원 사이에서, 그리고 상하 양원과 대통령 사이에서 장기간 동안 협상한 산물이다.

의원내각제에서 행정부는 정부 각료들의 내각에 의해 행정권이 행사된다는 점에서 대체로 집단적이다.[110] 수상은 '동등자 중 첫째(first among equals)'이지만, 다른 각료들의 지지를 받아야만 한다. 이러한 각료들은 정당 내의 중요한 이익과 견해를 대표하기 때문에 직위에 오른 강력한 정치지도자들이다. 내각의 반란이 흔히 수상의 교체로 이어지기 때문에 수상은 그들의 조언을 장기간 무시할 수 없다. 정부의 결정은 대개 관계 장관들이 충분히 토론한 후, 주례 내각회의에서 이루어진다. 수상들은 지난 50년 동안 상당한 위상과 권력을 확보했지만, 여전히 동료 장관들의 지지를 유지해야만 한다. 반면에 미국 대통령제에서, 대통령은 측근자문단(inner circle of advisor)과 협의하여 핵심적 결정을 내린다. 대통령의 내각은 가끔 의례적인 이유로 회합할 뿐이다. 대통령이 내각에 집단적인 정책결정을 요구하는 경우는 드물다. 각료들이 임기 동안 자신들이 담당하는 문제들에 관해 자문을 하기는 하지만, 그렇다고 해서 이들이 대통령 및 대통령의 수석 자문들과 '동등자'는 아니다.

대통령과 수상의 마지막 차이점은 권력에 도달하는 경로에서 나타난다. 수상은 거의 항상 의회에서의 오랜 경력을 통해 등장한다. 예를 들면 영국에서 수상은 반드시 하원(House of Commons) 의원이어야 하며, 평균 15년 이상의 의원 경력을 가진다. 수상은 오랫동안 자신이 속한 정당

110) Thomas A. Baylis, *Governing by Committee : Collegial Leadership in Advanced Societies*(Albany : State University of New York Press, 1989).

및 동료 의원들에게 봉사함으로써 최고 지위에 오른 것이다. 수상은 또한 정당정치 및 입법절차에 정통한 경험 많은 내부자(insider)이다. 반면, 미국의 대통령제는 다양한 배경을 지닌 경쟁자들에게 개방되어 있다. 실제로 미국의 유권자들은 워싱턴에서 오랜 경험을 지닌 사람들보다는 외부자(outsider)들에게 투표하기를 선호하는 것처럼 보인다. 1953년 이래로 미국의 대통령은 퇴역 군장성, 주지사, 전직 배우 등이다. 존슨(L. B. Johson)과 포드(G. R. Ford) 두 사람만이 대통령이 되기 전 오랜 의회 경력을 지녔으며, 부통령으로서 대통령직을 승계했다.

수상이 의회에서 장기간 수련생활(apprenticeship)을 하는 데에는 장단점이 모두 있다. 긍정적인 측면으로 수상은 의원내각제가 작동되는 방법을 잘 아는 경험 있는 정치인이라는 점이다. 이들은 소속 정당 및 의회에 장기간 헌신해 왔으며, 수십 년간의 봉직을 통해 자신들의 신뢰성을 증명해 왔다. 이들의 지도력은 개인적인 야망에서 나온 것이 아니고 정당과 의회에 장기간 참여하고 전념한 데 기초한 것이다. 반면에 부정적인 측면은 최고 지도자의 지위를 차지하기 전에 의회에서 장기간 봉직하는 것은 '평범한 지도자'의 충원이라는 결과를 낳는다는 것이다. 이들은 기존 정책 및 정당의 권모술수(gamesmanship)에 익숙한 '내부자(insider)'이다. 수상이 된 정당지도자는 다른 의원들과 마찬가지로 개별 선거구에서 선출된 것이지 전국적인 선거에 의해 선출되지 않았다. 게다가 이들은 대개 선거기법(skills)이 불필요한 안전한 선거구에서 당선돼 왔다. 따라서 수상은 흔히 일반 대중을 동원하는 능력이 부족하다. 수상을 정당지도자로 만들었던 그러한 요인들이 유권자들을 끌어모으는 요인들과 반드시 일치하지 않는 것이다. 대부분의 경우 장기간에 걸친 의회에서의 수련생활 때문에 수상들은 개혁이나 정치문제에 대한 새로운 접근방법을 제시하지 못한다. 수상은 이러한 개혁 추진력 부족을 정당분파들을 끌어모은 정치 수완으로 협상하는 것인지 모른다.

대통령제는 대통령에 의원직 보유가 요구되지 않기 때문에 좀더 광범위한 대안들 가운데서 가치 있는 후보를 유인할 수 있는 장점을 지니고 있다. 이는 대통령이 과거에 얽매이지 않고 대통령직에 오르고 수상보다는 더 개혁적이게 한다. 그래서 대통령은 대중의 상상력을 더 잘 포착하여 지지를 더 잘 획득할 수 있을 것이다. 대통령은 국민에 의해 전국적으로 선출되기 때문에, 한 지역선거구에서 선출되어 의회 동료들에 의해 지도적 지위에 오른 수상보다는 더 권위 있는 목소리를 낼 수가 있다. 그러나 불리한 점도 있다. 중앙정치의 복잡한 미로를 헤쳐나가는 데 필요한 정치적 경험이 없는 사람이 대통령이 되는 경우가 흔하다. 이 경우에 대통령은 정치적 방식과 핵심 인물들을 익히는 데 수개월, 심지어는 수년을 허비해야 한다. 또한 이들은 수상처럼 정당이나 동료 공직자들에 대한 애착을 가지지 않는다. 미국에서 대통령은 자신의 정치사조직(personal political machine)에 힘입어 성공했기 때문에, 정당이나 의회지도자들보다는 이것에 더 애착과 충성심을 갖는다. 탄핵 위협에 맞서 권력을 지키려는 리처드 닉슨의 오랜 투쟁이 그 예이다. 2년간이나 지속된 이 전투로 인해 대통령직과 공화당은 약화되었다. 미국의 대통령 선거제도에 기인한 개인적인 야망이 이러한 투쟁을 야기한 데 비해, 의원내각제에서 지도자는 자신의 당 및 동료 당원들이 그러한 갈등의 곤혹을 겪지 않도록 의무감을 느낀다.

표 [9-1]은 의원내각제 및 대통령제하에서 행정권력에 대한 개략적 비교를 제시한다. 이들은 전혀 다른 정치의 조직화 방법을 나타낸다. 사실 모든 헌법은 이러한 두 가지 공식 중 하나에 기초한다. 이 두 가지 유형을 대통령-의원내각 혼합제로 조화시키려는 체제들도 있다. 그러나 이

표 [9-1] 행정권력에 대한 비교

	대통령제	의원내각제
위 임		
원 천	국 민	의 회
기 간	고정된 임기	가변적 임기
입법부 지도력	약	강
행정부 지도력	배타적	집합적
충원경로	개방적	의 회

러한 혼합체제는 권력기반의 상이성 때문에 중요한 문제를 야기한다. 즉 의원내각제는 의회에다 주권을 두지만, 대통령제는 둘 또는 세 개의 분리된 정부부문 사이에 주권을 분할하는 것처럼, 양자가 권력 기반이 상이한데도 이를 혼합하였기 때문이다.

프랑스 5공화국은 혼합된 형태의 이원집정부제(presidential-parliamentary system)를 채택하고 있다. 그래서 국민선거에 의해 선출된 강력한 대통령과 대통령에 의해 발탁되지만 의회 다수에 책임을 지는 수상 사이에 행정권력이 분할된다. 실제로는 대통령이 지배적 인물이고 그가 결정한 정책은 그가 임명한 수상이 집행한다. 의회 다수가 대통령의 출신 정당과 같을 경우에는 문제가 거의 없다. 그러나 대통령 재임 기간이 7년인 데 반하여 의원의 임기는 5년에 불과하기 때문에, 때때로 선거는 의회에서 대통령의 소속 정당과 다른 다수 연합을 낳기도 한다. 예를 들면, 사회당인 미테랑 대통령은 1986년부터 1988년까지, 그리고 1993년부터 1995년까지 보수당이 의회를 지배하는 상태에서 통치해야 했다. 이러한 '동거(cohabitation)'는 대통령이 적대적인 수상 및 의회 다수와 함께 일해야 하기 때문에 긴장이 고조될 수도 있다. 이와 유사한 상황은 미국에서 대통령이 의회 다수당이 아닌 정당의 출신인 경우에 일어난다. 그러나 프랑스에서는 미국에 비해 정당의 규율이 엄격하고 양극화가 심화되었기 때문에, 미국 의회에서 법을 통과시킬 경우 있을 수 있는 그런 종류의 정당 간 연합은 심각한 갈등을 야기하게 마련이다.

프랑스의 패턴은 한때는 유일했지만, 많은 탈공산주의 정권들 사이에서 새로운 민주주의로 더 인기 있음이 증명되었다. 예를 들면, 러시아는 프랑스식 혼합체제를 모방한 헌법을 갖고 있다. 러시아와 다른 나라처럼 이전의 권위주의적 환경에서 새로운 민주주의를 수립하려는 나라들은 급속한 사회적, 경제적, 정치적 변화기에 지도력과 일관성을 제고하기 위해 강력한 대통령을 필요로 하기 때문이다. 이들은 정당제가 아직 생소하고 취약하며, 분열된 상황에서 안정성을 부여할 강력한 대통령의 지도력을 원한다. 이러한 경우 혼합체제는 대부분 프랑스에서처럼 강력한 대통령의 지배로 귀결된다.

2. 의원내각제와 대통령제의 장단점

정치권력을 조직하는 구조들은 각기 장점과 단점을 지니고 있다. 의원내각제는 대개 대통령제보다 더 신속하고 효율적인 입법절차를 제공한다. 그러나 그러한 신속성은 결함이 있는 법안을 낳을 수도 있다. 의원내각제에서 정부입법안은 권력분립으로 인해 대통령과 의회로의 접근방식이 전혀 다른 대통령제에서보다 더 일관적인 경향이다. 대통령제에 존재하는 견제와 균형은 법안을 채택할 때 다양한 유권자의 이익을 더 잘 반영하도록 할 수 있지만, 입법의 지체현상을 초래할 수도 있다. 의원내각제에서는 정부 내 다른 지도자들이나 선거구민의 신뢰를 상실한 국가 지도자를 처리하기가 쉽다. 그러나 이 같은 지도자 축출의 용이성은 바로 정부의 빈번한 변화와 이에 따른 정부정책과 행위에 대한 불확실성을 낳는다. 오랫동안 의회에서 수련생활을 통해 등장한 지도자들은 통치함에 있어 더 숙련되고 믿음직스러울 수도 있지만, 반면에 활기가 없거나 개혁할 능력이 없을 수도 있다.

의원내각제라는 명칭에도 불구하고 의원내각제에서 의회는 대개 정치권력이 미약하다. 엄격한 정당규율과 확고한 의회 다수는 권좌가 의회에서 정부로 이동한다는 것을 의미한다. 어느 역사학자가 지적하였듯이 "정당제가 의회를 규제할 때 의회의 논쟁은 귀머거리를 상대로 한 것이다."[111] 따라서 의원내각제에서는 미국의 대통령과 의회 간의 상호작용—의회의 위원회 및 위원회가 여는 청문회, 인준투표(confirmation vote), 이익집단 로비 등—에서 나타난 여러 특징들이 중요하지 않거나 존재하지 않는다. 그러나 의회는 정부에 대한 궁극적인 불신임권(不信任權)을 보유한다. 의원들은 심지어 영국과 같이 강력한 정부에서도 선거구민의 견해를 대표하고자 한다.[112] 주요 결정이 다른 곳에서 이루어질 수도 있

111) Barbara Tuchman, *The First Salute*(New York : Knopf, 1988), p. 104.

112) Bruce Cain, John Ferejohn, and Morris Fiorina, *The Personal Vote : Constituency Service and Electoral Independence*(Cambridge, MA : Harvard University Press, 1987).

겠지만, 의회는 주요한 정치의 장이다. 의원내각제의 정치는 개별 의원들의 영향 및 의원들 간의 토론을 통해 정책을 형성한다.[113]

미국인들은 의원내각제에서 수상이 결속력 있는 의회 다수의 지지에 기초하여 상당한 권력을 누리는 데서 일어나는 권력집중을 우려한다. 이는 집중된 권력은 반드시 절대주의 및 민주주의의 종말에 이르고 만다는 두려움과 결합된 미국적 선입견에서 비롯된다. 그러나 사실 의원내각제는 성공적인 민주주의와 제한 정부(limited government)에 완전히 부합됨이 증명되었다. 실제로는 의원내각제보다 대통령제에서 독재정치화되는 경우가 흔하다.[114] 이는 강력한 지도자가 대통령 선거에 승리한 후, 자신의 인기와 지위를 이용하여 정부의 다른 부문을 희생시켜 점점 더 큰 권력을 획득하기 때문이다. 결국 미국의 대통령제 민주주의의 성공은 예외적인 것이고, 현재 대부분의 민주주의는 의원내각제이다.[115] 그러나 의원내각제 구조가 민주주의가 승리할 것이라고 보증하지는 못한다. 독재자는 흔히 의회를 자기의 권위주의적 지배의 외피로 이용한다. 예를 들면, 중국은 공식적인 정치제도로 의회 구조를 지니고 있지만, 실제로는 공산당의 엘리트에 의해 지배된다.

의원내각제는 일반적으로 선거구민들에게 책임을 더 잘 진다고 생각된다. 이는 어느 한 정당이나 정당연합이 의회와 정부를 모두 장악하는 경우, 정부의 행위나 나태(inaction)에 누가 책임이 있는지를 유권자들이 더 쉽게 확인할 수 있기 때문이다. 대통령제에서는 정부의 정책실패나 의회가 법안을 통과시키지 못한 의회의 교착상태(stalemate)에 대해 대통령과 의회는 서로를 비난하며 책임을 전가할 수 있다. 행정부나 입법부

113) Frank Baumgartner, "Parliament's Capacity to Expand Political Controversy in France," *Legislative Studies Quarterly* 12(February 1987) : 33~54.

114) Juan J. Linz, "The Perils of Presidentialism," *Journal of Democracy* 1 (Winter 1990) : 51~69.

115) Matthew Soberg Schugart and John M. Carey, *Presidents and Assemblies : Constitutional Design and Electoral Dynamics*(Cambridge, England : Cambridge University Press, 1992).

가 정치권력을 분점하기 때문에 유권자들은 정부정책의 성패에 대한 책임을 누구에게 물어야 할지 판단하기가 훨씬 더 어렵다. 이 반면에 다수에 기초한 의원내각제에서는 책임이 누구에게 있는지가 언제나 분명하며, 시민들이 투표에 의해 집권정당에 보답하거나 응징할 수 있다. 예를 들면, 단일정당으로 구성된 정부가 존재하는 영국이나 두 개 정당의 연합이 지속적으로 존재하는 독일에서 유권자들은 정부로 하여금 자신들의 행위에 책임을 지게 할 수 있다. 즉 정부정책을 싫어하는 유권자들은 야당에 투표할 수 있으며, 정부를 지지하는 유권자들은 정부가 재집권하도록 투표할 수 있다.

의회 내에서 많은 정당들이 권력을 분점하고 있으면서도 지속적인 연합을 형성하려 하지 않을 경우, 의원내각제는 불안정과 잦은 정부 교체를 경험할 수 있다. 그 전형적인 예가 이탈리아인데, 거기서는 의회에 너무 많은 정당이 존재해서 네 개 내지 다섯 개 정당이 연합해야 다수파를 구성한다. 그러한 다수파는 깨지기 쉽다. 왜냐 하면 연합에 참여하는 다양한 정당들이 관심사에서 이탈하거나 더 좋은 각료 자리를 차지하기 위해 책략을 쓰기 때문이다. 그 결과 이탈리아에서는 1946년에서 1994년 사이에 평균 수명이 11개월 미만인 정부가 53개나 있었다. 이러한 이탈리아의 기록은 드문 경우이기는 하지만 유일한 것은 아니다. 프랑스나 독일의 경우도 모두 과거에 이와 비슷한 어려움을 경험했다. 이런 불안정한 상황에서 후속 정부는 무엇에 대해 누구에게 책임을 져야 하는가라는 문제가 애매해짐으로써, 유권자들에 대한 책임성(accountability)을 지닌다는 의원내각제의 장점은 상실된다. 그러나 많은 경우 다당 연합정부는 지속성이 있으며, 유권자들에 대한 정부의 책임을 신장시켰음이 증명되었다.[116)]

근래 몇 년간 미국의 정치전문가들은 의원내각제로의 헌법수정을 제안해 왔다. 리처드 닉슨의 경우처럼 대통령이 신임을 잃었는데도 권력에 집착할 때 그러한 제안들이 나왔는데, 최근에는 심지어 대통령의 소속

116) Arendt Lijphart, *Democracies : Patterns of Majoritarian and Consensus Government in Twenty-One Countries*(New Haven, CT : Yale University Press, 1984).

정당이 의회에서 다수인 경우에도, 의회와 대통령 사이에 의제를 달리함으로써 생기는 입법의 정체현상(gridlock)에 대한 해결책으로 제시되고 있다. 몇몇 분석가들은 국민에 대한 정부의 책임성을 증진시키기 위해 의원내각제로 전환해야 한다고 주장한다.

이처럼 일부 미국인이 의원내각제로의 헌법 개정에서 그들이 처한 문제에 대한 해결책을 구하는 반면, 이탈리아인과 일본인들은 정치적 문제들을 해결하기 위해 대통령제의 특징을 도입하는 논의를 하고 있다. 의원내각제는 정부와 국민 사이를 더욱 긴밀하게 할 수 있다. 그렇다고 의원내각제가 민주주의를 위한 더 우월한 조직화 형태라는 의미는 아니다. 어떤 정부구조도 민주주의를 보장할 수는 없다. 효과적인 민주주의를 확립하는 데 특정한 헌법구조가 미치는 효과는 정치문화, 전통, 엘리트들의 태도, 정당구조, 사회경제적 환경보다 덜 중요하다. 아무리 좋은 정치제도라 할지라도 적대적 환경에서는 민주주의를 성공시킬 수 없다.

많은 사람들은 이러한 점을 이해하기 어렵다. 그 결과 혼란스런 정체(polities)의 국가들은 흔히 기본적인 정부제도들을 손질하거나 전면적으로 교체하는 헌법공학(constitutional engineering)에 의존한다. 대개 이러한 헌법공학은 실패로 끝난다. 낡은 패턴이나 문제들은 제도적 장치가 어떻든 다시 나타나는 경향이 있다.

III. 중앙집권적 국가와 연방주의

헌법은 중앙정부의 상이한 부분들 사이에 권력을 분할할 뿐만 아니라 중앙과 다른 수준의 정부들 사이에 권력을 수직적으로 배분한다. 여기에는 중앙집권적 국가(centralized state), 연방국가(federal state), 국가연합(confederation)의 세 가지 기본적인 유형이 있다. 미국인들은 절대주의를 방지하기 위한 권력배분의 필요성에 몰두함으로써 연방주의를 민주주의에 필수적인 것으로 간주하는 것이 보통이다. 그러나 오늘날 대다수 성공적인 민주주의는 연방이나 국가연합이 아니라 중앙집권적 국가이다.

단일제 구조(unitary framework)를 지닌 성공적인 민주주의 사례에는 영국, 일본, 프랑스, 스칸디나비아 등이 있다. 연방주의는 정부의 민주성 여부보다는 국가의 규모와 더 관련이 있다.

중앙집권적 국가, 즉 단일제 국가의 헌법은 모든 정치권력을 중앙정부에 부여한다.[117] 중앙정부는 권력과 의무의 일부를 하위 수준의 정부에 양도할 수 있지만, 지방정부의 책임과 특권에 대한 규정은 중앙정부에 의해 명시되어진다. 대부분의 경우 지방정부는 중앙 수준에서 이루어진 결정과 정책들의 단순한 집행자가 된다. 중앙정부는 지방정부에 의한 조정(adjustment)을 거의 허용하지 않고 전국에 걸쳐 균등하게 적용되는 법률과 지침을 제정한다. 지방정부는 지방도로, 공중위생 서비스, 도시계획구역법(zoning law), 공공건물의 유지와 같은 책임을 지닌다. 그러나 지방정부의 권한과 재정은 중앙정부의 지침에 의해 통제된다.

그래도 지방정부는 중앙에서 결정된 정책을 수행할 때 중요한 영향력을 지닐 수 있다. 지방정부는 국민들에 의해 선출되어, 지역 이익의 대표자라는 지위를 갖는 개인들로 구성된다. 현명한 중앙정부는 지방정부의 관심사에 유의하지만, 그러나 결국 우위를 차지한 것은 단일제 국가이다. 이러한 사례는 1980년대 영국에서, 마가렛 대처가 노동당이 지배하는 런던자치구(Greater London Council)의 저항에 직면했을 때 나타났는데, 결국 대처는 런던자치구를 폐지하는 법안의 집행에 성공했다. 이는 극단적인 사례였지만, 단일제 또는 중앙집권적 국가 체계에서 정치권력이 궁극적으로 중앙 수준에서 행사된다는 사실을 설명한다. 반면에 대처 수상과 관련된 또 다른 사례에서 나타나듯이, 언제나 중앙의 통제가 지방정부를 압도하기 위해 사용될 수는 없다. 런던자치구를 폐지한 지 수년 후 대처 수상은 사임해야 했는데, 그 이유는 인기 없는 세금안을 지방정부에 강요하려는 고압적인 노력 때문이었다.

---

117) 중앙과 지방의 관계에 관한 토론에 대해서는 다음을 참조할 것. E. C. Page and M. Goldsmith, eds., Central and Local Government Relations(London : Sage, 1987) ; Yves Meny and Vincent Wright, eds., *Center-Periphery Relations in Western Europe*(London : Allen and Unwin, 1985).

이와는 달리 연방은 중앙정부와 지방 또는 지역 정부 사이의 권력배분에 기초한다.[118] 지역(regional) 및 지방(local) 정부는 헌법에 의해 독자적인 권리로서의 권력과 더불어 책임을 지닌다. 중앙정부는 하위 수준의 정부가 지닌 권리를 침해할 수 없다. 지역 및 지방 정부에 부여된 권력은 광범하며, 미국에서처럼 명확히 중앙정부에 부여된 것을 제외한 모든 정치적 책임을 포함한다.

대부분의 연방은 인구가 많거나 규모가 큰 나라들에서 발견된다. 대부분의 경우에, 연방구조는 다양한 사람들을 연결시켜 단일한 정치적 실체(political entity)를 이루게 하는 효과적인 방법이다. 연방을 이루는 성(province) 또는 주(region)는 한때는 독립적이었지만 지금은 서로 결합된 역사적인 정치적 단위들을 나타낸다. 연방의 사례에는 미국, 캐나다, 인도, 독일이 포함되는데, 이들은 모두 민주적 전통을 따르고 있다. 그러나 연방구조는 러시아나 나이지리아 또는 브라질에서 행해지는 권위주의적 지배를 예방해 주지는 않는다.

국가연합하에서 정치권력은, 중앙정부에 특별히 부여된 제한된 권력을 제외하고는 구성국가 정부의 수중에 있다. 전형적으로 국가연합의 제도들은 외교, 국방, 공용통화의 통제를 다룬다. 이러한 이유로 국가연합은 오늘날의 세계에서는 덜 보편적이다. 현대의 정체들은 경제와 국방의 국제적 성격에 대처하기 위해 강력한 중앙집권국가를 필요로 한다. 오늘날 성공적인 국가연합의 대표적인 사례는 스위스다.

국가연합은 본래 불안정하다. 스위스 연합은 드문 예외로, 이는 작은 국가 규모와 독특한 국제적 위상의 덕분이다. 그 밖의 경우, 국가연합은 구성국가가 탈퇴하거나, 연방이나 단일구조로 더 긴밀히 결합된다. 소련 붕괴 후 몇몇 소비에트연방 구성 공화국들은 독립국가연합(CIS)을 이루었다. 이 독립국가연합은 1992년 올림픽 공동참가를 위한 하나의 포괄조직(umbrella organization)으로 출발했다. 1990년대 중반에 독립국가연합

118) C. Jones and R. Thomas, *Public Policy Making in a Federal System* (Beverly Hills, CA : Sage, 1976).

은 이제는 독립했지만 옛 소비에트 공화국들이 경제 및 안보 문제에서 통합하는 것이 유익함을 알게 되면서 더욱 중요해지기 시작했다. 러시아 제국으로의 재흡수에 대한 두려움은 감소되었고 우크라이나, 벨로루시, 그루지야 등과 같은 나라들은 협력의 가치를 인식하게 되었다. 그러나 아직까지는 국가연합의 정치제도가 독립국가연합에 출현하지는 않았다. 그들 간의 상호작용은 국가연합보다는 국제관계에 가까운 것 같다.

1. 연방주의와 단일제 국가의 장단점

단일제는 정책의 전국적 통일성을 가장 중대한 장점의 하나로 제공한다. 모든 시민들에게 어디에 살고 있는가와 관계없이 공평한 정부의 서비스를 제공하기 때문이다. 반면에 미국이나 캐나다에서와 같은 연방제는 차량의 속도 제한에서 학교의 수업내용, 건강관리에서 여가시설까지 그리고 사법구조에서 사회적 복지혜택에 이르기까지 주(state)에 따라 폭넓은 차이를 인정한다. 이러한 다양성은 연방국가가 지역적 차이를 수용하도록 하지만, 이는 시민들이 단지 거주지에 따라 중요한 정부의 자원을 불평등하게 받을 수 있다는 것을 의미하기도 한다.

한편, 연방주의는 정부 서비스의 이중성을 초래할 수도 있다. 예를 들어, 미국에서는 연방식품의약국(FDA)에 더하여 50개 주에 식품 안전에 관해 규제하는 별도의 공식기관이 있고, 환경보호 및 교육에 관한 관청도 연방, 주, 지방에 별도로 존재한다. 그러나 단일제 국가는 중요한 정부 서비스를 국가적인 차원에서 체계화시킴으로써 중복을 피하고 규모의 경제화를 기할 수 있다.

단일제 국가는 정책결정이 멀리 떨어져 있는 수도(capital)에서 이루어지는 단점이 있다. 그래서 중앙집권화는 정부가 국민으로부터 멀리 있어서 풀뿌리(grass-root) 수준의 문제를 인식하지 못한다는 것을 의미한다. 이에 비해 연방주의는 그러한 거리를 이어주고 지방의 요구와 관심에 대해 더욱 민감성을 가질 수 있다. 또한 주의 선거와 공공기관을 통해 시민들의 정치적 참여를 위한 기회를 보다 많이 창출한다. 또 새로운 정책을 제한된 규모 내에서 검증해 볼 수 있는 기회를 제공하기도 한다. 예를 들어, 미국에서는 정책결정자들이 몇 가지 복지 프로그램의 개혁안을 전국적인 실행에 앞서 주 수준에서 실험해 봄으로써, 실제로 어떠한 변화가 있는지 미리 살펴볼 수 있는 장점이 있다.

중앙집중적 체제는 하나의 거대한 이익에 의해 통제될 경향이 비교적 적다. 하급 단위들은 지역경제에서 매우 중요한 하나의 이익에 의해 지배되는 경우가 흔하다. 예를 들어 캐나다의 브리티시 콜럼비아(British Columbia) 주에서는 목재산업이 천연자원의 경영에 강력한 영향력을 행사했고, 매니토바주와 서스캐처원주의 대평원지대에서는 곡물생산자들이 공공정책을 지배하는 비정상적인 전횡을 행사했다. 정책결정권이 더욱 다양화된 전국적인 수준으로 이동됨에 따라 이러한 이익들은 서로서로 대립하게 되었으며, 지역경제력보다는 전국적인 이익에 대한 관심이 고조되고 있다. 실제로 중앙집중화는 다양성의 증대를 가져왔고, 이러한 다양성은 경제적 · 사회적으로 균열의 교차선을 낳았다. 이 책의 3장에서 언급했듯이 이러한 균열의 패턴은 사회적 갈등을 완화하고 공공정책의 균형을 증대시키는 경향이 있다.

이와 같은 역동성은 또한 민족적으로나 종교적인 소수에 대한 차별을 감소시키는 역할을 할 수 있다. 정치체제가 클수록 균열은 더욱 많고 이러한 균열들 사이에서 연합을 형성해야 할 필요성이 커져서, 어떤 집단이 다른 집단을 억압하는 위험성을 줄이는 경향이 있기 때문이다. 반대로 단위체가 작고 한 집단이 다른 집단과 반목할 때 다수 집단이 권력을 남용할 위험성과 소수를 억압할 가능성은 커진다. 이와 같은 일은 북아일랜드에서 일어났는데, 실제로 1972년까지 북아일랜드에서는 상당한 자치권이 주어져 있었기 때문에, 다수의 신교도들이 소수의 아일랜드계 구교도들을 지배할 수 있었다. 그러나 권력이 런던으로 이동된 후에는 북아일랜드계(Northern Irish) 경찰과 정부당국의 구교도에 대한 적대적인 차별대우는 거의 없어졌다. 북아일랜드계 정부가 해산되고 런던이 이를 인수한 뒤, 북아일랜드에서 정부 및 경찰과 같은 공식기구들은 점차적으로 공명정대하게 되었다. 런던 정부는 북아일랜드의 민족갈등에 크게 말려들지 않음으로 해서 북아일랜드계 구교도에 대한 동등한 대우라는 커다란 진전을 가져올 수 있었다.

이와 유사한 현상이 나이지리아에서도 나타났다. 그곳에서는 지방 수준에서의 부족 간 동질성이 종종 소수에 대한 차별적인 행위로 이어졌으나, 이러한 현상은 정책통제권을 중앙정부로 대폭 이양함에 따라 줄었다. 왜냐 하면 중앙정부에서는 많고 다양한 부족들이 서로 견제하여 특정한 부족에 편중적이지 않은 공공정책을 이끌어냈기 때문이다.

단일제 정치체제에서 다양성 증대로 폭발적인 사회적 균열의 진전이 억제될 수 있다면, 연방주의는 그러한 균열이 촉발될 때 갈등을 단절시킬 수 있는 장점이 있다. 여기에 대한 사례는 1960년대 후반의 대부분의 선진 산업사회에서 발발한 학생들의 소요사태에서 좋은 대조를 이룬다. 프랑스는 고도로 집중화된 정책체계이기 때문에 파리의 중앙정부가 모든 저항을 감당하게 했다. 심지어 기숙사 방문시간의 변화조차도 교육부 장관의 동의가 필수적이었다. 그 결과는 시위, 파업, 폭동 등의 대단히 폭력적인 상황을 촉발시켰고, 거의 정권을 무너뜨릴 뻔했다. 이에 비해 미국의 경우에서는 더욱 폭력적인 학생들의 시위가 있었지만, 지리적으로나 제도적으로 분산되어 있었기 때문에 정권에는 심대한 위협을 가하진 못했다. 버클리대학의 학생들은 캘리포니아의 방위군(California National Guard)에 맞서 싸웠고, 시카고에서는 시위대들이 데일리(Daley) 시장과 시 경찰에 맞서 투쟁했으며, 뉴욕에서는 학생들이 콜럼비아대학의 재단이사회 사무국을 공격했고, 워싱턴에서는 베트남 전쟁에 반대하는 항의가 있었는데, 이 모든 것은 국가의 정치제도를 겨냥했었다. 이러한 사실에서 볼 수 있듯이, 연방제는 표적의 다양화로 국가제도에 대한 충격을 완화시키고 불안요소를 분리하며 통제시키는 장점이 있다고 할 수 있다.

연방주의는 지리적으로 광대하고 다양한 국가들을 통치하기 위한 틀로써 제공될 때 특별히 유용하다. 대부분의 연방국가들은 규모가 크거나 민족구성이 다양하다. 연방주의는 캐나다, 인도, 멕시코, 나이지리아, 러시아, 미국과 같은 광대한 영토나 복합적 사회를 지배하기에 용이하다(중국은 몇몇 광대한 영토를 가진 국가 중의 하나이지만 공식적으로 단일제의 구조를 갖고 있다). 한편 연방제의 틀은 또한 연방 탈퇴를 용이하게 할 수 있다. 예를 들어, 캐나다는 퀘백의 강력한 분리주의적 경향과 서부지역의 자율성의 증대에 맞서 통합을 유지하려는 투쟁이 꾸준히 전개되어 왔다. 나이지리아의 연방주의는 비아프라의 분리와 비극적인 내전을 조장하였다. 탈공산주의 러시아에서는 계속해서 연방을 구성했던 독립국가 단위들 간에 분리주의적인 투쟁이 계속되고 있다.

이 절에서 필자가 제시하려는 것은 권력의 수직적인 분할을 위한 보편적인 이상적 장치(arrangement)가 없다는 것이다. 뿐만 아니라 민주주의를 보증하거나 인권을 수호함에 있어 어느 틀도 다른 것들에 비해 훨씬 나은 것도 아니라는 것이다. 단일제 구조는 흔히 성공적이었고 민주주의와 양립적이기도 했지만, 때로는 권위주의적이고 대중의 관심 표현을 억압하기도 했다. 연방제도 역시 어떤 상황에서는 민주적인 작동이나 정착에 성공적이었으나, 다른 한편으로 분리를 조장하거나 민주주의를 지속시키는 데 어려움을 초래하기도 하였다.

2. 1990년대의 분권화(decentralization)

지난 20년 동안 많은 국가에서 중앙정부의 권력을 지역이나 지방정부에 양도하려는 강력한 움직임이 있었다. 이것은 국민들의 일상생활에 대한 정부의 관여 증대와 관련되어 있다. 정부의 충격을 보다 직접적이고 빈번하게 느끼게 됨에 따라 국민들은 권력을 행사하는 사람이 지방의 요구와 특수한 환경을 인식하기를 원한다. 그 결과 많은 국가에서 분권화가 진행되었으며, 이 같은 현상은 고도로 중앙집권화되어 있던 국가들—프랑스와 이탈리아와 같은—뿐만 아니라, 분권화와 오랜 연방제의 전통을 지니고 있는 캐나다, 미국, 인도와 같은 국가에서도 나타났다.

대부분의 경우에서 가장 놀라운 것은 분권화의 한계이다. 예를 들어 레이건의 정책은 주의 권력 강화를 위해 연방 프로그램의 재정이나 행정상의 부담을 주(state)나 지방정부에 이관하는 데 지나지 않았다. 프랑스에서 개혁은 정부 부처와 지방당국이 오랫동안 향유해 오던 제한된 권력에 대한 형식상의 제재에 불과하였다. 러시아에서 분권화는 의도적인 개혁에 의해서라기보다는 중앙정부의 붕괴에서 기인한 것이었고, 중앙정부가 자기 권리를 다시 주장하였을 때, 공화국 정부는 권력을 유지하지 못했다.

분권화의 발생이 반드시 보다 책임 있는 정부를 초래한 것은 아니다. 투표자들은 지역과 지방정치에 상대적으로 무관심하다. 그곳에서는 선거가 상대적으로 덜 빈번하기 때문이다. 지역과 지방정부는 중앙정부만큼 잘 드러나지 않는다. 시민들이 지방공무원들을 직접적으로 알 수 있는 기회가 더 많은 것은 사실이지만, 일반적으로 그들이 수행하는 공식적인 업무에 대해 잘 알고 있는 것은 아니다. 중앙관리들은 대개 서로 경쟁적인 관심을 갖는 많은 집단들로 이루어진다. 지방 수준에서 선출된 공직자는 흔히 그 지방에 주도적인 정치경제적 특수 이익에 취약함을 드러낸다. 그 결과 분권화는 10여 년 전에 많은 사람들이 생각했던 것처럼 근대사회의 병폐에 대한 만병통치약은 아니라는 인식이 싹트고 있다.

Ⅳ. 헌법개정을 통한 민주주의 건설

1980년대에 시작된 민주화의 물결은 민주주의를 촉진하고 지속시킬 수 있는 적절한 제도를 새롭게 탐구했다. 흔히 신생 민주주의는 민주주의적 전통이나 제도가 없는 곳에서, 그리고 민주적인 열망을 어떻게 제도화할 것인가에 대한 사상이 없는 곳에서 형성되었다. 그 결과 러시아, 폴란드, 나이지리아 등과 같은 나라의 정치지도자들은 성공적인 서구 민주주의 속에서 그들의 새로운 제도적 모델을 찾아왔다. 그러나 헌법은 그렇게 유동적인 것은 아니며 이질적 상황에 쉽게 이전되지도 않는다. 단지 예외적인 지도자와 특수한 조건에서만 민주적 제도는 수입되고 성공될 수 있을 뿐이다.

헌법의 개정으로 새롭고 더욱 민주적인 정부 형태를 도입하는 데 성공한 몇몇 예외가 있다. 전후 독일과 일본에서는 점령국이 이들 나라에 민주적인 헌법을 부여했다. 비록 이러한 제도들이 과거의 전통에 비해 이질적인 것이라 할지라도 효율적인 민주주의를 뿌리내리는 데 성공했다. 그들의 성공은 총체적인 군사적 패배라는 비정상적인 조건에서 이루어졌고, 이후 예외적으로 급속한 경제적 회복이 민주적 제도와 지도자들에게 정통성을 부여하였다. 그러나 실패한 경우를 훨씬 많이 찾아볼 수 있다. 바이마르 독일은 히틀러가 합법적으로 권력을 획득하기 위한 수단이 되었고, 미국의 대통령제 모델에 기초한 많은 대통령제 정권들은 독재정권이나 군사정권으로 전락되었다. 생명력이 짧았던 의원내각제 구조는 과거 식민지 지배자들을 모방한 것이지만, 아프리카와 아시아에서는 독재를 낳고 말았다. 그리고 동유럽과 중앙 아시아의 과거 공산주의를 경험했던 대부분의 나라들에서 이러한 수입된 제도의 실패가 목격되었다.

과거의 정치적 문제를 치유하기 위해 헌법 공학에 의존하는 것은 신생민주주의 국가만은 아니다. 지난 5년 동안 이탈리아와 일본은 부패와 정부의 실패라는 문제에 직면하여 그들의 헌법을 급격히 개정하려 했다. 이러한 일들은 과거에도 가끔 수행되었다.

헌법적 수정이 성공한 한 예로 과거 1958년에 채택된 프랑스의 제5공화국 헌법을 들 수 있는데, 이 헌법은 프랑스에 지속적이고도 효율적인 민주적 체제를 제공하였다. 그러나 새로운 제도하에서도 낡은 정치적 관행이 재개되는 것이 다반사였다. 이러한 사례는 이탈리아와 일본의 개혁의 초기에서도 찾을 수 있다.

V. 결 론

가장 두드러진 정치형태인 총리와 의회 같은 국가적 정치제도들은 세계의 모든 정부의 정치양식을 이해하는 데 중요하다. 그것들은 다수의 국가들에서 권력과 정책결정의 중심이다. 아울러 그러한 제도들은 핵심적인 정치행위자들을 판별할 수 있도록 도움을 준다.

제도만이 정치적인 게임을 규정하는 것은 아니다. 민주주의를 건설하려는 구 공산주의 국가나 제3세계와 같은 많은 나라들은 훌륭한 정치제도들을 필요로 한다. 그러나 이러한 제도들의 성공 여부는 기존의 사회 · 문화적 가치로부터 지지를 도출해 낼 수 있는 지도자의 능력에 달려 있다.

제 10 장

정책수행과 판결

일본에서 장기집권하던 자민당이 1993년에 권좌에서 물러남으로써, 45년간이라는 일본의 민주주의 통치시대에 처음으로 새 정당연합이 권력을 잡게 되었다. 새 정부는 정치·경제적 변화를 위한 야심찬 계획을 가지고 취임하였으나 1년도 안 되어 변화에 대한 기대는 사실상 사라졌다. 개혁시도가 붕괴된 주요 이유들 중에 하나는 정치지도자들의 교체에도 불구하고 제자리에 남아 있었던 철옹성 같은 관료제의 권력이었다. 일본의 한 중견 정치인은 변화에 대한 실패를 다음과 같이 탄식하였다.

> 불행히도, 일본인들은 세상에서 가장 보수적인 사람들이고, 관료들은 그 중에서도 가장 보수적인 사람들이다. 사실을 직시하자. 우리는 변화에 익숙해 있지 않다.[119]

---

119) *The New York Times*, 1 March 1994.

모든 현대의 국가는 정부의 업무를 수행하는 데 있어서 전문적인 공무원들로 이루어진 거대한 관료제를 필요로 한다. 정책결정의 지도자들은 그들의 정책을 실제로 수행하기 위해서는 다른 사람에게 의존해야만 하는 것이다. 이러한 관료제는 일반 대중과 상호작용하기 때문에 국가의 얼굴이다. 이론적으로 관료제는 선출된 혹은 독재적인 정치지도자들의 결정을 단순히 수행하고, 정치인들에 의해 입안된 어떤 정책이건 그것을 국가 전역에 실행시킨다. 그러나 실제로 관료제는 정책을 수행하는 과정에서 정책결정을 형성하고 변질시킨다.

이러한 관료의 행위들 가운데는 실제 세계에 대한 자연스럽고 적절한 정책의 조정(adjustment)을 나타낸 것도 있다. 그러나 정책결정에 대한 관료의 해석은 정치지도자들의 목적과는 전혀 다르고, 심지어는 불화를 초래할 수도 있다. 관료는 일본에서만 가장 보수적인 세력은 아니다. 어디에서나 관료들은 변화에 대한 저항으로 유명하다. 관료들은 어떤 정책들이 국가적 필요성에 대한 자기들 나름의 규정에 부합되지 않거나, 좀 더 정확하게 말해서, 자신의 관료제적 이익에 상충될 때, 그것을 회피할 수 있는 수단과 의지를 가지고 있다.

Ⅰ. 현대의 공무원

모든 정부는 활동하기 위해서 광범위한 인력을 필요로 한다. 지난 세기까지 대부분의 정부활동은 법의 시행이나 군사적 활동을 중심으로 이루어졌다. 정부는 이런 활동의 범위를 넘을 경우에만 오늘날 어디에서나 발견될 수 있는 대규모 공무원 기구를 필요로 한다. 대부분의 국가에서 초기에는 통치자에 대한 충성이나 가족적 유대 덕분에 공직을 맡은 소규모 집단에게 정부행정을 맡겼다. 정부에서 행할 역할이 제한되어 있었고, 거기에 참여한 소수의 행정가들도 보통 세습에 의해서 혹은 정치지도자와의 개인적 혹은 당파적 유대를 토대로 선출되었다. 세무원, 세관원 및 외교관들은 하급 귀족, 당파적 지지자, 혹은 정치지도자들의 친구였다.

19세기까지 이런 후원에 기초한 행정(patronage-based administration)은 비교적 잘 유지되었다. 그 후 정부책임의 증가와 민주화라는 두 경향의 대두로 공직을 개혁해야 한다는 필요성이 제기되었다.

첫째, 정부책임은 우편배달, 전화 서비스, 공중위생 및 편의시설, 공교육, 그리고 마침내 작업안전과 복지 프로그램과 같은 새로운 활동과 더불어 늘어나기 시작했다. 이러한 새로운 서비스는 훨씬 더 대규모적이고 적극적인 공무원 조직을 요구하였다. 관료제의 규모가 커짐에 따라 공무원을 선발하고 승진시키고 지휘하기 위한 합리적인 절차의 필요성도 제기 되었다.

둘째, 지배자들은 대중적 지지기반을 확대할 필요성을 인식하기 시작했다. 따라서 정치지도자들은 흔히 정치적 지지를 대가로 정부편익(예 : 직업이나 계약)을 제공하는 대규모 후원자 조직을 형성하기도 했다. 미국과 캐나다에서는 정치지도자들과 추종자들 간의 이러한 관계가 정당조직의 초기 시절을 특정짓기도 했다.[120] 지역당의 거물들은 그들의 후보에 대한 지지를 구성하기 위해 대규모 정치적 '사조직(political machine)'을 만들었다. 많은 지지자들이 투표, 정치집회 참석, 선거후원을 제공한 대가로 직업을 보증받았다. 이 지지자들에게 고위 관리자로부터 우편배달부, 거리청소원 및 운전사에 이르는 많은 직업이 보상으로 제공되었다.

많은 상황에서, 비민주적인 정치지도자들뿐만 아니라 민주적 정치지도자들도 후원자–고객 관계의 광범위한 연결망의 형성을 통해 대중적인 지지를 모색한다. 이러한 체계에서 지역 정치지도자(즉 '후원자')는 투표나 집회에서 기꺼이 정치적 지원을 제공하려는 추종자(즉 '고객')들을 모집한다. 이에 대한 대가로 고객들은 물질적 보상, 특히 공직을 기대하였다. 정교한 고객주의 체제(clientelist system)에서는 후원자를 지역 수준

120) 미국에 관해서는 다음을 참조할 것. Michael Johnston, "Patrons and Clients, Jobs and Machines : A Case Study of the Uses of Patronage," *American Political Science Review* 73(June 1979) : 385~393. 캐나다에 관해서는 다음을 참조할 것. S. J. R. Noel, *Patrons, Clients, Brokers : Ontario Society and Politics, 1791~1896* (Toronto : University of Toronto Press, 1990).

의 정치지도자로부터 고위층의 국가 정치지도자들에게까지 서로 연결하는 거대한 연결망이 있으며, 각 수준에서는 가치 있는 지원자들에게 공직을 제공할 수 있는 능력이 있다.

이러한 관행은 미국, 캐나다, 이탈리아, 일본, 멕시코, 구 소비에트연방과 같은 다양한 환경에서 강력한 정당을 구축하도록 도와주었다. 그러나 이러한 후원체제(patronage system)는 정부사업을 수행함에 있어 비효율적이고 불공평한 수단이었다. 정부직무를 수행할 수 있는 능력보다는 당파나 정치인들과의 개인적 유대로 공직이 장악되었기 때문이었다. 정당이나 지도자들이 바뀌면 각 수준의 공무원들도 빈번하게 바뀌었기 때문에 정부정책의 지속성이 저해되었다. 공직을 추구하는 시민들은 그들이 유력한 정치인을 지지하였는가 그렇지 않았는가에 따라 자기들의 성공여부가 달려 있다는 것을 알게 되었다. 이처럼 후원제는 부패와 공적 자원이 사적 혹은 당파적 목적으로 유용되는 결과를 초래하기도 했다. 그래서 개혁가들은 관료제를 주요 공격목표로 인식하게 되었다.

19세기에 이르러 정부정책을 보다 효율적으로 관리하는 수단을 개발해야 할 필요성이 대두되었다. 19세기 초 나폴레옹은 프랑스와 그가 정복했던 많은 국가들에 근대적 관료주의를 도입하였다. 위계적으로 조직되고 중앙통제적인 관료주의는 거대한 제국(帝國) 전역에 일관성 있는 정책을 실시하는 핵심 요소가 되었다. 19세기 후반 프로이센들은 많은 다른 국가들에게 모범이 되는 근대적 공무원제를 창출하였다. 채용과 승진은 경쟁시험을 통해 검증된 실력에 기반을 두게 되었다. 이것은 중국 왕조에서 훨씬 덜 근대적이지만 고도로 구조화된 관료제에서 오랫동안 보급되었던 전통이었다. 이러한 전문적이고 기술적으로 유능한 참모들은 정부를 운영할 수 있는 유능한 관리자들을 확보해 주었다. 공무원들은 정치인들에 의해 어떤 정책결정이 내려지든, 주저 없이 무조건 그것을 채택하고 수행하여야 했다. 그들은 모든 시민들의 공평한 대우를 보증하도록 확립되어 있는 절차에 따라야 한다. 책임 계통(line)은 위계적이었으며 관료제의 모든 수준에서 상부로부터의 통제가 확립되었다. 모든 이러한 요소들은 독일의 사회학자 막스 베버(Max Weber)가 합리적 관료주의에서 발견하였던 이상들(ideals)을 제시하였다. 즉, 실적주의적 채용과 승진, 규칙과 절차를 준수하는 통일성, 전문화를 통한 전문적 기술 그리고 합리성이 그것이다.[121] 이러한 관료주의의 장점은 정부행정에 합리성과 능률성을 가져다 주었으며, 정부행정의 봉사를 받은 시민들의 입장에서 볼 때 관료주의의 정당성를 발전시키는 도움을 주었다.

근대 관료주의의 원리가 널리 보급되고 있지만, 실제로 대부분의 국가들은 여전히 낡은 후원제(patronage)나 고객제(clientelism)의 일부 요소들을 가지고 있다. 미국에는 지역, 주, 그리고 연방 차원에서 선거 승리자들에 의해 분배되는 많은 고위 행정직이 있다. 후원제는 영국, 프랑스 그리고 독일에서는 덜 광범위할지라도, 이탈리아에서는 매우 널리 보급되어 있어서, 이곳에서는 1990년대 초 민주주의 정권을 불신하게 만든 부패의 근원으로 간주되었다. 고객주의는 특히 개발도상국에서 관료채용의 일반적이고 지배적인 형태이다. 멕시코, 인도 그리고 나이지리아 등은 정치적 유착(멕시코의 경우)이나, 공동체적 유대(나이지리아의 경우)에 기초한 거대한 고객제적 관계체제를 가지고 있다. 중국과 같이 예나 지금이나 공산주의 국가들에서는 고객제적 유대가 당에 의한 전략적인 사회, 경제적 직위로의 공무원 임명체제의 기초를 이룬다.

1. 근대 관료주의의 병폐

공무원들은 오랫동안 대중의 조롱거리였다. 한 세기 전, 마크 트웨인(Mark Twain)은 관료제를 미시시피강을 떠내려가는 통나무 위에 달라붙어 있으면서 저마다 자기가 그 통나무를 굴리고 있다고 생각하는 5만 마리의 개미로 규정하였다. 베버(Weber)적 이상이 실현된 경우에서조차,

---

121) 합리적 관료제의 본질에 과한 고전적 진술은 베버의 다음과 같은 저서에서 발견된다. "Bureaucracy" in *From Max Weber : Essays in Sociology*, ed. by H. H. Gerth and C. Wright Mills(New York : Oxford University Press, 1978) ; *The Theory of Social and Economic Organization*, trans. by A. M. Henderson and Talcott Parsons(New York : Free Press, 1964).

현대 정치체제치고 공무원에 대한 불평거리가 많지 않은 경우가 거의 없다. 가장 공통적인 것은 날로 증가하는 관료제 규모에 관한 불평이다. 예를 들어, 미국에서는 공무원의 고용이 1950년대 중반 이후 거의 두 배가 되었는데, 이는 연방의 노동력은 변함이 없는 데 비해 주와 지역 수준에서 공무원이 줄곧 증가했기 때문이다. 이와 유사한 양상은 국가들의 정치적 형태에 관계없이 거의 모든 국가들에서도 발견된다. 그러나 관료제의 팽창은 규모를 증대하려는 정부행정의 본래적 경향 때문이라기보다 정부역할에 대한 국민들 기대의 지속적 상승 때문이다. 정부의 책임이 증가함에 따라, 그러한 임무를 달성하기 위한 행정력의 규모 역시 증가하였다.

많은 사람들이 정부의 규모를 문제삼고, 심지어 자기들 생활의 일부분을 정부가 침해한다고 항의하고 있으면서도, 그 밖의 영역에서는 정부가 존재하기를 원하고 있다. 예를 들어, 보수주의자들은 공공복지 프로그램을 수행하기 위한 관료의 규모 확대에 가장 큰소리치는 비평가들이기도 하지만, 경찰과 교도관의 증원, 소규모 투자자에 대한 정부 보호의 확대, 보다 안전한 공항을 위한 항공관제관의 증원, 그리고 고속도로의 확장을 요구하고 있다. 요약하면, 작은 정부의 개념이 매력적이긴 하지만, 특정한 정부 서비스가 배제되어진다면 그것에 대한 지지자는 줄어든다. 그 대신 정부에게 새로운 기능을 추가하라고 요청하게 마련이다. 어떠한 유형이나 어떠한 상황의 정부라도 환경보호에서 재난구조까지, 공공안전에서 무주택자 보호에 이르기까지, 시민들을 위해 날로 더 많은 서비스의 제공을 요청받고 있다.

또 다른 빈번한 불만은 관료제가 시민들로부터 너무 멀리 떨어져 있으며, 지역적 · 개인적 요구에 응해주지 않는다는 것이다. 이것은 대부분의 근대 관료주의처럼 위계적이며 일정한 절차(일상적 용어로 '관료적 형식주의')에 따라야 하는 제도에서는 고질적인 현상이기도 하다. 많은 사회에서 관료들은 봉사해야 할 시민들보다 자기들이 사회적으로 우월하다고 생각한다. 그로 인한 냉담은 분노의 원인이 된다. 인도나 나이지리아와 같은 몇몇 구 식민국가들에서는 유럽의 공무원들이 토착민들로 교체된 후에도 구 식민관료적 정신상태와 냉담이 오랫동안 계속되었다. 많은 국가들에서 시민들은 관료들이 뇌물을 받을 때만 개인의 요구와 문제에 반응하는 것으로 인식하고 있다. 1980년대 말 공산주의 정권에 대한 대중의 환멸감은 공무원들이 누리는 지나친 편익과 그들의 부패에서 대부분 비롯되었다.

근대 관료제는 고도로 복잡해지는 경향이 있다. 이것은 흔히 조정(coordination)과 업무구분(compartmentalization)을 어렵게 한다. 관료제의 한 부분은 다른 부분이 하고 있는 것을 알지 못할 수도 있으며, 심지어 다른 부문에서의 정부행위에 상치되게 작용할 수도 있다. 이러한 문제는 내각에서 심의하게 되어 있다. 그러나 예컨대 환경부가 대기오염을 줄이기 위해 분투하고 있는 지역에 산업부는 새로운 산업을 추진하는 것이 보통이다. 관직의 전문화는 정책문제에 대한 효율성과 전문적인 관심을 증진시키는 데 유용하지만, 정책결정의 연계성을 저해하기도 한다.

더욱이 정부관료들의 전문화는 특정한 정부 서비스가 어디에서 제공되는지를 찾고자 하는 시민들에게 좌절을 초래할 수 있다. 이것의 일반적인 한 예는 고객이 프랑스 우체국에 들어갈 때 발견될 수 있다. 각 창구들은 우표, 소포, 우편저금 계좌 혹은 전화 등 특정한 서비스만 제공하고 있다. 따라서 우표 창구 앞에 선 행렬이 길고, 다른 행렬에는 아무도 없을 때라 할지라도 프랑스인들은 다른 창구의 직원으로 하여금 우표를 팔게 할 수 없다는 것을 알고 있다. 이러한 좌절감은 관료제와 정부에 대한 대중적 각성을 초래한다.

공무원 개혁에 대한 필요성은 사실상 모든 정치체제에서 인정되고 있지만, 그러한 개혁은 좀처럼 이루어지지 않고 있다. 공무원들은 새로운 행위와 관계의 유형에 대한 실험보다는 기존의 유형을 유지하기를 더 좋아한다는 점에서 보수적인 경향이 있다. 자신들의 관료제를 근본적으로 개혁하고자 하는 용기를 가진 정치인은 거의 없다. 개혁을 시도하는 정치인들은 공무원들이 개혁을 가로막거나 자기 이익을 위해 변혁을 왜곡할 수 있다는 것을 발견하게 된다. 이에 관한 좋은 한 가지 예는 과거 20년간 가장 강력한 민주주의 지도자들 중의 한 사람인 영국의 마가렛 대처 여사에서 발견된다. 대처 수상은 많은 주요 개혁을 이루었다는 점에서는 성공적이었지만, 공무원을 개혁하고 공무원의 규모를 축소시키려는 그녀의 희망은 관료적 타성과 공공연한 저항에 의해 저지되었다.

공무원들은 거의 언제나 새로운 정책이나 절차를 가지고 실험하기보다는 과거의 방법대로 진행하기를 더 좋아한다. 이러한 변화—특히 관료제 자체의 구조와 활동에 대한 변화—에 대한 저항은 관료들이 거의 언제나 현상을 유지하는 선봉자가 되는 이유를 설명해 준다. 따라서 많은 상황에서, 개혁지향적 지도자들은 변화보다는 지속에 더 많은 관심을 가지고 있는 비협조적이거나 적대적인 관료들에 의해 위협을 받고 있음을 알게 된다.

관료제의 긍정적인 측면은 정치지도자나 심지어 정권이 자주 바뀌는 국가들에서는 관료제가 안정의 요소를 제공한다는 점이다. 극적인 정치적 변화에도 불구하고 공무원은 지속되기 때문이다. 중앙에서 지방 수준에 이르기까지 동일한 사람들이 계속 정부직에 남아서 정부정책을 관리하고, 그리고 우편이 배달되고 법이 집행되며 연금이 지급되는 것을 보장한다. 큰 불안정이나 중대한 정치적 변화가 있는 정치상황에서는 이것이 매우 중요하다. 예를 들어 러시아에서는 정치적 방향의 극적인 변화에도 불구하고 동일한 관료들이 공산주의 정권하에서 했던 것처럼 여전히 국민들에게 서비스를 제공하고 있다.

Ⅱ. 관료제에 대한 정치적 통제

근대 공무원에 대한 개념의 기초를 이루는 것은, 정부는 정책을 입안하는 사람들(정치지도자)과 그것을 실행하는 사람들(공무원)로 구분된다는 원칙이다. 이상적으로 말하면 관료는 정치인들의 의지를 "분노나 열정이 없이(sine ira et studio)" 단순히 실행하는 자동기계처럼 행동한다. 그러나 이런 이상은 실현되기 어렵다. 모든 정책의 결정과 실행을 분리하는 것이 불가능하고, 관료들이 직무를 수행할 때 자신의 감정에 의해 영향을 받기 때문이다. 따라서 모든 정치적 상황에서 중요한 관심 사항은, 정치지도자들에 의해 지시된 정책을 그대로 집행하도록 보장하는 것이다. 거의 모든 공무원들은 정치적 중립의 원칙과 정치지도자들의 결정을 충실하게 집행해야 할 의무에 근거하고 있다. 그러나 실제로는 관료들이 정치지도자들의 바람(wishes)을 교묘하게 변경하거나 노골적으로 무시하는 사례들이 많다.

모든 정치지도자들은 그들의 정책이 충실하게 수행될 것을 보장하기 위해 행정부에 대한 통제를 원한다. 그렇지 않으면 그들의 지침과 정책은 거의 의미가 없어진다. 민주적 지도자들은 그들이 당선된 선거에서의 공약을 수행하기 위해 그러한 통제를 원한다. 비민주적 정권 역시 관료들에 대한 통제를 유지하는 것에 관심을 가지고 있지만, 그들의 동기는 공적인 책임의 개념에 있기보다 독재자의 지시에 순종적인 공무원을 만들려는 바람에 있다. 강력한 독재자들조차 그들의 의지를 실행함에 있어 궁극적으로는 관료들의 복종에 의존하고 있다.

정치적 통제는 직업관료로 하여금 그들이 섬겨야 할 대중의 요구에 책임을 지도록 하는 수단이라는 점에서 중요한 문제이다. 이는 정부가 시민들에게 책임을 지도록 되어 있는 민주국가에서 선출된 정치 관리에 대한 관료의 복종문제가 특별히 중요하게 된 이유이다.[122] 비선출직 직업공무원은 선출된 지도자에게만 책임을 지고, 선출직 지도자는 대중들에 의해 선거로 평가받는다. 이렇듯 관료제에 대한 시민의 통제는 선출된 지도자를 통해야만 한다. 관료와 시민 사이의 책임의 한계는 선출된 지도자가 관료들로 하여금 민주적 책임성에 입각하여 일을 하도록 하는 능력에 달려 있다. 관료가 선출된 관리들의 지시를 이행할 때만 민주주의적 책임성은 유지된다.

행정에 대해 정치적 지배를 유지하려는 도전은 중대한 것이다. 관료들은 정치인들이 자신들을 통제하기 어렵게 하는 많은 특성을 가지고 있다.[123]

---

122) Eva Etzioni-Halevy, *Bureaucracy and Democracy : A Political Dilemma* (London : Routledge & Kegan Paul, 1983).

123) Guy Peters, *The Politics of Bureaucracy*, 2nd ed.(New York : Longman,

관료들은 선거의 당락에 의해 공직을 들락거리는 선출직 관리들이 갖지 못한 영속성과 안정성을 누린다. 관료들을 통제하게 되어 있는 정치인들이 많은 시간과 에너지를 정당 활동에 투자하는 데 비하여, 관료들은 그들의 행정상의 직무에 대부분의 시간을 소비한다. 훈련과 실적을 토대로 고용되고 승진하게 된 관료들은 전문적 지식이 부족한 정치인들의 아이디어에 대해 회의적이거나 공공연히 경멸할 수도 있다. 결과적으로 '그저 자기 일만 하려는' 관료들과 그들을 통제하고자 하는 정치인들 간의 긴장은 자연스럽고 불가피한 것이다.

미국에서 관료의 감시(monitoring)는 다양하게 이루어진다. 그것은 대통령이 정치적 협력자 가운데서 관료제 전체의 고위급들을 임명하는 것으로부터 시작된다. 정치적 임명은 모든 부서와 기관의 상위직에까지 진행된다. 아마도 이러한 정치적 동지들은 정책내용에 영향을 미치는 자리를 차지하게 되고 그렇게 함으로써 대통령의 의지가 성취되는 것을 보장할 것이다. 그 다음, 통제 메커니즘은 법과 기존 정책에 대한 관료들의 준수 여부에 대한 의회의 위원회와 소위원회의 입법적인 감시이다. 끝으로 개개 의원들은 자기들의 선거구민의 불만이나 지원요청에 대응하는 관료의 직무수행을 점검한다. 이러한 정교하고 다각적인 통제체계에도 불구하고, 미국의 관료는 정치적 지도자에 대한 복종을 보이지 않고 있다. 대통령의 선호가 해당 의회위원회나 개별 의원 사이의 선호와 다르기 때문에, 다각적 점검(check)은 효과가 상쇄되는 수가 많다. 정치적 감시자들이 서로 의견을 달리하는 환경에서 공무원들의 자유재량권은 큰 신축성을 갖게 되기 때문이다.

대부분의 다른 민주주의 국가에서는 통제구조가 더 단순하다. 각 행정부에 정치적으로 임명된 소수만이 그들의 휘하에 있는 사람들을 통제한다. 그 외 상위급 행정가들은 모두 직업관료이다. 예를 들어 영국의 내무장관은 의원이자 동일 정당 소속인 2~3명의 부장관(junior ministers)의 지원을 받고 있지만, 내무부를 운영하는 사무차관(permanent secretary)

1984), pp. 188~190.

은 관료이다. 이러한 사무차관들은 부서에서 경력을 쌓고 장관이 바뀌어도 계속 남는다. 장관의 약속이나 정치적 접촉을 관리하는 장관의 개인 비서조차 비록 다른 부서에서 차출된 경우가 보통이지만, 역시 관료이다.

프랑스에서 장관들은 정치와 정책에 관해 자문하는 소수의 관리집단을 임명한다. 장관의 내각으로 알려진 이 관리들은 새로운 아이디어를 개발하고 관료에 대한 정치적 통제를 확보하도록 장관을 돕는다. 영국과 다른 민주주의 국가들 역시 장관들에 대한 그러한 소규모 정치적 자문가를 활용한다. 그러나 그런 관행은 제한되며, 미국 관료제의 정상에 있는 거대한 후원자 체제와는 비교되지 않는다.

미국 외의 민주주의 국가들에서 관료에 대한 입법부의 감시는 미국에서보다 덜 광범위하다. 물론, 미국 의원들은 선거구민들의 행정문제들을 도울 준비가 되어 있다. 그러나 다른 민주주의 국가에서는 의회의 위원회가 미국에서보다 더 작고 덜 활동적이다. 가장 강력한 것 중의 하나인 독일의 위원회 제도는 관료에 대한 약간의 감시를 하고 있다. 영국 하원은 최근에 아직은 초보적 상태의 감시권을 지닌 특별위원회를 구성하였다.[124] 영국과 대부분 다른 국가들에서 의회위원회는 공무원들에게 보고를 요구할 수 있는 능력이 없다. 그 대신에 장관이 의회와 부서를 유일하게 연결한다. 정부 다수당의 엄격한 기율과 응집력 때문에 위원회의 지도자들이 어떤 정부 부서에 대한 조사로 정부를 난처하게 하려는 욕구가 감소되게 마련이다. 정부를 대표할 뿐만 아니라 의원내각제에서 의원직을 겸하기도 하는 장관의 존재는 정치적 책임의 분명한 한계를 설정한다. 즉 부서의 직무수행에 대해 의회와 유권자들에게 책임지는 사람은 관료가 아니라 장관이다.

장관들은 자기들의 참모들이 정부의 지침을 따르도록 감독하면서도 자신의 다양한 정치적 직무에 의해 마음이 산만해지기도 한다. 그래서 장관들은 거대한 관료제에 정치지도력을 관철시키기 위해 몇 가지 핵심

---

124) B. Gavin Drewery, ed., *The New Select Committees : A Study of the 1979 Reforms*(Oxford : Clarendon Press, 1985).

문제들에만 초점을 둘 수 있다. 그 결과, 관료들은 정부의 의지라고 믿는 것에 대해 자발적으로 순종할 경우에만 정치지도자에게 예속된다. 충성심이란 공무원이 정치가의 바람을 실제 실행하는 것이라기보다 그러한 바람에 복종해야 한다는 강력한 규범의 부산물이다. 견제와 균형 그리고 헌법적 교훈에 익숙해 있는 미국인들은 공무원들이 지도자들에의 예속의 규범을 받아들일 것이라는 모호성에 의존하기를 꺼리는 경향이 있다. 그러나 그러한 규범은 대부분 민주주의 국가의 공무원들에게 있어서는 이미 잘 수립되어져 있다. 예를 들어, 영국의 공무원은 이러한 규범을 받아들이고 정부정책을 공명정대하고 성실하게 수행하는 것으로 알려져 있다.[125] 이것은 프랑스와 독일의 관료들, 그리고 인도의 상위 공무원들에서도 마찬가지이다. 이러한 규범은 일본에서는 훨씬 덜 정착되어 있으며, 관료들은 수상과 내각이 비교적 허약하다는 것을 이용하여 자신들의 견해를 관철시키려 한다.[126]

공무원들은 정당의 일에 초연하도록 되어 있다. 미국이나 영국과 같은 국가들에서는 관료들이 개인적인 투표행위 이외의 어떤 유형의 정당정치로부터도 제외된다. 프랑스와 독일과 같은 국가들에서도 공무원들이 정당정치에 참여하려면, 심지어 선거에 출마하거나 선거직 직무를 수행하려면 미리 공직을 포기해야 한다. 일본이나 멕시코에서처럼 단일정당이 오랜 기간 동안 정치를 지배하는 상황에서는 정치인과 공무원들 간의 긴밀한 유대가 일반적이며 공무원의 정치화를 초래하기도 한다.

관료의 충성 여부는 개혁지향적 정부가 집권하여 현재 상태에 도전할 때 실질적으로 나타난다. 관료들은 현재 상태에 대해 본래 강력한 옹호자이다. 이러한 충성에 대한 시험은 개혁자들이 좌파 출신일 때 더 복잡해지는 것이 보통이다. 왜냐 하면 고위 공무원들의 두드러진 정치적 성향은 보수적이기 때문이다.

---

125) Peter Hennessy, *Whitehall*(London : Secker & Warburg, 1989).

126) Charles F. Bingham, *Japanese Government Leadership and Management* (New York : St. Martin's Press, 1989).

Ⅲ. 법원과 정치

미국에서는 대법원이 매우 중요한 역할을 한다. 20세기 후반의 몇 가지 주요한 정치적 문제들이 의회보다는 법원에 의해 해결되었다. 예컨대 인종통합, 투표권, 공평할당(fair apportionment), 피고인의 권리, 주와 연방정부 간의 권력분배, 공립학교의 종교, 낙태 등이 그것이다. 법원은 연방정부나 주정부가 준수하지 않았던 원칙이나 권리를 헌법이 수립하도록 판결함으로써 그와 같은 일을 하였다. 몇 가지 사례에서, 대법원은 이러한 원칙과 권한을 준수하지 않는 법률들에 대해 위헌판결을 내렸다. 다른 경우에서는 법원이 연방정부나 주정부로 하여금 기존의 관행을 헌법에 부합되게 하는 조처를 하였다.

1. 사법심사권(judicial review)

엄중하게 제정된 법이 위헌이라고 선언할 수 있는 법원의 권한을 사법심사권이라 한다. 이것은 대법원이 견제와 균형의 원리에 따라 정부의 행위와 법이 헌법에 따르고 있는지의 여부를 결정할 수 있는 권한과 의무를 법원에 부여했다고 공표함으로써 미국의 정치적 관행이 되었다. 법원에 그러한 권한을 부여하는 미국 헌법상의 구체적인 조항은 없다. 그러나 1803년 역사적인 마버리 대 메디슨 사건(Marbury v. Madison)[127]

---

127) 역주—1800년 2대 대통령 애덤스는 제퍼슨이 대통령이 되면 연방정부의 권한을 악화시킬 것을 두려워하여, 자신의 임기가 끝나기 전에 영향력을 심어두고자 임기종료 몇 시간 전에 연방주의를 지지하는 판사 59명을 임명했다. 당시 국무장관인 마셜은 시간이 너무 촉박한 관계로 17명에게는 임명장을 전달하지 못하고 후임자인 메디슨 국무장관이 전달하도록 했다. 제퍼슨 대통령은 취임 후 이 사실을 알고 몹시 격분하였으며, 그에 의해 임명된 메디슨 국무장관은 나머지 임명장을 전달하지 않았다. 이렇게 되자 임명장을 못 받은 마버리 외 3명은 메디슨 국무장관을 상대로 임명장 발급을 청구하는 소송을 냈다. 당시 대법원장은 아이로니컬하게도 애덤스 대통령의 국무장관을 지냈고, 또한 바로 문제가 된 발령장을 전달하지 못했던 마셜이었다. 애덤스 대통령이 퇴임하면서 자신의 국무장관이던 마셜을 대법원장에 임명한

의 판결에서 대법원과 당시 대법원장인 마셜(John Marshall)이 단독으로 그러한 권한을 공표하였다. 대법원은 헌법 보전을 수호할 특수한 의미를 갖는다는 소신을 밝혔던 것이다. 미국의 대법원은 이러한 사법심사권을 사용함으로써 20세기 중반에는 주요 정치적 행위자가 되었다.

대부분의 의원내각제에서 사법심사는 의회의 최고 우월성이라는 원리에 의해 제한을 받았다. 의회에 모든 최고 권한을 부여했으므로, 법원이나 기타 부서가 입법활동이나 정부활동의 합헌 여부를 심사하는 것은 이론적으로 정당화될 수 없다. 그러한 상황에서, 법원은 구체적인 행위에 한해 합법성 여부를 심사하는 것으로 제한된다. 법원은 법 자체의 합헌성을 심사할 수 없다. 많은 다른 민주주의 국가에서 그 밖의 관심사는 오랫동안 재직한—때때로 평생 동안—비선출 법관에게 정치적 의사결정에 많은 발언권을 부여하는 것이 현명하느냐에 관한 것이다. 이렇게 하는 것은 중요 정치지도자들이 국민에게 책임진다는 대의 민주주의의 핵심을 상실하는 것일 수 있다.

사법심사권의 발달을 저해하는 마지막 장애물은 대부분의 국가들의 특징이기도 한 법에 대한 보수적인 접근방식이다. 즉 세계의 대부분 국

것이다. 당연히 대법원은 난처한 입장에 처하게 되었다.

여기에서 마셜은 솔로몬의 지혜를 발휘하여 이 사건을 처리하였다. 대법원은 판결에서, 일단 메디슨 국무장관이 임명장의 전달을 거부한 것은 잘못이므로, 마땅히 대법원이 정부관리에게 직무집행을 명령해야 하지만, 대법원은 그러한 권한이 없다고 하였다. 왜냐 하면 마버리측이 연방법원조직법(1789) 제13조에 의해 대법원이 이 사건을 다룰 수 있다고 주장하지만, 의회에서 만든 그 법의 일부가 위헌이기 때문이라는 것이다. 대법원의 심판관할 범위는 헌법에 구체적으로 명시되어 있으므로, 그 범위를 확대하려면 헌법 수정을 통해야 하는 것이지, 의회가 입법조치로 고치거나 확대할 수 없다는 것이다.

이 판결은 행정부와 사법부가 대립하고 있을 때 내려진 다분히 정치성을 띠는 것이었다. 어느 쪽으로 판결하더라도 궁지에 빠지게 되어 있을 때, 타결방법으로 대법원의 심판관할 범위를 확대해 준 의회의 법규 자체를 위헌이라고 판결하여 자신에게 부여된 심판관할권을 스스로 축소시키면서도 대법원은 더 큰 이득을 얻게 되었다. 즉 법원은 입법부와 행정부의 행위에 대해 위헌선언을 할 수 있다는 판례를 남기게 된 것이다. 이로써 사법부는 연방헌법상 명시되지 않았던 사법심사권을 가지게 되었다.

가들에서 법원은 성문화된 법의 엄격한 적용으로 제한되어 있다는 것이다. 이는 영국, 미국 그리고 다른 앵글로-색슨 국가들에서 선례 우선(선행 결정에 의존), 판례법(judge-made law), 관습법(흔히 불문법)이 널리 보급된 것과 다른 점이다.

2. 헌법재판소(Constitutional Courts)

2차 세계대전이 끝난 후, 미국 외의 많은 국가들은 사법심사에 대한 실험을 시작하였다. 캐나다는 미국의 사법심사와 가장 비슷한 경험을 가진 국가이다. 미국에서와 같이 캐나다의 헌법은 사법심사에 관해 아무것도 밝히고 있지는 않지만, 소송절차와 판례의 진행을 통해서 사법심사가 중요한 법원의 권한으로 등장하였다. 캐나다의 법원은 연방제도의 해석에서, 그리고 정도는 덜하지만 시민적 자유의 옹호에 있어서 중요한 권한을 행사하여 왔다.

2차 세계대전 이후 독일, 이탈리아 그리고 일본의 새 헌법은 모두 헌법재판소에 대한 규정을 수록하였다. 이 재판소는 의회결의의 합헌성을 판결할 수 있는 권한을 부여받았다. 이러한 헌법재판소는 이 세 국가에서 뒤늦게 출발했지만, 불과 20년 만에 사법심사권을 행사하기 시작했다.[128] 그들은 인권의 강력한 옹호자이자 헌법의 해석자로 등장하였다. 특히 이탈리아에서는 재판관의 사법적 행동주의(activism)가 중요한 정치적 역할을 하였다. 이들 세 국가에서, 개인이나 지방정부 및 사회집단들은 모두 헌법위반이나 인권남용을 이 재판소에 소송할 수 있다.

프랑스는 보다 제한된 헌법위원회를 두고 있다.[129] 이 기구는 법의 공표 이전에만 그것의 합헌성 여부를 심사할 수 있다. 또한 이 위원회에의 소송은 대통령, 수상 혹은 60명 이상 의원들에 의해서만 이루어질 수 있

---

128) Gunter Kisker, "The West German Federal Constitutional Court as a Guardian of the Federal System," *Publius* 19(Fall 1989) : 35~52.

129) Alec Stone, *The Birth of Judicial Politics in France : The Constitutional Council in Comparative Perspective*(New York : Oxford University Press, 1992).

다. 이 위원회는 독일, 이탈리아 그리고 일본의 헌법재판소처럼 시민적 자유의 옹호자로 등장한 것은 아니다.

구 공산주의 국가의 대부분 헌법은 사법심사권과 개인의 시민적 자유를 옹호할 수 있는 헌법재판소를 설립하였다. 그러나 이러한 재판소의 효력을 판단하는 것은 아직 시기상조이다. 그들은 강하고 독립적인 법원과 법치주의(rule of law)의 전통이 없기 때문에 어려움을 안고 있다. 이것은 미국을 본받아 대법원을 만들려고 노력한 많은 제3세계 국가들에서도 마찬가지이다. 나이지리아는 대법원의 독립이 수년간의 군사정권에 의해 제한을 받은 경우이다. 대부분의 라틴 아메리카 정부들 역시 미국 법원을 모방한 대법원을 가지고 있지만, 사법심사기구로서 그리고 인권의 옹호자로서의 효과는 전반적인 정치체제의 특성에 따라 다르다. 권위주의적 통치자들은 법원으로부터의 비판을 제한하거나 제거할 수 있는 방법을 찾는다. 다른 한편, 인도에서와 같이 법치주의가 옹호된 몇몇 국가들에서는 법원이 사법심사를 사용하고 시민적 자유를 옹호함에 있어 효과적이다. 그러나 인도의 경험은 개발도상국에서 헌법재판소의 빈약성을 입증한다. 인도의 대법원은 그 역할을 수행하고 있지만, 의회는 법원의 심사를 받지 않는 법을 정할 수 있는 규정을 만들었다. 이러한 규정은 법원에 의해 무효화될 수 있는 억압적인 법을 만들기 위해 40차례 이상 사용되기도 했다. 인도 정부는 이러한 조치를 통해 혼란한 국가에서 안정성을 높이기 위해 필요한 법을 얻고자 하였다. 그러나 여기에는 법원의 인권보호 능력을 제한하는 대가를 치러야 했다.

20세기 말에 와서, 시민적 자유의 보호와 효과적인 민주주의의 형성에 더욱 몰두함으로써 이러한 새로운 가치들을 옹호할 수 있는 강력하고도 독립적인 법원의 개념이 확산되고 있다. 영국에서조차 사법심사에 대한 철학적 저항은 사법심사로의 어떤 움직임을 보여준 철학적 저항이 나타났다. 그래서 1970년대 이후 영국 법원은 정부 조례와 의회 법률의 합법성을 심사할 수 있는 권한을 주장하고 또한 행사하기 시작했다. 많은 국가들에 있어서 법원은 점차 민주주의와 인권의 중요한 보루로 간주되고 있다.[130]

Ⅳ. 결 론

세계의 모든 국가에서 의사결정은 입법부와 행정부 외에도 많은 제도에서 이루어지고 있다. 이 장은 언제나 정책형성의 가시적인 참여자는 아니지만 실제로는 중요한 의사결정자인 두 가지 중요한 제도, 즉 관료제와 헌법재판소에 초점을 두었다. 이 두 제도는 정책결정 과정에서 거의 통제받지 않고 권력을 행사한다는 점에서 가시적이고 공적인 책임을 지는 정치지도자들에게 도전하고 있다. 거의 모든 정치지도자들은 민주적이든 권위주의적이든 똑같이 그들의 프로그램을 관료들에게 실행시에 있어 어려움을 겪는다고 불평한다. 헌법재판소가 있는 경우, 정치지도자들은 가끔 법원의 행위에 관해 격분하게 되고, 비선출 법관의 과도한 영향력에 대해 불만을 표시한다. 정치적 통제권을 유지하려는 데 대한 도전은 언제나 존재할 것이지만, 관료들은 필요불가결한 존재이며, 법원은 시민적 자유와 헌법의 중요한 보호자이다.

130) Henry J. Abraham, *The Judicial Process,* 5th ed.(New York : Oxford University Press, 1986), pp. 291~330.

제 IV 부

정치 성과의 평가

국민들은 정부에 대해 단순히 권력을 장악하는 것 이상의 무언가를 해주기 기대한다. 정치지도자는 그저 자신들의 편협하고 이기적인 이권을 추구하기보다는 공동체의 목표를 달성해야 한다. 국가가 행사하는 집단적인 힘은 바람직한 과업을 이룩하는 데 바쳐져야 한다. 국민이 국가에 기대하는 것과 이러한 목표에 대한 우선순위는 사회마다 다르다. 하지만 어느 곳에서나 국가는 국민들의 경제적 필요가 충족될 수 있는 환경을 제공해야 하고, 시민들에게 최소한의 배려나 서비스가 보장되며, 기본 인권이 존중되고, 외부의 적과 내부 혼란으로부터 국민을 보호해야 한다는 데 합의가 이루어지고 있다. 이러한 목적들이 사실상 무엇이고, 누가 그것들을 상세히 규정하며, 정치지도자가 얼마만큼 그러한 목적을 충족시키는가 하는 점은, 나라별로 혹은 시기별로 보다 구체적으로 결정된다.

정치 성과에 대한 그러한 평가들은 정치적 변화의 문제로 이어진다. 정권의 성과가 미흡하거나, 국민들의 기대를 충족시키지 못한 나라에서는 변화를 요구할 것이다. 그러한 변화는 점진적 개혁이나 급속한 개혁

혹은 격렬한 혁명을 통해 나타난다. 한편 부적절하거나 가혹한 정권이 권력을 잡고 있을 때면, 변화를 강요할 만한 도전이나 효과적인 조직체가 없기 때문에, 변화가 전혀 나타나지 않을 것이다. 그러나 변화는 빈약한 성과에만 관련된 것은 아니다. 모든 정치체는 사회경제적 유형의 변화와 함께 발전한다. 즉 많은 국가들은 변화하는 대중의 기대와 새로운 정책적 도전에 대응하여 다양한 진화적 변화를 겪는다. 사실상 정치질서나 안정은 종종 그러한 조정을 통해서 이루어지기도 한다.

제 11 장

정치 성과

인도의 위대한 지도자 마하트마 간디(M. Gandhi)는 자신이 주장하는 일곱 가지 죄의 목록에 "원리 없는 정치(politics without principle)"를 포함시켰다. 그러나 현실정치 세계에서는 원리들이 실제적 조건과 한계들에 대처하기 위해 때로는 조정되어야 한다. 이상의 실현을 고집하거나 아무것도 주장하지 않는 사람들은 대개 그 어떤 것도 획득하지 못한다. 그러나 진정한 지도자는 제한적이지만 고상한 일련의 목표를 향해 추종자들의 희망을 고취시켜, 그 희망을 목표달성의 지지기반 구축에 이용할 수 있는 사람이다.

많은 지도자들은 원리와 정책목표에 따르면서도, 선출직 지도자들은 누구나 자신이나 소속 정당의 재선을 보장해 주는 일들을 할 작정으로 취임한다. 정치지도자는 대부분 권력을 상실해서 자기들이 한때 지배했던 경쟁자의 지배를 받기를 바라지 않는다. 열린 사회에서는, 정치가들은 자기들의 재선이 유권자의 정치적 기대 충족과 서로 긴밀히 얽혀 있다는 점을 알고 있다. 그러한 인식으로 인해 그들은 선거전략을 국민의 정치적 요구 충족에 부응하도록 수립한다. 그들은 재선이 자신들의 정치적 책략뿐만 아니라 정책과 행위의 성과에 달려 있다는 점을 믿게 된다.

권위주의적 지도자도 마찬가지로 권력유지를 가능케 할 그러한 일들을 하는 데 관심을 갖는다. 그들은 특히 자신이 억눌렀던 경쟁자들에게 권력을 빼앗긴다는 사실에 대해 생각하기 싫어한다. 만약 권력을 잃으면 자기들도 똑같은 취급을 당한다는 점을 예견하기 때문이다. 그 결과, 민주적 상황이나 독재적 상황을 가릴 것 없이 대부분의 정치지도자들은 자기들의 권력유지가 국민들의 특정한 기대 충족에 달려 있음을 확신한다. 지도자의 권력 유지와 정권의 존속은 사회의 필요에 부응하는 정부의 능력에 달려 있다. 즉 정부는 경제성장, 교육 · 퇴직자 구제 · 공공사업 같은 기본적 사회 서비스, 개인의 인권존중, 외적으로부터의 보호, 국내 공공질서 유지 등을 충족시켜야 한다.

정치지도자가 권력유지에 몰두한 것은, 그것으로 대중의 기대가 충족된다면, 꼭 온당치 못한 것만은 아니다. 자기가 경쟁자들보다 나라를 더 훌륭하게 다스릴 수 있다고 확신한 정치지도자들이 권력유지를 자연스럽고 바람직한 목표로 여기는 것은 정상적인 현상이다. 그들은 사회에 봉사하면서 자신의 지배를 영속시키기를 바란다. 민주적 제도에서는 주기적인 선거가 있음으로써, 권력소유자들이 사실상 대중을 만족시키도록 보장한다. 투표자들이 후보자들의 자질과 정책을 항상 평가할 수 있지는 않겠지만, 1992년 미국인과 1993년 캐나다인에 의해 시사되었듯이, 그들은 현직자의 정책을 승인할 것인지의 여부를 매우 잘 파악한다.

실제로 많은 정권들은 취약한 경우가 많기 때문에 집권기간 내내 권력유지라는 과업에 몰두한다. 국가제도의 정통성과 효율적 통제가 부족하고, 강력한 경쟁자로부터의 공공연한 도전에 직면한 경우에, 모든 정치지도자들이 할 수 있는 것이라곤 오로지 권력의 유지에 힘쓰는 것뿐이다. 이러한 불안정한 상황에서는 정치지도자들이 권력을 쥐는 동안, 사회 전체의 이익을 증진시키기보다는 공적 자원을 자신이나 측근 소유의 은행계좌로 전환하는 것이 보통이다. 이는 "할 수 있을 때 가능한 한 모든 것을 챙기려는"131) 식의 태도이다. 이것은 취약하고 불안정한 정권을 가진 많은 개도국들에 광범위하게 퍼진 부정과 부패증후군을 어느 정도 설명해 준다.

지도자가 전적으로 권력유지에 몰두하는 현상은 개도국뿐만 아니라 러시아나 구소련의 후속국가들과 같은 급격한 변화를 겪고 있는 일부 발전국가들에서도 나타난다. 그곳에서는 구제도와 절차들이 소멸되어도 효율적인 신제도와 절차들이 아직 나타나지 않았다. 개혁의 달성에 필요한 제도적 바탕이 없는 이런 상태에서, 지도자들은 권력유지에 모든 노력을 집중하는 것이 상책이라 생각한다. 권력유지에 대한 강박관념은 특히 개발도상국이나 변화 중인 국가들에서 일상적인 것이지만, 고도로 발전된 나라들에서도 발견된다. 이는 특히 정치지도자들이 비판이나 스캔들에 직면하는 경우, 자신의 권력을 유지하기 위해 정책목표에서 관심을 딴 데로 돌리는 경우에 그렇다. 예를 들어, 클린턴의 임기 동안 있었던 몇몇 스캔들은 대통령과 측근들로 하여금 선거 때 제시했던 정책목표의 수행으로부터 관심을 딴 데로 돌리게 했다. 이보다 더한 고난이 18개월에 걸친 워터게이트 위기 동안 닉슨 대통령에 닥쳤는데, 당시 백악관은 대통령을 지켜주려는 노력만을 하였다.

Ⅰ. 정치 성과를 어떻게 평가할 수 있는가?

정부는 권력에 집착하는 것 이상의 일들을 해야 한다는 데 합의가 이루어진다 해도, 정부의 업적을 어떻게 평가할지에 대한 합의를 이끌기가 훨씬 더 힘들 것이다. 대부분 시민들은 정부가 '나와 같은 국민(people like me)'의 필요와 바람들을 충족시켜 주고 있는지 여부에 관해 어느 정도 분별할 수 있다. 그러나 그들의 판단은 종종 정확지 않거나 편파적이다. 정치 성과들에 대한 그러한 평가는 정당별 유대, 교회, 노동조합, 이

131) Mancur Olson, "Dictatorship, Democracy, and Development," *American Political Science Review* 87(September 1993) : 567~576.

익집단 같은 집단별 유대, 매스컴의 해석, 그리고 친구와 가족의 논평과 반응 등에 따라 영향을 받는다. 심지어는 객관적인 관찰자인 뉴스 분석가나 학자들조차 자신들의 주관적 느낌에 영향을 받을 것이다. 공평한 객관성의 요구에도 불구하고, 그들은 정부에 우호적으로 비쳐질까 두려워 종종 정치 성과에 대한 찬사에 인색하다.

관찰자가 다른 나라 정부의 운영을 평가하려 하는 경우, 정부의 성과에 대한 평가의 시도는 더욱 어렵게 된다. 심지어 비슷한 배경과 발전 수준을 갖는 나라들에서도, 중요한 문화적 차이가 서로의 국가정책을 판단하는 데 영향을 미친다. 예를 들어, 대중적인 국가 의료보험의 혜택을 누리는 캐나다인들은, 미국 정부가 모든 미국인에게 저비용의 치료를 폭넓게 보장하지 못한 데 대해 미국인들이 왜 비판하지 않는지 이해하기가 힘들다고 생각한다. 그래도 이들은 문화적으로 꽤 유사한 편이다. 하지만 나라별로 문화적 차이가 더 클 때는, 일국의 관찰자들이 타국의 정치 성과에 대해 공정한 평가를 내리기가 더욱 어렵게 된다. 예를 들어, 미국인이 북부 나이지리아의 회교도 법정의 인권기록들을 어떻게 공정하게 평가할 수 있을 것인가?

각기 다른 나라의 정치 성과를 평가함에 있어 그러한 문화적 편견을 극복하기는 불가능하지만, 그 위험을 최소화하는 방법들이 있다. 정치 성과에 관한 다음의 세 가지 평가접근법은 성과의 평가에 영향을 미치는 문화적 · 개인적 편견을 제한시킬 수 있을 것이다. 첫째, 평가자는 '훌륭한(good)' 정부가 충족시켜야 할 일련의 보편적인 기준을 규정한다. 그 기준은 가능한 한 문화적 혹은 파당적 편견에서 벗어나야 한다. 그리고 모든 나라들을 평가하는 데 한결같이 사용되어야 한다. 이론상으로 이는 적절하게 들린다. 그러나 실제로 매우 어렵고 때론 부적절하다. 예를 들어, 훌륭한 정부의 '기준들'에는 당연히 정부가 국민에 대해 충족시켜야 할 영양 수준의 기대치가 포함될 것이다. 인도와 같은 나라는 매우 많은 인구, 낮은 경제적 능력, 그리고 식량생산에 해를 끼치는 자연재해 등의 취약성을 고려할 때, 그러한 기준을 달성하기가 불가능할지 모른다. 따라서 그러한 '보편적(universal)'인 기준은 많은 나라에서 일률적으로 평가

되기에 적절치도 바람직하지도 않을뿐더러 혹은 도달할 수 없을지도 모른다.

두 번째 접근은 국가지도자가 수행하고자 하는 것에 기초하여 평가하는 것이다. 이는 평가대상이 된 정부의 공표된 목표와 함축적인 목표에 대한 확인이 우선 필요하다. 일단 국가의 목표가 확인되면, 평가자는 정부가 그 목표를 얼마나 잘 성취하고 있는지를 평가할 수 있다. 물론 정부가 하기를 원하는 것이 무엇인지 확인하기가 쉽지는 않다. 공표된 목표는 정부의 실제 우선순위를 반영하지 않을 수 있다. 게다가 엘리트가 규정한 그 목표들은 일반 대중의 목표와 똑같지 않을 수 있다. 하지만 엘리트의 목표를 통해 성과를 평가하는 데서 오는 가장 곤란한 문제는 아마도 평가자가 그 목표를 '바람직한 것(desirable)'으로 인정하게 된다는 점이다. 그렇게 되면 관찰자는 이란이나 나치 독일과 같은 나라에 높은 점수를 주어야 할 것이다. 이란에서는 이슬람 근본주의를 조장하려는 목적이 모든 이란인들에게 억지로 부과되었고, 독일에서는 나치 정권이 유대인 '문제'를 대량학살로 해결하려는 '분명히 규정된' 정책을 추구했던 것이다. 그러한 잔학행위마저 정부정책이라는 명목으로 인정할 만큼 공평성을 애써 강조하려는 관찰자들은 거의 없을 것이다. 그렇다면 관찰자들이 평가의 기초로 채택하는 목표와 비난하거나 무시해 버리는 목표의 경계선은 어디인가?

세 번째 평가의 방법은 유사한 나라들의 정치 성과의 결과를 비교하는 것이다. 확립된 민주적 전통을 가진 잘 발전된 민주국가들은 그들끼리 서로 비교되고, 급속한 변화를 겪고 안정된 민주적 전통이 부족한 나라들은 역시 그들끼리 비교될 것이다. 또한 여전히 근대화나 발전과 씨름하고 있는 나라들끼리도 서로 비교될 것이다. 이러한 접근방식은 평가에 있어 서구적 가치의 편견을 제한하는 장점이 있으나 이행되기는 아직 어렵다. 심지어 비슷한 나라들끼리 관찰할 때도 평가가 이루어지기 힘들다. 예를 들어, 영국과 미국 국민들은 매우 유사한 평균 수명을 가진다. 하지만 영국에서 국가가 제공하는 의료비용은 국내총생산(GDP)의 5%에 불과하지만, 미국에서는 GDP의 10% 이상이 소요된다. 그렇다고 이것이 영국의 국가 건강보호제도가 미국의 민간 의료보호제도보다 더 낫다는 것을 의미하는가?

필자는 여기에 대해 대답을 보류하련다. 그리고 사실상 이것은 모든 사려 깊은 시민들이 다른 정치체제나 자신의 정치체제에 대한 평가를 시도함에 있어 지녀야 하는 과제이다. 정치 성과에 대한 다른 사람의 평가의 타당성을 논의함에 있어, 평가자가 평가 기초로 무엇을 사용했는지를 이해해야 한다. 우리 자신을 평가함에 있어서도 평가의 근거를 알고 있어야 하며, 그 평가방식의 한계들을 인지해야 한다. 우리와 상이하지만 적잖게 타당한 기초들을 사용하여 평가하는 다른 평가자들을 인정하고 그들에게 관대해야 한다.

Ⅱ. 성과평가의 주안점

다음에서 필자는 한 나라의 정치제도의 성과를 평가하는 데 사용될 몇 가지 정부활동과 공공정책 영역을 제시할 것이다. 그것들은 한 나라의 지도자들이 다양한 상황에서 시도해야 할 것에 대한 필자 자신의 개인적 느낌들을 나타낸 것이다. 여러분들의 평가기준은 이와 다를 수 있다. 그리고 여러분들은 필자가 제시한 것들을 비판적으로 읽어가야 한다. 여러분들은 각자의 평가기준들에 비추어 그것들을 측정하고, 그것들을 적용시키는 필자의 시도 및 결론들과 얼마만큼 일치하는가 혹은 불일치하는가 알아보아야 한다.

1. 안전문제

거의 모든 나라에서 국민들은 정부가 국경선 안팎의 폭력으로부터 자신들을 지켜줄 것을 기대한다. 실제로 일각에서는, 외부 위협으로부터 그들을 보호해 줄 필요성이야말로 바로 근대 국민국가 형성의 기초였음을 주장한다.[132] 국민들은 정부가 국경 안에서 일어나고 있는 것을 통제하려는 외부의 시도들에 대해서뿐만 아니라 인근 국가의 폭력적인 침략에 대항해서 자신들을 보호해 주기를 기대한다. 그러한 기대 때문에 한 나라가 전쟁에서 질 때면 가끔 정권의 변화가 있었다는 점은 놀라운 일이 아니다. 주변 적군의 수중에 장악된 지도자들은 나라를 방어하는 데 더 훌륭한 능력을 지닌 새로운 지도자로 대체된다. 프랑스의 제3공화국은 독일 군대가 1940년에 침공하자 무너졌다. 독일은 1918년과 1945년의 군사 패배 이후 정권 변화를 경험했다. 일본 또한 2차 대전의 패배 이후 그 정치체가 변화했다. 하지만 어떤 환경에서는 꼭 전쟁에서 패배해야만 정권이 무너지는 것은 아니다. 비록 소규모의 군사적인 패배일지라도 정권의 불신임과 교체를 가져올 수 있다. 식민지 전쟁에서 일련의 패배들은 1958년 프랑스 제4공화국의 실각을 설명하는 부분적인 요소이다.

정부는 또한 국내의 안전을 유지해야 할 필요가 있다. 국민은 대개 정부가 폭동이나 테러 등으로 사회 전반에 걸친 혼란이 지속되지 않도록 해주기를 바란다. 장기간에 걸쳐 상당한 정치적 폭력을 겪은 정권은 그 나라 시민들의 신뢰와 후원을 잃는다. 대중은 정치적 혼란에서 오는 개인적 위험이나 재산손실의 위험을 느낄 때면, 국내의 혼란을 저지할 능력이 없는 것으로 보이는 지도자나 정부에 대한 지원을 철회한다. 민주적 환경에서 국내 질서를 유지하는 데 실패하게 되면, 1968년 베트남 전쟁으로 시민의 불안이 최고조에 달했을 때 미국 민주당 대통령 후보가 패한 것처럼, 현직자의 선거 패배를 야기하게 된다. 약한 민주주의는 정치적 폭력의 종식과 더불어 민주적 지도자가 이루기 힘든 국내 평화의 회복을 약속하는 독재자에게 빌미를 줌으로써 종종 전복된다. 인도의 예를 들면, 1975년의 국내 혼란은 인디라 간디의 민주주의 중단과 포고령에 의한 지배를 정당화시켰다. 대부분 사람들은 평온을 획득하는 대가로 설령 민주주의의 희생을 가져오더라도, 국내적 혼란보다는 질서를 선호한다. 비민주적 환경에서는, 정치적 혼란의 확산으로 인해 시민이나 군사

132) John Herz, *International Politics in the Atomic Age*(New York : Columbia University Press, 1959).

반란에 의해 정권이 전복될 수 있다. 인종적 불안과 폭력은 1965년 나이지리아의 첫번째 군사 쿠데타를 유발시켰고, 그 후 30년간에 걸쳐 몇몇 다른 쿠데타의 원인이 되었다.

정치적 혼란과 정권의 정통성 사이의 밀접한 연계는, 왜 테러리즘이 정권의 반대자에게 유력한 수단인가를 설명하는 이유가 된다. 소수의 테러리스트나 게릴라들은 국내 질서를 파괴하고 폭력분쟁을 감행하며, 심지어 더 많은 혼란을 위협함은 물론, 그러한 불법행위들에 대한 정부의 무능력을 부각시킴으로써, 한때 강했던 정부를 곤경에 빠뜨린다. 최근의 좋은 예가 멕시코 남부에서 일어난 1994년의 치아파스 게릴라 봉기이다. 이 분쟁은 고립되었으나, 정부군은 게릴라가 정부지지자와 건물에 공격을 감행하고 정글로 숨어드는 것을 막을 능력이 없었다. 이 봉기는 총선거와 동시에 일어났는데, 이 선거는 게릴라의 주장과 이 주장의 근저에 깔린 사회경제적 불만을 표명하고자 한 반대당들을 더 확실히 부각시켰다. 그러한 위협에 대한 대응에서 보여진 정부의 무능력은 그 정통성을 훼손시켰고, 여당인 제도혁명당(PRI)의 재선운동을 약화시켰다. 제도혁명당은 비록 선거에서 이겼지만 여느 때에 비해 간신히 승리했다.

한편 정부는 비정치적 혼란으로 인해서도 타격을 받을 수 있다. 경찰이 범죄증가를 통제하는 데 외견상 무능력한 것으로 여겨지면 대중들의 불만이 나타날 수 있다. 이것은 좀처럼 정권의 붕괴 원인이 되지는 않지만, 최근의 민주정부에서는 자신들의 지지자들이 주류 정당을 포기하고, '법과 질서'를 외치는 극우적인 정당으로 돌아서고 있다. 이 점은 1968년과 1972년 미국 대통령 선거운동에서 조지 월리스(George Wallace)가 부상(浮上)된 요인이었다. 오늘날 독일과 프랑스, 영국 및 그 밖의 극우파 정당이나 운동은 증가하는 범죄, 공공연한 마약남용, 그리고 도시의 부패 등에 근거해 자신의 지지를 호소한다. 선동가들은 자신들이 수행할 수 없는 엄격하고 가능성이 희박한 범죄해결책을 약속할 수 있다. 그러나 책임 있는 정치가들은 그러한 해결을 쉽게 약속할 수 없다. 그 결과 공공 도덕과 질서의 붕괴는 물론, 심지어는 선진 민주주의에서도 긴장을 낳을 수 있다. 그리고 아직은 민주적 원리에 대한 대중적 기반이 취약한 러시아와 같은 신생 민주주의에서는, 범죄와 도시의 부패가 민주주의에 대한 대중의 지지를 치명적으로 손상시킬 우려를 낳고 있다.

2. 경제성장

앞서 살폈듯이, 정부는 국가의 경제성장에 대한 압력이 자신들에게 늘 가중되고 있음을 안다. 심지어는 자유기업과 정부의 최소한의 경제적 책임을 주장했던 나라에서도 정치지도자들은 과도한 실업과 인플레이션 혹은 불경기가 자신들의 정치적 지위를 약화시킨다는 점을 깨닫는다. 민주적 지도자들은 경제가 나빠질 때면 유권자들이 경제문제에 대해 정부가 책임이 있든 없든 투표를 통해 집권당을 축출한다는 사실을 과거의 경험으로부터 알고 있다. 따라서 그들의 이데올로기가 무엇이든 간에 정부는 경제안정과 국민번영을 유지하는 데 관심을 쏟는다.

정부가 하는 일을 열거하면 대강 다음과 같다. 장래성 있는 부문에 세금 감면이나 과감한 보조금을 통해 투자를 장려한다. 경제성장을 촉진하기 위해 통화나 금융상의 통제를 조종하려 시도한다. 사적 · 공적 경제부문의 번영에 필요한 정보나 발명들을 뒷받침하는 기본적 연구에 대해 재정적으로 보증한다. 실직자, 무능력자, 노인 등을 보호하기 위해 혜택을 제공한다. 무엇보다 정부는 경제가 작동하는 데 필요한 기간시설(Infrastructure), 즉 공공교육, 고속도로, 공항, 항만과 운하, 우편 서비스, 쓰레기 처리, 관개와 홍수 제어 및 수도, 가스, 전기 등 공적 설비를 건설하고 유지하려 한다.

정치지도자들이 자기 나라의 경제를 증진시키리라는 데 동의하기는 쉽지만, 그러한 성과를 측정하기는 훨씬 어렵다. 외견상 성과 측정은 간단하다. 경제성장, 인플레이션, 실업, 투자 등을 측정하고 비교할 수 있는 국제경제적 통계가 많이 있기 때문이다. 그러나 그 통계 자체는 우리를 혼동스럽게 할 수 있다. 예를 들어 1994년 미국은 산업생산성에서 일본을 제치고 세계 선두국이 되었다. 하지만 클린턴 정부가 미국의 성공을 초래했는가, 아니면 일본 정부가 자기 나라 경제후퇴의 책임을 져야 하는가? 이러한 변천이 미·일 간의 만성적으로 지속된 무역 불균형을 시정하는 데 얼마나 도움이 되는가? 경제학자들은 그 의미를 밝히기가 힘들다. 더구나 그러한 변화 속에서 정부가 어떤 역할을 했는지의 여부를 밝히기는 훨씬 어렵다.

다른 예를 들어보자. 오랫동안 인도와 중국의 경제 성장이 비교되었는데 주로 인도의 손실에 대한 것이었다. 과거 두 나라에서 기근을 낳았던 문제에 대해 중국은 인도보다 더 능숙하게 해결하였다. 중국은 중공업을 발전시키는 데 더 성공적이었다. 중국의 경제성장률은 보통 인도를 능가하였다. 중국의 의무적인 산아제한정책은 급속한 인구증가가 경제성장의 이득을 침식하지 못하게 하였다. 중국 경제는 인도를 괴롭혔던 인플레이션과 통화문제를 겪지 않았다. 그 결과 일부 분석가들은, 민주주의와 혼합경제 및 다원주의 사회를 유지하려는 인도의 노력에 비하여, 중국은 경제적 변화에 따른 조직화에 있어, 중앙집중화되고 단일적이고 권위주의적인 정권의 장점을 예증한다고 주장하였다. 이러한 판단은 정확한가? 이것은 공정한가? 여기에서도 통계와 경제학만을 기초로 하여 답하기는 어렵다.

오늘날 중국과 러시아가 시장지향적인 경제로 바뀜에 따라, 두 나라의 상이한 접근방법에 관해서도 위와 비슷한 문제들이 제기된다. 러시아는 경제 변화와 민주화를 동시에 추진했다. 하지만 중국은 민간기업가들과 외국 투자자들에게 경제는 개방했으나, 반대 의사의 자유로운 표현을 허용하는 정치적 개방에 대한 내외 압력에 대해서는 극구 대항했다. 다음의 객관적인 통계치는 또다시 중국에 유리하게 나타난다. 중국은 1980년대에 걸쳐 인플레이션과 통화문제를 모면하는 한편, 최고율의 경제성장과 산업화를 기록했다. 탈공산주의 러시아는 경제 쇠퇴, 초인플레이션, 외채 증가, 통화 위기 등을 겪어왔다. 하지만 이러한 평가에 영향을 미칠 수 있는 경제적 · 정치적 요인들이 있다. 중국처럼 상대적으로 후진적인 경제는 러시아처럼 더 발전된 경제에 비해 초기 성장단계에서 훨씬 급속한 성장을 이룰 수 있다. 또한 많은 사람들은, 중국에서 경제의 향상으로 인민들이 그 동안 겪어온 사회적 · 정치적 억압이 적절히 보상되었는지의 여부를 물을 것이다.

경제성과의 평가문제는 후진국을 살펴볼 때도 더욱 어려운 문제가 된다. 상당수의 후진국들에서 지도자들은 권력유지에 대한 불확실성 때문에 국가의 자원을 자신들의 은행구좌로 전용하려 한다. 나라 전반에 걸쳐 지도자들의 부정부패가 만연하다는 사실은 어제오늘의 일이 아니다. 그러한 타락은 그 나라 경제의 자원과 힘을 고갈시킬 뿐만 아니라, 대부분의 경제활동을 왜곡시킨다. 타락이 많이 나타나는 국가에서는 암시장, 뇌물, 무자료 생산, 탈세 등에 기반한 '암거래(gray)' 경제가 만연해 있다. 공식적인 경제통계는 대개 경제행위에 대한 매우 부정확한 척도이며, 경제활동을 실제보다 낮게 보고한 것이다.

경제발전은 항상 바람직하다는 가정이 있다. 그러나 그 가정은 이제 두 가지 근거로 도전받고 있다.

첫째, 일부에서는 발전에 따른 환경의 희생에 더 많은 관심이 주어져야 한다고 주장하며, 급속한 경제성장의 추구에 따른 환경의 희생을 이유로 약소국가에서의 급속한 산업화를 비판한다. 하지만 그러한 비판을 하는 사람들은 대개 매우 안락한 생활 수준을 즐기는 사람들이며, 에어컨이 있는 사무실에 앉아 환경에 대한 그들의 항변을 유포시킨다. 멕시코, 나이지리아, 인도에서 간신히 생계를 연명하려고 애쓰는 사람들과 그들 정부는, 지구 환경을 구하기 위해 자신들의 경제발전을 단념해야 한다는 저들의 논리에 관심을 갖지 않는 것은 어쩌면 당연하다.

둘째, 덜 일반적인 비판에 따르면, 경제발전은 서양과는 다르지만 보존되어야 할 현존하는 전통과 가치를 파괴한다는 것이다. 그러한 비판은 '고결한 야만인(noble savage)'이라는 19세기 관념을 풍자적으로 모방하여, 급속한 사회경제적 변화로 전통적 가족, 공동의식, 전통적 가치들이 손상됨을 지적한다. 심지어 일부 사람들은 전통적 삶의 방식이 경제성장과 현대교육 및 의학의 변화로 이룩된 삶의 방식보다 뛰어나다고 주장한다. 사실상 그러한 관심을 일부 뒷받침하는 근거가 있다. 예를 들어 독립 전 나이지리아는 국민생활에 필요한 식량의 자급자족이 충분했다. 그러나 근대적 산업과 통상으로의 방향 수정으로 인해, 나이지리아는 이제 식량수입 국가로 탈바꿈하게 되었다. 그러나 변화를 반대한 사람들은 전통적 가치의 쇠퇴로 인해 실제적인 피해를 본 3세계 국민들이 아니라, 대개 서양인들이다. 빈곤한 나라의 어린이들이 전통적 가치의 보호를 위해 교육, 현대적 의료, 경제적 기회를 갖지 않아야 한다는 서양인들의 주장은 사실상 극도로 자기중심적인 온정주의라 할 수 있다.

3. 사회정책

미국인들은 사회복지정책이 제시되면 종종 매우 강하게 반응한다. 일부에서는 그러한 공공정책이 오도된 '사회공학'적 실험에 따라 세금수입을 낭비하고 결국은 실패할 운명이라고 본다. 다른 사람들은 공공정책에 대해, 그렇지 않으면 풍족했을 나라에서 빈곤 확산의 인과적 대응방식으로 이해한다. 미국 정치에서는 복지정책보다 더 강하거나 감정적인 반응을 보인 쟁점은 별로 없다. 하지만 다른 대부분의 산업 민주국가들에서는 사회복지정책이 훨씬 더 긍정적으로 고려된다. 그러한 것들은 다수의 고통을 완화시켜 줄 뿐만 아니라 불이익계층의 충성을 얻는 데 도움을 주는 성공적인 정책으로 받아들여지기 때문이다. 불이익계층은 시장경제 및 때로는 초기 자본주의의 가혹함의 결과로 민주주의에서 소외되었다.

그 결과 대부분의 산업 국가들은 사회복지정책을 갖는데, 그 지출이 국내총생산(GDP)의 약 4분의 1에 달한다(표 [11-1] 참조). 이러한 사회 프로그램은 시민들에게 주택보조금, 대중교통요금, 의료, 사회보장 및 은퇴정책, 실업보험, 소득보조, 육아수당 및 기타 혜택들을 제공한다. 이들 정책의 일부는 개인이나 가족의 소득에 따른 궁핍 정도에 기초한다. 그 밖에 의료나 사회보장 등은 소득이나 궁핍에 상관없이 모두에게 주어진다. 이러한 정책들은 국가와 특정한 프로그램에 따라서, (미국의 사회보장제도에서처럼) 고용자나 피고용자의 보험 급여에 의해, 혹은 (미국의 저소득자 주택에 대한 보조금에서처럼) 국가의 세금수입으로부터 직접 지급에 의해 재원이 마련된다.

이러한 정책들이 규모나 범위에서 확대됨에 따라, 그 비용에 대한 관

표 [11-1] 1980~1981년 GDP 대비 사회적 지출

나 라	교육비 포함	교육비 제외
영 국	24.5	19.0
프랑스	35.0	30.6
서 독	27.2	22.3
이탈리아	27.0	21.1
네덜란드	43.0	32.1
스웨덴	37.9	30.7

출처 : Michel Peillon, "Welfare and State Centralization," *West European Politics* 16(April 1993) : 110.

심이 증가하고 있다. 이는 특히 인구노령화로 인해 세금이나 보험료를 지불하는 소득수입자의 수는 감소되고 수혜자의 수가 늘어나는 나라에서 일어난다. 그러나 비용문제가 있는 나라에서도 편익 프로그램은 매우 인기 있기 때문에, 대부분 정치가들은 사회보장 편익들이나 정책들을 줄여 대중의 분노를 사려 하지 않는다. 심지어는 그것의 감소를 주장했던 레이건과 대처 등 보수적인 지도자들도 이러한 대중적인 정책을 실제로 축소하는 것을 두려워했다. 그 결과 국가는 종종 일부 혜택을 삭감하거나 개인의 지불 부담을 늘린다. 그러나 국가가 사회복지정책을 폐지하거나 근본적으로 축소시키는 경우는 드물다.

미국에서 건강 서비스의 일반적인 수혜 범위가 부족한 것을 제외하고는, 산업 민주국가별로 편익 범위의 차이는 비교적 적다. 이들 프로그램의 비용과 그것이 어떻게 충당되는지는 나라별로 다양하다. 산업 민주국가들마다 비교적 근거를 통해 편익에 따른 비용을 측정하여 성과를 평가하는 것은 가능한 일이다. 표 [11-2]는 1990년대 중반의 의료에 관한 자료를 통해 이 같은 평가를 하고 있다.

이 표에 따르면, 선진 산업 민주국가들 사이에 평균 수명의 차이는 거의 없는 반면, 의료비용은 매우 다양함을 나타낸다. 미국에서 1인당 의료비용은 스페인에 비해 3.5배에 달하나, 오히려 스페인 사람이 더 오랜 평균 수명을 갖고 있음을 주목하자. 영국의 국민의료제도는 캐나다, 프랑스, 독일 등 훨씬 더 많은 비용을 지출하는 국민건강보험제도와 거의 같

은 평균 수명을 제공하는 것으로 보인다.

이런 비용편익분석(cost-benefit analysis)은 약간의 통찰력을 줄 수 있다. 그러나 정부의 사회적 편익이 얼마나 잘 제공되는가를 측정하기 곤란한 지표들도 있다. 의료의 예를 계속 들자면, 엄격하게 돈으로 계산할 수 없는 개인적인 의사(醫師) 선택 혹은 진료의 대기시간이라는 관점에서 볼 때, 간접 '비용들'(hidden costs)이 있을 수 있다. 의료 서비스의 일부 수혜자에게 이러한 무비용의 배려(uncost concerns)는 큰 중요성이 있을 것이다.

개발도상국가에서는, 사회복지 혜택의 제공에 대해 정부는 관심이 적다. 가난한 자와 노인의 구제는 친척, 공동단체, 교회 및 다른 자선가들 프로그램에 떠맡겨진다. 나이지리아의 예를 들면, 남부에서는 대가족 구성원과 공동집단들이 스스로를 돌보고 있고, 북부에서는 이슬람교의 자선 전통이 가난한 자에 대한 구제를 하고 있다. 그 결과 나이지리아는 지역별로 상당한 차이가 있다.

또한 개도국들마다 이러한 복지 서비스에는 상당한 차이가 있다. 서비스의 수준은 그 나라의 발전 수준과 문화적 배경에 따라 매우 다양하다. 근대화의 과정은 일반적으로 국가가 제공하는 편익의 요구를 증가시킨다. 가족과 공동단체의 중요성이 감소함에 따라, 이러한 불이익자를 배려하

표 [11-2] 산업 민주국가별 의료비와 평균 수명

나 라	1인당 의료비용 (미국달러)	평균 수명 (년)
미 국	2,863	71.2
캐나다	1,915	71.9
서 독	1,659	71.2
프랑스	1,650	71.0
스웨덴	1,443	73.8
이탈리아	1,408	71.1
일 본	1,307	74.8
영 국	1,043	71.8
스페인	848	72.5

던 전통적인 원천이 그 능력을 잃게 된다. 전반적으로 개도국들은 당장 눈앞의 경제적 필요를 충족시켜야 할 절박한 요구에 직면한다. 그러나 그들은 보다 발전된 환경에서 정부에 기대되던 공공복지 프로그램을 확산시킬 경제적 능력이 없다. 그곳에는 기본적 필요의 충족뿐만 아니라 사회복지정책에 필요한 국가 자원이 충분치 않다.

개도국에서는, 복지 프로그램이 불충분해서 정부가 충분한 식량공급을 보증하고 경제성장을 증진시키는 등 다른 목적을 달성하기가 힘들게 된다. 개도국들은 종종 인구증가가 경제성장을 압도하지 못하도록 가족계획 프로그램을 장려한다. 정부가 발전 프로그램의 일환으로 인구억제책을 시도하게 되면, 노령자에 대한 정부연금의 필요성은 더욱 커진다. 왜냐 하면, 부모를 부양할 자녀들이 더욱 줄어들기 때문이다. 만약 그러한 연금이 제공되지 않거나 국민들이 그 정책을 타당한 것으로 믿지 않는 곳에서는, 부모가 자녀를 자신의 노후의 유일한 생계수단으로 생각하기 때문에 인구증가가 계속될 것으로 보인다.

4. 교 육

보통교육(universal education)에 대한 정부의 지원은 전통적이고 논란의 여지가 적은 사회정책이다. 19세기 말까지, 대부분의 서유럽과 북미 국가들은 처음엔 10대 초반의 소년들을 위한, 그리고 나중에는 소녀들을 위한 보통교육 프로그램을 발전시켰다. 처음에는 초등교육과 중등교육을 받을 수 있게 했고, 나중에는 그것을 수년간에 걸쳐 의무화시켰다. 미국에서 이는 지방 공립학교의 창설을 수반했고, 다른 나라에서는 중앙정부가 교육을 자신의 관리하에 놓고 공립학교를 설립했는데, 종종 이것들은 사립 및 종교 학교와 경쟁했다.

특히 강한 가톨릭 전통을 가진 나라에서는, 국가의 교육개입 과정은 사회와 국가에서 교회의 역할을 제한하려는 노력을 수반하였다. 그로 인해 국가의 교육 개입은 매우 정치화되고 민감한 문제가 되었다. 프랑스처럼 교회가 운영하는 사립학교에 대한 국가보조금이나, 혹은 일부 독일이나 캐나다 지방처럼 독립된 학교가 가톨릭과 개신교의 관리하에 놓인 나라에서는, 교과과정에 대한 정부의 간섭이 늘 논쟁거리가 되어 민감한 주제가 되었다. 예를 들어, 1980년대에는 프랑스에서 말 그대로 1백만 명의 군중들이 거리로 쏟아졌던 대규모 시위가 있었다. 이들은 처음엔 교회학교를 지지하다가, 나중에는 정부가 사립학교에 대한 보조금을 중단했다가 증가시킬 것을 제안하자 공립학교를 지지하였다.

사립대학이 많은 미국과는 달리, 대부분 나라에서 고등교육은 대개 국가에 의해서만 제공된다. 영국은 케임브리지와 옥스퍼드 등 중세기에 시작된 사립학교가 엘리트 교육을 제공하는 예외적인 국가이다. 다른 곳에서는, 사립대학이 드물고 대개 국립대학교에 비해 명성이 덜하다. 독일의 경우 일부 교회 소유의 대학을 제외하고는 대학들이 주 정부의 기금과 감독을 받는 국가시설이다. 또한 일본에서 대부분 고등교육 기관과 모든 명성 있는 대학은 국립대학들이다.

유럽과 북미의 모든 곳에서, 대학에 다니는 학생 수는 크게 증가하여 25년 전에 비해 10배 정도 이른다. 이로 인해 대학은 많은 숫자의 학생에게 적합한 강의실 공간, 실험실, 도서관, 지도교수 등을 마련해야 하는 과중한 부담을 안게 된 것이다. 이들의 부족은 종종 빈약한 교육경험 및 대학학위에 대한 평가절하로 나타난다. 과거에는 대학학위가 성공적인 직업을 보장했으나, 오늘날은 많은 나라에서 다수 국민들이 대학교육을 받게 되자, 대학학위는 더 이상 그러한 보장능력을 갖지 못하게 된다. 그 결과, 평범한 배경 출신의 젊은이들까지도 이제 대학에 다니지만, 그들이 취득한 학위는 과거에 일부 특권층이 대학교육을 마친 후 얻을 수 있던 그러한 종류의 직업을 보장해 주지 않는다.

개도국들은 한정된 자원을 공교육에 할당함에 있어 보다 많은 과제를 갖고 있다. 가장 중요한 과제는 문자해득률을 더 늘리는 것이다. 선진국은 인구의 90% 이상이 문자해득 능력이 있는 반면, 개도국은 그 정도가 훨씬 낮다(표 [11-3] 참조).

그 결과 교육의 우선순위는 대개 초 · 중등교육에 주어진다. 하지만 또한 해외로 나가고도 남을 여유가 있는 사람에게 대학교육을 제공하도록

표 [11-3] 표본국가들의 문자해득률

국 가	성인인구 중 문자해득률(%)
영 국	99
캐나다	99
프랑스	99
독 일	99
일 본	99
러시아	99
중 국	70
인 도	36
멕시코	88
나이지리아	42

출처 : *The World Almanac and Book of Facts 1990*(New York : World Almanac, 1990).

고등교육에 대한 국가의 지원을 요구하는 압력이 존재한다. 대학교는 흔히 발전 성취의 상징으로 여겨진다.

그로 인해 새로운 대학을 설립하기 위해 종종 지역 간 경쟁이 있기도 한다. 예를 들자면 나이지리아에서는 20여 지방 정부들이 자기들 지위의 위엄 있는 상징으로서 대학을 갖기 원한다. 하지만 그들에겐 자금, 양질의 교수진, 학생 등 대규모의 대학체제를 뒷받침할 만한 자원이 충분치 않다. 그 결과 초·중등학교를 개선하는 데 사용되어질 자금들이 비경제적이고 불필요한 대학교를 지탱하는 데 쓰이는 것이다. 그렇다고 이러한 부족한 국가자금을 가장 필요한 유형의 교육에 할당하는 문제에 직면해 있는 것은 나이지리아만이 아니다. 개발도상국가들 전반에 걸쳐 초등단계부터 대학에 이르기까지 교육적 필요가 여전히 절실한 실정이다.

교육은 현대 국가에 필요한데, 그것은 자국민이 정치과정에 적극적인 참여자가 되도록 하는 가장 중요한 요소이기 때문이다. 교육을 잘 받은 사람은 정치에 관여할 가능성이 더 높다. 문자해득은 근대 경제에 유능한 일꾼들을 창출할 뿐 아니라 훌륭한 시민양성에 있어서도 필수적인 요소이다. 최근 어느 학자가 강조했듯이, "공교육은 개개인들이 공동의 문제를 깨닫고 건전한 정치적 판단이 가능한 시민이 되도록 해준다."[133)]

5. 환경보호

1985년, 인도의 보팔(Bhopal)에 있는 유니온카바이드(Union Carbide) 회사의 살충제 공장에서 치명적인 가스가 유출되어, 거의 7천여 명의 사람이 죽고 수십만의 타지역 주민들이 시력을 잃거나 심각하게 부상당했다. 인도의 정부관리들은 그 회사를 과실혐의로 고발했다. 10년 후에도 그 재앙은 보팔 주민과 경제에 오점을 남기고 있다. 많은 환경운동가들은 보팔의 재앙은 서구 회사들이 선진국의 환경보호법을 피해, 법률이 덜 엄격하거나 강요가 약한 제3세계 국가에 공장을 건설하는 경우에 일어날 수 있는 그런 악용(abuse)의 결과라고 주장한다. 새로운 산업의 경제적 이득을 열망하는 제3세계 국가들은 때로 환경적 위험과 손실에 대해 묵인하는데, 이는 선진국에서는 허용되지 않은 것들이다. 20세기 말에 이르러, 선진국에서 환경에 대한 인식은 매우 강하다. 심지어는 보팔에서의 그러한 사고와 같은 재난과 악용의 결과로, 개발도상국에서도 환경인식이 더욱 확산되고 있다.

환경보호는 대부분의 산업국가 정치에서 중요한 쟁점이 되고 있다.[134)] 유력한 환경집단과 작지만 여전히 중요한 생태정당들(ecology political parties)은 이제 전세계에 걸친 민주정부로 하여금 환경을 가치 있게 여기고, 멸종 지경에 이른 우리 삶의 일부로 고려하도록 압력을 넣는다. 게다가 정부는 오염을 정화하고 우리 모두가 살고 있는 환경이 더 이상 파괴되지 않도록 주도적 역할을 해줄 것을 요구받고 있다.

---

133) Benjamin R. Barber, *An Aristocracy of Everyone : The Politics of Education and the Future of America*(New York : Oxford University Press, 1992), P. 267.

134) Sheldon Kamieniecki, ed., *Environmental Politics in the International Arena: Movements, Parties, Organizations, and Policy*(Buffalo : State University of New York Press, 1993).

환경에 대한 관심은 어느 정도의 발전과 번영을 이미 이룬 선진국에서는 우선적인 문제이다. 그러한 상황에서는 정부가 환경보호에 대한 관심을 가질 '여유'가 있는 것이다. 그 나라 시민들은 기본적 필요가 충족되었고 어느 정도의 번영을 획득했기 때문이다. 이제는 정부가 위험한 음식첨가물에 대한 통제를 강화하고, 보다 생태적으로 조화로운 위생적인 쓰레기 처리, 저공해 공장과 자동차 및 쾌적한 시골을 이룩하는 데 노력해 주기를 시민들은 바라고 있다. 하지만 이러한 환경보호에 정부의 더 깊은 개입을 요구할 가능성이 가장 높은 쪽은 안락한 생활을 누리는 사람들이다. 그들은 환경보호가 자신의 생계에 침해를 주지 않을 때 더욱 더 그렇게 한다. 예를 들어, 영국에서 매연금지법률은 지방(grass-roots) 수준에서는 덜 강요된다. 왜냐 하면 지방 당국은, 공기정화 시설비용으로 인해 자기네 유권자들이 고용되어 있는 공장이 폐쇄의 위험에 처한다는 점을 알기 때문이다. 그 결과 영국 등 다른 민주적 정부에서 환경법률은 지방의 경제적 압력에서 벗어난 중앙정부에서 제안되거나 시행될 때 보다 효과적이다. 시민들은 님비(NIMBY) 영향으로 정수시설, 발전소 혹은 쓰레기장과 같은 새로운 시설의 위치 선정에 대항할 것이다. 그러면서 동시에 그들은 자기의 현재 직업에 영향을 미치는 새로운 환경 통제에 대해서는 마찬가지로 불만을 나타낼 것이다.

산업화된 민주사회에서, 정부는 새로운 대기(大氣) 기준, 식품 정밀검사와 영양물의 조건, 정수처리 프로그램 및 그 밖의 환경적 목적의 프로그램 제정을 통해 환경에 대한 관심에 화답하였다. 대부분 나라의 정부는 비싼 석탄이나 기름을 연료로 쓰는 발전기를 대체하기 위한 10년 전의 야심적인 핵발전 계획들을 앞당겨 실천함으로써 환경에 대한 관심에 부응했다. 거의 모든 정부가 이제는 그러한 프로그램을 지도하고 환경적 안건을 심의하는 환경부서를 갖고 있다. 하지만 환경 프로그램에는 상당한 괴리가 있다. 그 괴리는 직업에 미치는 여파 등 경제적 관심뿐만 아니라 사람들이 포기하지 않으려는 전통에서 나온다. 예를 들어, 독일인은 대개 환경보호에 지지를 보내지만, 동부 독일인은 대기오염을 유발하는 공장들을 폐쇄하는 것에 반대한다. 한편 서부 독일인은 비록 시속 90~

100마일 속도의 질주가 저속 주행에 비해 더 심한 대기오염을 발생시키고 보다 비싼 석유 소비를 초래하지만, 고속도로(autobahn)에 대한 속도 제한 법률에는 반항적이다.

개도국의 무방비 상태인 환경 피해에 비하여, 산업국의 환경문제에 대한 관심은 엄청나게 커보인다. 뉴델리, 멕시코시티 및 라고스는 세계에서 가장 오염된 도시들이다. 후진국의 대략 13억 인구는 공기가 매우 오염된 곳에서 살고 있다. 이러한 도시지역에서 혹은 소똥이나 땔감으로 난방하는 시골 오두막 지역에서 오염된 공기 때문에 호흡기 질환으로 해마다 5세 미만의 어린이 4백만 명이 죽는다. 또한 비위생적인 환경에 연유한 장(腸) 질환으로 380만 명이 죽는다.[135] 개도국의 복잡한 교외와 인구가 덜 밀집된 시골지역 사람들은 자신이 마실 바로 그 물에다 빨래하며, 하수시설이 원시적이거나 전혀 없이 산다.

그 밖에도 제3세계 국가에서 환경에 대한 가장 기본적인 배려마저 없음으로 인해 환경적 관심과 산업발전 필요성 사이에 불협화음이 생기고 있는데, 그것은 선진국에 비해 더욱 소란스러운 특성을 지닌다. 개도국 국민은 증가하는 인구를 부양하고 경제를 더욱 강화시키기 위해 공장, 발전소, 새로운 농경지 등이 긴급히 필요하다. 그들은 이러한 필요야말로 대기오염이나 동식물의 멸종을 막는 것보다 더 긴급하다고 생각한다. 거기에는 일리도 있다. 즉, 새로운 석탄발전소는 전기를 공급하여 새로운 직업을 낳고, 학교를 밝히며, 더위를 식히고, 음식을 안전히 보관할 냉장고를 가동시켜 준다는 것이다. 그래서 심지어 발전소가 환경적으로 '불결한 것'이라 할지라도, 국민에게 합당한 것으로 비쳐진다.

서구인들은 브라질이나 아프리카에서 열대림 개발과 공장과 발전소의 확산 및 개도국에서 희귀종이 파괴되는 것에 대해 불평한다. 하지만 개도국 사람들은 서구인들이 이미 번영을 성취하여 정수, 난방, 쓰레기와 하수의 처리 등 훨씬 기본적인 환경문제를 해결했기 때문에, 그러한 불

---

135) Gregg Esterbrook, "Forget PCB's. Radon. Alar." *The New York Times Magazine*, September 11 1994, pp. 60~63 참조.

평을 할 여유가 있다고 대꾸한다. 경제발전과 오염 사이의 관계를 인식하고 더욱 소박하고 덜 물질적인 세계를 수용하려는 서양인들이 있다. 하지만 그런 대가로 가난이나 더러운 물, 하수처리의 실패와 불안한 식량문제 등을 받아들이려는 사람은 극소수이다. 개도국 사람들이 환경주의자에게 되묻고자 하는 것이 바로 그 점이다. 그래서 제3세계는 그들이 소홀히 여긴 환경보호를 실천할 수 있도록 추가발전 기금을 요청한다.

6. 인 권

한 나라의 인권이 얼마만큼 보호되는지를 측정하기란 안전이나 경제성장 혹은 사회복지정책이 얼마나 성공적으로 수행되는가를 평가하기보다 어렵다. 그것은 측정의 기준이 다양하고 기본적 권리에 대한 상대적인 중요성이 나라마다 다르기 때문이다. 미국인들은 광범위한 시민적 자유와 그것을 집행하는 법적 제도에 대해 스스로 자부심이 강하다. 하지만 많은 미국인들은 이러한 권리를 침해하는 인종적, 성적, 종교적 차별을 경험한다. 다수에게 중요한 권리로 여겨진다고 해서 그것을 우리 사회의 소수파들이 항상 공유하는 것은 아니다. 그런 쟁점을 둘러싸고 많은 논쟁이 벌어진다. 예를 들어 최근에 많은 대학들은 수정헌법 1조에 있는 표현의 자유권과 (적대적 환경을 낳아 많은 사람들에게 학습을 방해하는) 인종적 · 성적 비방금지의 필요성 사이에 균형을 모색했다. 미국인들은 표현의 자유를 소중히 하지만, 비정통적(unorthodox) 이념을 옹호하는 사람들은 신문과 전자매체에서 공개토론의 기회를 갖기 힘들다. 이 매체들은 논쟁적 프로그램을 피하려는 광고주들에 동조하기 때문이다. 이러한 문제들은 우리 스스로 해결하기가 쉽지 않다.

우리가 자신을 공정하게 판단할 수 없다면, 다른 나라의 인권상황에 대해 판단을 내리기는 더 어렵다. 상당히 유사한 배경을 지닌 나라들 사이에서도 인권에 대한 가치와 중요성은 매우 다양하다. 예를 들어, 미국인들은 옹호되어야 할 가장 중요한 권리로서 종교의 자유를 들고 있다. 영국인과 프랑스인들은 표현의 자유를 가장 중요하게 여긴다. 다른 선진국과 민주국가의 많은 국민들은 대부분 미국인들에 비해, 개별적 권리에 덜 집착한 반면 공동체의 권리에 더 많은 관심을 갖는다.

인권에 있어 우선성의 차이는 미국인의 자유 관념을 다른 나라와 비교할 때 더욱더 극명하게 드러난다. 사유재산권과 자유기업권에 대한 미국인의 집착은 공동체의 권리와 집단목표에 보다 큰 관심을 갖는 다른 나라들에서는 찾기 힘들다. 러시아, 중국 그리고 대부분의 개발도상국 국민은 노동의 안전보장권 및 평등에 근거한 사회정의와 같은 경제적 권리가 미국인이 강조하는 개인의 자유와 정치적 권리보다 더 중요하다고 느낀다.

인권의 보호는 세 가지 조건이 요구된다. 첫째, 한 나라에서 보호되어야 할 기본권에 대한 선언이 있어야 한다. 둘째, 개인과 정부의 학대에 대해 이러한 권리를 법적으로 집행하는 독립된 법정이 필요하다. 셋째, 국가가 법의 지배를 따르고, 사법부의 결정을 수용하며, 시민의 자유에 대한 공식적인 보증을 준수해야 한다.

세계 거의 모든 나라들은 유엔인권선언을 채택했다. 이 문건에는 대부분의 미국인이 필수적인 권리라고 간주할 긴 목록이 들어 있다. 게다가 대부분의 유럽 국가들은 유럽인권협약(European Convention of Human Rights) 가맹국으로서 시민적 · 개인적 자유에 관한 유사한 목록들을 채택했다. 그들은 자기 나라에서의 인권침해에 대한 궁극적인 항소기구로서 초국가적인 유럽인권재판소(European Court of Human Rights)의 사법권을 인정한다. 유럽인과 북미인은 또한 인권서약을 인정했는데, 그것은 1970년대 중반에 헬싱키조약으로 시작된 유럽안보회의(European Security Conference) 과정의 일부였다. 하지만 이러한 인권서약을 인정한 많은 나라들은 세계공동체의 훌륭한 일원으로 간주되기 위해서 형식상 그렇게 한 것이 분명하다. 그들은 사실상 이러한 국제적 인권기준에 의례적인 관심을 표할 뿐이고, 실제 국내정치에서는 이러한 권리를 준수하는 데 별 의무를 느끼지 못한다. 하지만 20세기 후반에 들어서 기본적 인권에 대한 국제적인 도덕적 합의가 높아진 것으로 보인다.

그러나 정부의 인권학대는 세계의 절반 이상의 나라에서 여전히 발견된다. 이 같은 현상은 권력을 쥐고 있는 자들의 의지와 선호에 대항하여 결정을 내릴 수 있는 독립된 사법부가 없는 데서 연유한다. 많은 나라에서 사법부는 독립성이 부족하고 피지배자보다는 지배자의 이익과 선택을 보장하기 위해 존재한다. 사법부로의 접근이 제한되어 시민권 확대 기회가 봉쇄된 것은 국가에 대해 개인이 인권에 대한 불평을 못하게 공식적 혹은 비공식적으로 억제하거나, 사법부 자체가 개인에 대해 편견을 갖거나, 또는 전체 법체계가 국가나 그 지도자에 대해서 보다 국민에게 법을 강요하도록 마련되었거나, 혹은 이 세 가지 문제가 모두 존재하는 경우이다. 예를 들어, 사법부에 대한 그러한 엄격한 통제는 중국 시민들로 하여금 인권 침해에서 벗어나지 못하게 한다. 1989년 천안문광장 사건에서 중국 군대가 시민적 자유를 추구하는 비무장의 시위군중을 습격하자, 추가적인 조치로서 사법적 절차가 비공개화되었다.

마지막으로, 정부는 시민적 자유의 영역에서 자신들의 행위에 대한 사법부의 지배를 수용하고 따를 필요가 있다. 그들은 법정의 재판권과 판결을 수용해야 할 뿐만 아니라, 심지어 사건들이 판결되지 않을 때라도 법과 사법부의 법 해석에 따라 행위하도록 노력해야 한다. 예를 들어 나이지리아에서 대부분의 군부지배 시기 동안 권위적인 군부지도자들은 법정의 결정을 따랐고, 일반적으로 국가권력의 행사에 대한 사법적 제한을 수용했다. 하지만 1993년 아바차(Sani Abacha) 정권은 사법부를 적소에 배치했지만, 시민적 자유에 대한 법정의 판정을 무시했고 비판적인 신문을 폐쇄시켰으며 외국 언론인들을 추방함은 물론, 나이지리아 시민권 옹호자들을 협박하거나 체포했다. 그래서 나이지리아가 심지어 권위주의적 정권에서도 유지하던 인권에 관한 좋은 명성은 곧 손상당했다.

그런 문제점에도 불구하고 일각에서는 전체적인 인권상황이 개선되고 있다고 주장한다. 냉전의 종식과 엄격한 권위적 공산정권의 몰락으로, 일반적으로 세계 대부분 국가에서 정부 억압의 정도가 감소되었기 때문이다. 전세계에 걸쳐 민주화와 인권을 측정하는 기구인 Freedom House에 따르면, 지금은 10년 전에 비해 더 많은 '자유'와 '부분적 자유' 국가들이 늘어났다고 한다(표 [11-4] 참조).

다른 한편, 국제사면위원회(Amnesty International)와 같은 인권감시자

표 [11-4] 국가별 자유의 척도

국 가	1992 정치적 권리	1992 시민적 자유	1992 상 태	1980 정치적 권리	1980 시민적 자유	1980 상 태
영 국	1	2	자유	1	1	자유
캐나다	1	1	자유	1	1	자유
중 국	7	7	부자유	6	6	부자유
프랑스	1	2	자유	1	2	자유
독 일	1	2	자유(서독)	1	2	자유
			(동독)	7	7	부자유
인 도	3	4	부분적 자유	2	2	자유
일 본	1	2	자유	2	1	자유
멕시코	4	3	부분적 자유	3	4	부분적 자유
나이지리아	5	4	부분적 자유	2	3	자유
러시아	3	4	부분적 자유(소련)	6	6	부자유
미국	1	1	자유	1	1	자유

1 = 최대의 자유 ; 7 = 최소의 자유

자료 : Freedom House, *Freedom in the World 1980*(New York : Freedom House) ; *Freedom in the World 1992*(New York : Freedom House, 1993).

들은 일반적으로 좋은 성적을 가진 나라들 중에서도 여전히 상당한 인권 학대의 증거를 발견한다. 르완다, 소말리아, 아이티 그리고 그 밖의 곳에서 벌어지는 인권 침해에 대한 세계 공동체의 반발에서 보여지듯이, 극단적인 학대에 대항해서 보다 강한 국제적 여론이 나타난다. 하지만 국제적인 압력은 무시되거나 상쇄될 수 있다. 예를 들어 중국은 자기 나라 국민들의 자유에 대한 제한에 반발하는 국제적 압력에서 빗나갈 수 있었다. 그것은 미국, 프랑스, 영국과 같은 나라들이 인권에 대해 명확한 태도를 가지지만 급속하게 증가하는 중국 시장에 접근하기를 원하기 때문이다.

Ⅲ. 결 론

이 장은 필자 자신의 판단이 포함되어 있으므로, 독자들은 공감하지 않을 수도 있을 것이다. 정치학의 다른 분야에 비해 정책과 정치조직을 평가하는 작업에는 개인적 성향과 주관적 판단이 더 많이 작용한다. 하지만 우리가 시민의 일원으로서 정부의 성과를 판단할 때나, 선거에서 현직자들에 대한 보상이나 응징을 준비함에 있어 그러한 평가는 필요하다. 또한 다른 나라가 우리보다 뛰어나고 필적될 만한 정책이나 절차들을 갖는지 여부를 검토하기 위해 그 나라의 정치 성과를 평가하는 것은 중요하다. 독자들은 국내외의 정치 성과에 대해 자신이 정보 수집한 가치 선호에 근거하여 각자의 평가를 내리기 바란다.

제 12 장

정치 변화

우리가 살고 있는 세상은 끊임없이 변화하며, 사회 · 문화 · 경제에서 일어나는 변화들은 정치적 변화도 가져온다. 그 관계는 상호적이어서, 흔히 정치적 전환(transformation)은 사회적, 경제적, 문화적 변화로 나아간다. 때로는 변화가 거의 감지되지 않는 경우도 있으므로 변화의 방향과 정도를 알아차리기 위해서는 장기간에 걸친 관찰이 요구된다. 어떤 때는 혁명적인 변화가 실제로 모든 사람들의 생활과 본질을 혼란에 빠뜨리기도 한다.

20세기가 마감되어 감에 따라, 지금의 10년과 새로운 21세기에 처음 맞이할 10년은 전례 없는 변화의 시기가 될 것이라는 주장이 강하게 나타나고 있다. 이러한 빠른 변화는 20세기가 시작했을 때처럼 폭력에 의해 야기되지는 않을 것이며, 지구상의 모든 부분들이 보다 긴밀하게 상호작용을 한 결과로 나타날 것이다. 20세기 동안에는 세계대전들이 좋은 변화와 나쁜 변화를 포함한 대부분의 주요한 변화들을 초래했다. 그러나 새로운 세기에 일어날 변화는 단순히 새로운 과학기술 때문에 일어날 것이다. 이 신기술에 대한 적응이 즉각적으로 발생하고, 그 신기술에 대한 한 지역의 반응은 신속하게 전세계에 확산될 것이기 때문이다. 커뮤니케이션과 운송수단의 발달로 과거에 작은 지역 또는 한 국가로 제한되어졌던 전환이 전세계에 영향을 미치게 됨으로써 변화가 촉진되고 있다.

20세기의 대부분을 특징짓던 전세계적 폭력이 향후 몇십 년에 재발될 것 같지는 않다. 따라서 강대국 간의 전면전은 지금으로서는 덜 위협적인 것으로 보인다. 그러나 세계 도처에서 사람들에게 미칠 소규모 분쟁과 내전의 위험은 여전히 예전만큼 크다고 할 수 있다. 그러한 갈등들은 흔히 이상주의나 이데올로기가 없다는 점에서 볼 때 허무주의적이다. 심지어는 인종적 민족주의나 종교적 근본주의에서 비롯된 것으로 보이는 오늘날의 소규모 전쟁들마저도 "이데올로기로부터 해방된 폭력적" 갈등이다.[136] 이러한 상황에서 전투원들은 적들을 격파하고 의미 있는 변화를 유발하듯이 자신과 지지자들도 파괴시킬 가능성이 크다. 만일 위험요소이자 변화의 원천으로서 세계전쟁이 퇴조하고 허무주의가 먼 지역으로 격리된다 할지라도, 국제적 협조를 통해 대응해야 할 위기들이 여전히 남아 있다. 그 중에서 분명한 것은 세계인구가 무한히 증가하더라도 세계자원은 유한하다는 것에서 비롯된 정치 · 경제 · 사회적 도전에 대응해야 한다는 것이다. 이러한 필요에 대응함에 있어서 전혀 변화를 시도하지 않는다는 것은 있을 수 없는 일일 것이다. 그러나 어떤 변화들은 오늘날 세계가 직면한 위기들을 개선하기보다 오히려 악화시키는 결과를 낳을 수도 있다.

주요한 적응이 필요할지라도, 일반적으로 사람들은 가시적 변화에 의해 초래될 눈에 보이지 않는 미지의 변화들을 두려워한다. 심리학자들과 인류학자들은 질서, 계속성, 예측 가능성에 대한 동경이 보편적인 인간본능임을 발견하였다.[137] 정치에서 이것은 정치적 안정성(political

---

136) Hans Magnus Enzensberger, Civil Wars : *From L. A. to Bosnia*(New York : The New Press, 1994).

137) Abraham Maslow의 *Towards a Psychology of Being*(Englewood Cliffs, NJ : D. Van Nostrand, 1962)과 *Motivation and Personality,* 2nd ed.(New York :

stability)에 대한 추구로 나타난다. 그러나 정치적 안정의 개념은 다소간 모호하게 정의된다. 대부분의 용례에서 정치적 안정성은 지속성 있는 정권, 지도자 집단의 권력의 계속성, 정권과 지도자들에 대한 국민의 정통성 인정, 정치적으로 동원된 폭력의 부재 등을 의미한다. 정치학자들은 정치적 안정성을 바람직하다고 인정할 뿐이지, 그것을 가져오는 것에 대한 설명은 그저 모호하다. 장기간의 안정성을 경험한 나라 중에는 빈곤한 나라도 있고 부유한 나라들도 있으며, 경제적 번영에 관계없이 정치적 안정을 확보하는 데 성공한 나라도 있고 실패한 나라들도 있다. 민주주의 체제들 가운데서 대부분은 안정적이지만 그렇지 않은 나라도 있다. 권위주의 체제들 중에서도 대부분은 불안정하지만, 상당히 안정적인 체제도 있다.

실제로 내구성(durability), 지속성(continuity), 공공질서의 유지, 정통성 등에 기초한 정의(定義)를 현실세계의 상황에 적용할 때, 어떤 한 나라가 안정적인가 그렇지 않은가를 결정짓기란 매우 어렵다. 예컨대 소비에트를 연구하는 대부분 관찰자들은 소비에트 공산주의 체제가 1990년까지도 안정적이라 믿었다. 이 체제는 70년도 더 된 것이었고, 동일한 지도자들이 수십 년간 도전받지 않은 채 권력을 장악했으며, 국민은 이례적인 과학적 진보, 경제적 진보, 그리고 국제적 지위로 인해 그 체제를 용인했고, 공산체제가 사회질서를 제공하여 국내의 폭력이 사실상 사라졌다는 점에 대해 만족했기 때문이다. 그러나 공산주의 체제가 조직이 취약하고 분열된 반대파에게조차 대항하여 지탱할 수 없을 정도로 사실상 불안정하다는 것이 입증되었을 때, 그런 견해가 이제 유효성을 상실했다고 생각되었다. 다른 한편 많은 사람들은 일본에서 끊임없는 혼란을 목격하고, 일본은 정권의 단명, 특유의 정치부패, 대중의 회의(懷疑), 그리고 우발적인 폭력시위들 때문에 체제가 불안정하다고 간주했다. 그러나 일본의 체제는 하나의 위기가 끝나면, 또 다른 위기가 이어지는 혼란 속에서도 지속되었다. 간략히 말하자면, 내구성이 있고 정당하다고 간주

Harper & Row, 1970) 참조.

되는 체제들도 몰락하기도 하고, 취약하고 정통성을 지니지 못한 것처럼 보이는 체제들도 도전을 차례차례 극복하기도 한다.

이러한 오류는 안정성의 중요하고도 역설적인 요소인 '변화'를 소홀히 했기 때문에 발생한 것이다. 변화는 논리적으로는 안정성과 완전히 상반된다고 할지라도, 정치적 안정을 위해 변화가 필요한 경우가 있다. 지속적인 정통성을 유지하고 향유하기 위해서 체제는 반드시 그들 사회, 문화, 경제의 변화하는 상황에 따라 조정되어야 하고, 또한 변화하는 세계 환경에도 맞게 조정되어야 하기 때문이다. 그러므로 정치적 안정성은 경직성이 아니라 질서 있는 변화(ordered change)를 의미한다.

일부 사회에는 경제 · 사회 · 정치의 현상유지에 대한 불만이 극에 달하여, 그 결과 자신의 조건들을 개선하기 위한 것이라면 무질서와 폭력도 기꺼이 참아내는 사람이 많이 있다. 최근 몇 년 동안 세계 도처에서 변화를 위한 폭력적 투쟁이 발생해 왔다. 그것은 사람들이 부상과 사망의 위험을 불사하고서라도 그들의 현 상태를 거부하고자 함으로써 발생한 것이었다. 멕시코 남부지역의 인디언들, 인도의 회교도들, 나이지리아 · 아이티 · 러시아 · 중국에서 민주주의를 주장하는 자들이 그 실례이다. 이러한 사람들은 너무나 좌절감에 빠져 있어서 어떠한 변화든지 심지어 분열과 폭력을 동반한 변화조차 현상유지보다는 낫다고 생각할 정도이다. 여기에 가시적인 해결책이나 명확한 대안이 있을 수 없다. 뿌리 깊고 계속되는 불평등에 대한 절망으로 인해 비록 개선의 과정이 명확하지 않다 할지라도 기존 제도를 무시하게 하고, 이것들을 파괴시키려는 충동을 일으킬 뿐이다.

Ⅰ. 변화, 개혁 그리고 혁명

정치변화(political change)는 다음과 같은 적어도 세 가지의 구분되는 형태를 취할 수 있다. 이 세 가지 형태는 동시에 나타날 수도 있고, 독립적으로 나타날 수도 있다.[138] 첫째, 정치변화는 기술, 시민태도, 사회경제적 구조상의 점진적 변경에 대한 거의 무의식적인 조정(adjustment)으로 일어난다. 둘째, 이보다 높은 정도의 변화는 정부의 인사이동이나 정책 우선순위의 변화에서 나타나는데, 이는 지도자집단이 교체되거나 또는 동일 지도자집단이라도 정책을 재심하는 과정에서 발생한다. 세 번째, 더욱 중대한 수준의 변화는 기존의 정치구조와 경제체제를 전환시키려는 신중한 노력의 결과로서 나타난다. 이들 변화유형 가운데 앞의 두 가지는 세계의 거의 모든 나라에서 일상적으로 일어나고 있으나, 보다 포괄적이고 체계적 전환을 의미하는 세 번째 유형은 선진 민주주의에서는 흔치 않지만, 전혀 없는 것은 아니다. 예를 들면, 미국에서 지난 10년 이상 워싱턴 정치의 특징이 되어온 제도적 정체상태(institutional deadlock)에 대해 급진적인 해결책을 찾는 사람도 일부 있다. 보다 강도 높은 제도개혁은 일본에서 강구되고 있는데, 그곳에서는 특유의 정치적 부패가 민주적인 제도와 정당에 대한 대중의 지지를 저해하여 왔기 때문이다.

1. 개 혁

변화의 가장 일상적인 형태는 개혁(reform)을 통해서 이루어진다. 개혁은 기술, 사회, 경제, 정치의 변화에 대응하기 위해서 기존의 사회제도나 공공정책의 점진적 조정을 수반한다. 변화의 속도는 거의 느껴지지 않을 만큼 점진적일 수 있다. 즉, 개혁은 제도들이나 사람들이 새로운 환경에 자동적으로 그리고 거의 무감각적으로 적응하는 것처럼 무의식적이거나 무지시적(undirected)일 수도 있다. 예를 들면, 지난 20년 동안 여성의 정치・사회적 지위는 거의 모든 나라에서 급진적으로 변화해 왔지만, 그것은 언제나 구체적인 정책개혁 때문은 아니었으며, 오히려 보다 높은 교육 수준, 새로운 직업 패턴, 그리고 변화하는 가족관계로부터 등장한 문화적 가치와 태도의 변화 때문이었다. 3장에서 사회계급의 점진적 쇠

138) Charles Andrain, *Political Change in the Third World*(Boston : Unwin Hymin, 1988).

퇴와 그것이 초래한 정치적 전환을 논의하는 데 있어서 필자는 기술적, 경제적 변화로 인한 무의식적인 정치 변동의 또 다른 예를 지적했다.

이러한 변화의 그 밖의 요소들이 오늘날 더욱 심화된 정치적 전환의 패턴을 형성하고 있다는 데에는 의심의 여지가 없다. 예를 들면, 지난 10년간의 과학기술은 커뮤니케이션의 패턴을 급속히 바꾸어 왔으며, 다가올 10년 동안에도 그러할 것으로 보인다. 새로운 전자초고속도로(electronic superhighways)로 인해 새로운 패턴의 정치참여와 새로운 형태의 커뮤니케이션에 기초한 의사결정이 등장할 것이다. 이것은 가까운 미래에 대한 비약적인 상상이 아니다. 모든 텔레비전은 C-SPAN 회선을 따라 공사(public affairs)에 관한 방송을 수신할 뿐만 아니라 시민들이 공공정책 결정에 직접 참여할 수 있도록 정책 선호를 입력하는 버튼들도 갖추고 있을 것이다. 이러저러한 다양한 변화들은 기술과 시민행동이 변화된 결과로서 충분한 계획이나 방향이 없이 등장할 것이다.

다른 한편, 개혁은 지도자들과 그 경쟁자들이 필요성을 깨닫고, 그것에 부합되는 새로운 접근방법이나 제도를 고안해 내려 함에 따라 신중하게 계획될 수도 있다. 이러한 변화는 최근 미국에서 있었던 전국보건체계를 개발시키려는 노력에서 보듯이 범위면에서 상대적으로 제한적이다. 반면에 캐나다에서 연방의 본질에 대한 논쟁과 퀘백주나 다른 주들의 탈퇴 가능성의 충격에서 보듯이 결과면에서 보다 포괄적인 개혁도 있다. 이러한 사례들에서는, 이따금씩 개혁이 기대한 바처럼 실행되지 않을지라도 변화는 신중하게 계획되었다. 그러나 변화의 실제 결과는 예상치 않았던 것일 수도 있고, 심지어 개혁가들이 추구했던 목적에 손상을 줄 수도 있다.

이 밖에 정치 · 경제 제도의 근본적인 변화를 이끌어내는 보다 철저한 노력들도 있다. 그 가장 좋은 예는 탈공산주의 이후 오늘날 러시아의 재건이다. 1989년 이래 러시아는 정치구조를 급진적으로 변화시키고, 경제체제를 시장경제로 변경하며, 독재정치 기간에 형성된 시민의 가치를 변화시키고, 시민에 대한 국가 억압의 오랜 유산들을 극복하려는 노력들을 동시에 기울여 왔다. 러시아의 지도자들은 개혁 초기에 자유기업경제, 민주주의, 개개인의 시민적 자유 존중을 동시에 이루는 체제로 즉시 전환하려는 급속한 개혁의 길을 선택하였다. 이들 세 가지 목적을 향한 진보는 어느 한 영역에 변화를 집중시키지 못한 체제의 무능력 때문에 작용범위가 제한되고 말았다. 결과적으로 러시아는 여전히 민주적이지 못한 상태이다. 아무런 통제도 받지 않는 경찰력이 시민권을 계속 유린하고, 경제가 휘청거리고 있다. 개혁가들이 통화의 통제를 즉각적으로 완화하고, 가격통제를 폐지하며, 사유화를 급속히 추진하고, 폐쇄적이던 러시아 경제를 서방 투자자들에게 개방하는 등 '대폭발(big bang)'식 경제변화를 추진함에 따라, 한때 강력했던 러시아 경제는 더욱더 고통받았다.[139] 그 결과는 공업생산의 현저한 감소(1993년의 공업생산량은 1990년의 50%에도 미치지 못함), 초인플레이션, 기초 생필품의 부족, 불법적인 암시장의 성행들로 나타났다. 마침내 민주주의는 신뢰를 잃었고, 러시아 사람들은 경제질서를 재확립해 줄 강력한 지도자를 동경하기 시작했다. 시민들은 자신들의 삶의 질을 향상시키기보다는 범죄의 물꼬를 터주는 데 기여했다고 보여지는 시민 자유를 이제는 축소해 달라고 부르짖고 있다.

변화가 기대의 충족과 기존 패턴의 분열방지에 미치는 효과를 이해함에 있어서 매우 중요한 한 가지 요소는 그 속도이다. 지난 수년간 발생한 완만한 변화는 급격한 변화보다 기존의 패턴과 정치를 덜 파괴시킨 것이 분명하다. 완만한 개혁을 통한 변화의 실례는 몇 세기에 걸친 영국 민주주의 발전의 사례에서 볼 수 있다. 그러나 역사가들은 민주주의의 발단이 언제이며, 낡은 독재정치가 민주주의에게 자리를 양보했던 시기는 언제인가에 대해 의견을 달리한다. 군주정보다 의회가 우월해진 17세기인가? 대부분의 남자에게 선거권이 확대된 19세기인가? 귀족적인 상원보다 대중이 선출한 하원의 우월성이 법률화된 1911년인가? 성인에게 완전한 투표권이 부여된 1924년인가? 또는 18세 이상의 성인으로 투표권이 보다 확대된 1970년인가? 이러한 과정은 단지 개혁가에 의해서 추

139) Marshall I. Goldman, *Lost Opportunity : Why the Economic Reforms in Russia Have Not Worked*(New York : W. W. Norton, 1994).

구되었을 뿐만 아니라, 이들로부터의 변화를 흡수함으로써 자신의 영향력과 전통을 유지하고자 했던 보수파들에 의해서 추구되어 온 완만한 과정이었다. 때때로 진화는 훨씬 나중에까지조차 인식되지 못하기도 하였다. 예를 들면, 20세기 중반 어느 시기에선가 영국의 수상은 비선출직인 상원보다는 선출직인 하원에서 반드시 나와야 한다고 이해되었다. 그러나 이것은 1960년대에 홈 경(Lord Home)이 수상직을 열망하여 자신의 세습적인 귀족의 권리를 포기하고 알렉 더글라스 홈(Sir Alec Douglas-Home)이라는 평민이 된 후에 수상이 되고서야 완전히 인식되었다.

최근 러시아의 경험은 완만한 개혁의 정반대적 사례이다. 1985년 이래 러시아에서는 사회 전반에 영향을 주는 변화들이 중앙의 충분한 통제 없이 동시적으로 발생해 왔다. 프랑스의 역사적 패턴도 국가와 사회의 많은 부분들이 단기간에 급격히 변하는 것이다. 즉, 프랑스에서는 '민족'의 구성원, 경제, 사회적 구조, 교회-국가관계, 시민권, 민주주의의 정립과 같은 쟁점들이 긴장된 혁명적 상황에서 일시에 제기되었는데, 영국에서는 이런 것들이 수세기에 걸쳐서 해결되었다. 2백 년 넘게 프랑스 역사의 한결같은 특징이 되어왔던 일련의 혁명, 모반, 반란, 쿠데타, 폭동들은 바로 이러한 폭력과 변화의 폭발로부터 분출된 것이다. 이것은 프랑스가 안정적이고 효과적인 민주정부를 수립한 연후에도 미래에 폭동을 가능케 할 수 있는 예측불가능하고 통제 불가능한 변화의 유산을 남긴 것이다. 그래서 오늘날에도 프랑스 정부는 때때로 온건하게 계획된 변화마저 손대려 하지 않는다. 왜냐 하면 반대자들이 거리로 뛰쳐나가 시민 폭동으로 확대되는 것을 두려워하기 때문이다.[140)]

오늘날의 산업민주주의에서 개혁은 전반적인 패턴을 파괴시키지 않는 범위에서, 기존 정책과 제도들을 새로운 요구에 부합되도록 조정하려는 신중하고 점진적인 노력으로 이루어지는 것이 보통이다. 이러한 의미에서 변화는 통치자가 새로운 상황에 대응하고자 현상(status quo)에 사소

---

140) Frank L. Wilson, "Political Demonstrations in France : Protest Politics or Politics of Ritual?," *French Politics & Society* 12(Spring-Summer 1994) : 23~40.

한 조정을 가하는 점증적이고 점진적인 과정이다. 시간이 흐르면 이러한 점증적인 변화는 포괄적인 전환(transformation)으로 나아가지만, 그러한 전환은 단계적으로 조금씩 진행된다. 이처럼 개혁이 완만하게 진행될 것이기 때문에 새로운 기술적·태도적·사회적 요구에서 비롯된 변화요구를 미처 못 따라가는 위험은 항상 존재한다. 점증적인 변화는 또한 그러한 변화과정을 못마땅해하는 이들에게는 너무나 느릴 수 있다. 한 사례로 로스앤젤레스, 남아프리카의 요하네스버그, 나이지리아의 라고스 시민들이 모두 거리로 뛰쳐나온 이유는, 변화의 속도가 그들이 느끼는 박탈감과 억압에 부응하기에는 별로 효과가 없을 만큼 너무 느렸기 때문이었다.

2. 혁 명

지금까지의 개혁을 통한 변화의 논의에는, 변화의 속도와 폭력의 존재 여부라는 두 가지 대안이 작동하였음을 알 수 있다. 개혁은 대부분 비폭력적이고 점진적인 변화이다. 그러나 변화가 매우 빠르고 포괄적일 경우에는, 폭력이 삽입되어 개혁이 유발되기도 한다. 그러한 철저하고 신속하며 폭력적이기까지 한 변화는 혁명적 변화라고 일컬어진다. 혁명은 단순한 체제 내 변화(change in regime)를 능가한다. 체제 내의 변화는 엘리트 수준의 소수 참여자에 의한 쿠데타로써 성취되기도 하고, 폭력이 거의 없거나 전혀 없이 성취되기도 한다. 혁명은 대개 다음의 모든 특징들을 포함하는 것으로 생각된다. 지도자나 정당의 변화를 포함한 체제 전반에 걸친 변화, 대규모 소요, 대규모 폭력, (항상 성공적인 것은 아니지만) 가치·사회구조·경제제도의 포괄적·급진적·동시적 변화를 달성하려는 노력 등이 그것이다.

많은 학자들이 혁명의 원인을 규명하고자 노력해 왔으나 아직까지 합의된 바는 적다. 실제로, 하나의 혁명을 설명하는 요소가 반드시 다른 혁명을 설명해 주지는 않는다. 한 나라에서 혁명을 초래한 조건이 다른 나라에서는 혁명을 발생시키지 않는다. 어느 한 나라에서 혁명의 원인들은 복합적일 가능성이 크며, 한 나라에서 혁명을 초래하는 조건들과 다른 나라에서 혁명을 일으키는 조건은 다를 수도 있다. 농민반란을 통해 발생한 혁명이 많지만,[141] 도시에서 발생한 혁명도 있다. 사회 · 경제적 조건이 개선되고 있을 때 혁명이 일어나는 경우도 있지만, 이는 개선의 속도가 느려서 성과가 기대에 미치지 못하였다는 사실을 의미할 것이다.[142] 학자들 가운데 일부는 혁명을 근대화의 산물로 보는 한편,[143] 다른 일부는 근대화가 혁명의 주요한 요인은 아니라고 주장한다.[144]

이러한 요인들 외에도, 어떤 사회는 다른 사회보다 더욱 갈등적이어서 혁명으로 발전하는 경향이 두드러진 것으로 보인다.[145] 이처럼 갈등을 폭력 수준으로 이끄는 국민의지는 정치문화의 측면들에 의해 영향받는다. 정치문화는 타인과 타집단의 구성원에 대한 신뢰, 안전과 복지에 대한 인식, 그리고 개인과 집단의 미래 설계능력에 대한 인식 같은 여러 측면들을 지니는데, 이것은 젊었을 때 발달되어 성인기 경험에 의해 세련된다.

혁명을 설명하기 어렵다는 사실은 공산주의를 종결시키고, 24개의 새로운 국가를 탄생시켰던 최근의 동유럽과 러시아의 혁명에서 잘 입증된다. 가장 민감한 공산주의 연구자들조차 이러한 국가들에서 발생하고 있던 혁명세력의 강도를 제대로 파악하지 못했으며, 혁명전문가들은 아직도 왜 그때 그러한 반란이 일어났는가를 설명하기 위해 부심하고 있다.

---

141) Theda Skocpol, *States and Social Revolutions*(Cambridge, England : Cambridge University Press, 1979).

142) J. C. Davies, "The Varieties of Revolution," *American Sociological Review* 27(1962) : 5~19와 T. R. Gurr, *Why Men Rebel*(Princeton, NJ : Princeton University Press, 1970) 참조.

143) Samuel P. Huntington, *Political Order in Changing Societies*(New Haven, CT : Yale University Press, 1968).

144) Charls Tilly, "Does Modernization Breed Revolution?" *Comparative Politics* 5(July 1973) : 425~447.

145) Marc Howard Ross, *The Culture of Conflict : Interpretations and Interests in Comparative Perspective*(New Haven, CT : Yale University Press, 1993).

한 연구가는 이러한 혁명의 수많은 대안적 설명들을 논의하고 다음과 같이 결론지었다. 혁명은 그러한 혁명이 불가능하다는 것을 알지 못했던 젊은 신세대가 등장했기 때문에 일어났다는 것이다.[146] 이 신세대는 반란을 시도했고, 공산주의 체계가 놀랍게도 취약하다는 것을 발견했다. 만일 이러한 젊은 사람들이 그들 부모들처럼 혁명이란 불가능하다고 믿었다면 혁명은 불가능했을 것이며, 동유럽과 소비에트 연방에서 발생했던 거대한 변화들은 일어나지 않았을 것이다.

한 분석가는 혁명을 설명하려는 우리의 노력을 언제 지진이 발생하는가를 이해하려는 노력에 비유하였다.

> 하나의 혁명이 발생하면, 학자들은 그들이 수집한 자료를 이해하고자 노력하고 다음에 일어날 혁명을 설명하는 이론을 수립하려 한다. 점차적으로 우리는 혁명과 그것의 배경적 조건을 보다 완전하게 이해하게 된다. 그러나 다음 차례의 혁명은 여전히 우리를 놀라게 한다.[147]

20세기는 흔히 혁명의 시대라고 언급된다. 실제로 금세기를 특징지은 많은 주요한 혁명들이 있었다. 1916~1923년의 아일랜드 혁명, 1910~1917년의 멕시코 혁명, 1911년과 1949년의 중국혁명, 1917년과 1918년의 러시아 혁명, 1923년 터키의 케말주의 혁명, 1936~1939년 스페인 내전, 1947~1967년의 아시아와 아프리카에서 일어난 탈식민지혁명, 1979년의 이란 혁명, 1983~1994년의 남아프리카에서 일어난 인종차별에 반대하는 혁명 등이 있었다.

---

146) Zbigniew Brzezinski, *The Grand Failure : The Birth and Death of Communism in the Twentieth Century*(New York: Charles Scribner's Sons, 1989)와 Ralf Dahrendorf, *Reflections on the Revolution in Europe*(New York : Random House, 1990) 참조.

147) Jack A. Goldstone, "The Comparative and Historical Study of Revolutions," in Jack A. Goldstone, ed., *Revolutions : Theoretical, Comparative, and Historical Studies*(Fort Worth, TX : Harcourt Brace, 1994) p. 17.

가장 최근에는 1989~1991년 반공산주의혁명들이 있었다. 이 혁명들은 체제를 변화시키고, 새로운 지도자를 등장시켰으며, 근본적이고 포괄적인 사회경제적 전환을 가져왔고, 사회적 · 시민적 가치에 주요한 변화를 초래했다. 이 혁명들은 문자 그대로 세계 지도를 다시 그렸으며, 세기말경에는 국제관계 구조를 전적으로 재편했다. 이 혁명들은 거의 자생적으로 시작된 광범위한 인민의 혁명이었다. 그러나 이 혁명들은 대개의 혁명이 수반했던 광범한 폭력을 수반하지는 않았다.

이러한 대부분의 반공산주의혁명에서 대규모 폭력이 없었다는 사실은 대규모 폭력을 사용하는 낡은 형태의 혁명이 20세기를 지내오면서 미래에는 더 이상 일상적인 특징이 되지 않을 것이라고 확신하게 하는 하나의 근거를 제시한다. 국가들은 대개 국민들로 하여금 규칙을 지키게 하고, 시민의 불복종을 제한하는 막대한 권력을 갖는다.

이러한 권력 자체가 혁명에 대한 주요한 억지력이 된다. 그러나 현대적인 군사력은 또한 정부가 반대자를 억압하기 위해 공권력을 사용하는 것을 방지한다. 독재적인 지도자조차 대개 국민에 대항하여 군사력을 사용하려고 하지는 않으며, 군이나 경찰도 이와 유사하게 그들의 힘을 동료 시민들에게 행사하려고 하지 않기 때문이다. 러시아에서 무너져 가는 공산주의 정권을 지지했던 자들에 의해 일어난 1991년 8월의 쿠데타가 실패했던 부분적인 이유는 군대가 모스크바와 레닌그라드 등 도시의 붉은 광장(Red Square)에 모여든 친민주적 군중에게 발포하지 않으려 했기 때문이었다.

이에 대한 예외적 사례들도 있다. 중국에서 천안문광장의 비극은 국가가 민주주의를 부르짖는 무장하지 않은 학생들에게 강력한 폭력을 행사했던 명백한 사례이다. 보다 최근인 1991~1994년 아이티에서 경찰, 군대, 민병들은 군사독재에 항거하는 시민을 무참히 억압했다. 그러나 혁명의 세기가 마감되는 이 즈음에 민주주의의 필요성에 대한 신념의 확산, 국가의 억제능력, 개인의 권리존중으로 인해 국가는 압제적 정권을 보호하기 위해 폭력을 행사할 수 없도록 제한받는다.

반란을 도모하고자 하는 사람들은 여전히 존재하지만, 그들은 20세기

혁명을 특징지었던 대규모 폭력을 필요로 하지는 않을 것이다. 1994년 초 멕시코의 치아파스주에서 발생한 반란에 대한 정부의 대응은 중요한 사례이다. 과거에 그러한 반란은 멕시코 군에 의해 무자비하게 진압되었었다. 그러나 국제적 평판과 민주적 열망에 관심을 갖고 있던 이때의 정권은 혁명의 원인이 된 불만을 이해하고 거기에 대응하기 위해 상당한 관심과 노력을 기울였다.

그러나 이러한 불만분자들이 폭력적 반란을 자제하는 경향과 국가가 억압적 권력의 전국적 사용을 자제하는 것이 반드시 평화적인 정치시대로의 진입을 의미하는 것은 아니다. 멕시코 사례는 전면적인 내전이나 혁명으로 돌입하지 않으려는 자제심이 가져온 또 다른 결과를 시사한다. 멕시코의 반체제자들은 그들의 사회경제적 조건에 대한 불만과 반체제를 표현하는 효과적인 다른 수단을 찾지 못한 데 대한 거센 반감을 표현하고자 종종 게릴라전이나 테러의 방법을 동원했던 것이다. 그래서 자기 주민에 대한 전면적인 폭력행사를 자제하는 국가들은 내부의 적들을 제압하기 위해 국가가 행하는 테러(state terrorism)에 의존하였다.[148] 따라서 게릴라전은 세계 도처에서 불만을 품은 사람들이 변화를 추구하는 유일한 방법이 되고 있다. 이것을 개도국의 문제로 보는 경향이 있으나 영국, 프랑스, 독일, 미국을 포함하는 많은 산업 민주주의 국가들도 불만집단들로부터의 폭력적 테러를 경험하고 있다. 사회의 주변에 자리한 소규모의 소외집단들로부터의 그러한 폭력은 종종 허무주의적이며, 분명하거나 현실적인 목적도 없는 것이다. 그러므로 우리는 "분자화된 내전(molecular civil war)"의 시대에 접어들고 있는데, 이는 과거의 혁명과 세계대전처럼 골치아프고 통제하기 어려울 수도 있다.[149]

---

148) George Lopez and Michael Stohl, *Development, Dependence, and State Repression*(Westport, CT : Greenwood Press, 1989) 참조.

149) Enzensberger, *Civil Wars.*

Ⅱ. 민주화

혁명의 시대가 종결된 결과가 희망적이지 않다 하더라도, 많은 이들로 하여금 민주화의 새 시대가 열렸다고 간주하게 할 약간의 위안거리가 있다. 지난 20년 동안 한때는 독재적이었던 많은 정권들이 민주화에 착수해 왔기 때문이다. 그 성과는 많은 상황에서 아직도 부분적이고 취약하다.[150)] 그러나 민주주의를 가장 실용적인 정부형태이자 평화적인 세계의 잠재적 근원으로 간주하는 사람들은 독재로부터 민주주의로의 이동에서 만족을 느낄 수 있다.

이러한 민주화운동은 세계의 도처에서 발생하고 있다. 서부 유럽의 경우, 스페인과 포르투갈의 장기화된 독재정치와 단명했던 그리스의 군사독재가 안정적인 민주주의로 교체되었다. 남미의 경우, 1983년에 12개국 가운데 단지 3개국만이 민주적 체제로 간주될 수 있었으나, 그로부터 10년 뒤에는 9개국이 민주화되었다. 동유럽과 구소련에서 공산주의의 몰락은 12개국 이상의 신생 민주국가를 탄생시켰다. 물론 이들 구 공산주의 국가들 가운데 상당수가 장기적으로 민주화에 성공한 것인가는 분명치 않다. 한편 아시아의 경우, 필리핀 전제정권은 민주주의로 교체되었고 대만, 한국, 인도네시아 및 여러 나라에서 민주화를 요구하는 새로운 압력이 고조되었다. 아프리카의 경우, 남아프리카공화국의 인종차별적인 억압적 체제는 마침내 민주적 체제로 교체되었다.

그러나 민주화운동은 완전하거나 성공적이지만은 않다. 중국에서 민주화운동의 비극은 민주화의 새 물결을 거스르는 많은 권위주의 정권의 저항을 보여주는 한 예가 된다. 이와 유사하게 나이지리아 사람들은 군사통치를 새로운 민주주의 체제로 교체하려고 투쟁했지만 성공하지 못했다. 한국과 대만의 민주적 개혁은 제한적이었다. 동유럽과 남미의 많은 신생 민주주의 국가들은 민주주의에 별로 도움이 안 되는 정치문화, 인

---

150) Larry Diamond, Juan J. Linz, and S. M. Lipset, eds., *Democracy in Developing Countries*, 4 vols.(Boulder, CO : Lynne Reinner, 1989).

종적 혼합, 경제상황들을 극복하기 위해 싸워야만 한다.

1. 경제와 민주화

경제적 번영은 분명히 신생 민주주의 수립을 촉진시킨다. 독일은 경제적 성과에 기반한 민주주의의 실패 사례이자 성공 사례이기도 하다. 1920년대와 1930년대 초 독일에서의 경제공황, 초인플레이션, 전세계적인 경기 침체는 국민들로 하여금 1918년에 수립된 신생 민주주의를 불신하고, 히틀러 등장의 길을 열어주었다. 이와 대조적으로, 1950년대의 경제적 기적은 지지적 정치문화(supporting political culture)가 아직 발전단계에 머물고 있던 때에조차 서독의 민주주의를 유지시켰고, 국민들로 하여금 그들의 경제적 성공을 민주적 관행에 연결시키도록 하는 분위기를 조성했다.[151)]

그러나 경제와 민주주의 사이의 관계는 결코 결정적인 것이 아니다. 경제적 번영을 경험하면서도 전제적인 체제를 유지하고 있는 국가들이 많이 있으며, 경제성장 없이 민주주의를 유지하고 있는 가난한 선진국들도 있다. 그러나 경제번영과 민주주의 사이에는 어느 정도 상관관계가 있다고 간주된다. 신생 민주국가의 지도자들은 경제 위기에 위협받지 않을 때, 그리고 많은 시민들의 필요를 만족시키기에 충분한 강력한 경제를 가질 때 유익한 것이 확실하다. 오래 전에, 한 정치사회학자는 민주주의와 경제발전 간의 연계를 제시했다.[152)] 그러나 여기에는 수십 년간의 '통계적 예외'가 있다. 즉 부유함에도 불구하고 전제적인 체제로 되거나

---

151) Kendall A. Baker, Russell J. Dalton, and Kai Hildebrandt, *Germany Transformed*(Cambridge, MA : Harvard University Press, 1981).

152) Seymour Martin Lipset, "Some Social Prerequisites of Democracy : Economic Development and Democracy," *American Political Science Review* 53 (September 1959) : 69~105. 이러한 주장에 대한 비판적 접근은 Philip Cutright, "National Political Development : Its Measurements and Social Correlates," *American Sociology Review* 28(1963) : 253~264 참조.

그러한 체제를 유지하는 국가가 있고, 가난함에도 불구하고 민주주의를 수립한 나라들이 있다는 것이다. 그러나 일반적인 관계가 대부분이다. 즉 경제적으로 보다 발전된 국가들이 후진국들보다 더욱 민주적인 경우가 많다는 것이다.[153)]

민주주의가 자유기업(즉 자본주의), 사회주의, 공사(公私) 부문의 혼합경제, 심지어 레닌과 스탈린주의로부터 벗어난 명목상의 공산주의 등 다양한 경제상황 중 어디에서는 번창할 수 없다는 이론적인 근거는 없다. 그러나 실제로는 민주주의가 20세기 동안 자본주의, 사회주의, 혼합경제의 세 가지 경제상황에서 잘 수행되어 왔다.

자본주의는 민주주의를 촉진시키는 본질적 특성을 갖는다고 주장하는 사람들이 많이 있다. 자본주의는 다원주의를 촉진시킨다. 즉 정치적・사회적 결과에 영향을 미치는 경제적 결정권을 보유한 독립적인 집단들이 사회에 많이 존재하도록 한다. 그래서 자유기업 체계하에서는 정부를 대신하여 정책을 함께 결정할 수 있는 자율적인 행위자들이 많이 있게 된다. 그들의 결정은 임금, 가격, 생산품목, 경영 스타일, 대부분의 노동관계 등을 포함한다. 이러한 의사결정권을 사적인 경제행위자들에게 분배하는 것만으로도 민주적인 권력 제한의 원칙상 요구되는 정부권력의 제한을 가져올 수 있다. 아이디어의 자유로운 흐름은 경제적 경쟁에서 승리하는 데 중요하듯이 민주주의를 촉진시키는 데 있어서도 중요하다. 사회가 국제무역에 필요한 아이디어와 기술의 교환을 위해 개방됨에 따라 그 사회는 주변 민주주의 국가들로부터의 정치적・사회적 이상(理想)에도 노출된다.[154)]

민주주의와 자유기업 자본주의의 결합에는 분명히 모순되는 사례들도

---

153) Larry Diamond, "Economic Development and Democracy Reconsidered," *American Behavioral Scientist* 15(March-June 1992) : 450~499.

154) 이들 쟁점의 토론을 위해서 "Economic Reform and Democracy," *Journal of Democracy* 5(October 1994)와 Larry Diamond and Marc F. Plattner, eds., *Capitalism, Socialism, and Democracy Revisited*(Baltimore : Johns Hopkins University Press, 1993)의 쟁점 참조.

있다.

① 민주주의를 공고히 하지 않고서도 강력한 자본주의 경제를 수립하는 데 성공한 나라들이 많다는 점이다. 대만, 싱가포르, 태국, 한국과 같은 많은 아시아 신흥 공업국가들(NICs)이 그 예이다. 심지어 중국의 사례는 더욱 모순적이다. 중국에서는 지도자들이 의욕적으로 경제의 민영화를 추구해 오면서도 동시에 정치적 억압과 전제정치에 대해 전과 같은 혹은 전보다 더한 열성을 보여왔다. 아마도 이러한 사례들을 평가하기 위해서는 경제체계가 정치개혁에 영향을 미칠 수 있을 만큼 충분한 시간적 여유를 갖도록 시간의 틀(time frame)을 확장하는 것이 필요하겠다. 신흥공업국들과 심지어 중국에서도 민주주의를 촉구하는 압력이 지속되고 있다. 따라서 이들 자본주의적 공업국가들의 민주주의에 대한 저항을 민주주의와 자유기업 간의 일반적인 연계를 반증하는 사례로 간주하는 것은 시기상조일 것이다.

② 자본주의에는 민주주의에 불리한 것으로 보이는 특성도 존재한다는 점이다. 경제적 결정이 항상 민주적 정책결정에 부합되지 않기 때문이다. 예를 들어, 모든 투표자들은 세금을 낮추어 주는 것을 선호하면서도 정부가 제공하는 복지는 유지되길 원한다. 모든 선거구의 투표자들은 '자신들의 경제적 이해관계(pocketbook)에 따라 투표하는' 경향을 가지므로 현직 정치가들은 그들로부터 지지를 얻기 위해 선거 직전에는 경제를 우선시하도록 자극된다. 민주주의에 고유한 이 두 가지 경향들은 결국 막대한 비경제적 재정적자와 인플레이션을 초래한다. 그 결과 거의 모든 대규모 산업 민주주의는 장기적으로 인플레이션의 결과를 가져올 수 있는 이러한 현직 정치가들의 권력 남용을 방지하기 위해 미국연방준비은행(American Federal Reserve)과 독일의 도이치은행(German Deutschebank)과 같은 비민주적 기관에 상당한 정도의 권력을 부여하고 있다. 러시아와 다른 구 공산국가들처럼 국가지배적 체제로부터 자유기업으로 전환하고 있는 나라들에서, 이러한 민영화와 경제자유화의 과정은 강력하고 중앙집중적이며 권위주의적이기까지 한 정부를 필요로 한다. 그러한 정부만이 구체제의 기득권을 배제하는 변화를 추진하고, 전환기 동안 그러한

과정이 질서정연하게 진행되도록 유지할 수 있기 때문이다. 이러한 의미에서, 경제자유화(또는 시장경제로의 이동)는 실질적으로 권위주의를 촉진시킬 수도 있다.[155]

③ 자본주의는 또한 경제적 불평등을 초래한다는 점이다. 자유시장의 경쟁은 어느 일부가 다른 사람보다 더 많이 획득하는 결과를 초래하기 때문이다. 그러한 경제적 불평등은 1인 1표라는 정치적 평등의 민주주의 기본신조를 저해한다는 점에 많은 사람들이 관심을 갖는다. 정치적 평등의 개념은 과도한 경제적 격차가 있을 경우 유지되기 어렵기 때문이다. 대중매체의 거물인 루퍼트 머독(Rupert Murdoch)이 미국에서 디트로이트의 자동차공장 직공들이나 영국에서 웨일스의 석탄광부들이 갖는 것보다 더 많은 정치적 영향력을 갖는다는 사실을 과연 누가 의심할 수 있겠는가? 혹은 프랑스의 다국적기업인 전자회사 톰슨사의 사장이 작은 서점의 주인과 동등한 정치적 영향력을 가진다고 생각할 수 있겠는가?

민주주의는 전후 상대적인 평등의 시대에 독일, 이탈리아, 일본에서도 등장했다. 그들은 전쟁의 여파에서 거의 맨주먹으로 시작했던 것이다. 미국 민주주의는 경제적 격차가 적었던 시대에 탄생하여 그 뿌리를 발전시켰다. 21세기를 맞이하면서 영국, 프랑스, 독일, 미국과 같은 민주주의 대국들이 직면하고 있는 도전들 가운데 하나는 경제적 불평등의 증대로 분열되고 있는 현대 사회에서도 민주주의가 잘 작동하도록 해야 한다는 것이다.[156]

2. 민주화의 "제3의 물결"

민주화로의 최근 경향을 근대사에 있어서 민주화의 "제3의 물결"이라

---

155) Adam Przezworski, *Democracy and the Market : Political and Economic Reforms in Eastern Europe and Latin America*(Cambridge, England : Cambridge University Press, 1991).

156) Robert A. Dahl의 *A Preface to Economic Democracy*(New Haven CT : Yale University Press, 1985)와 *Democracy and Its Critics*(New Haven CT : Yale University Press, 1985) 참조.

고 헌팅턴이 특징지은 것은 정확한 지적이다.[157] 민주화의 제1의 “긴” 물결은 미국과 프랑스 혁명으로 시작하여, 1차 세계대전 직후 기간 동안 느린 속도로 계속되다가, 파시즘과 공산주의에 대한 민주주의 패배라는 역류(reverse wave)에 부딪쳤다. 그러다가 2차 세계대전의 여파로 다른 “짧은” 민주화의 물결이 있었다. 일본, 이탈리아, 서독, 그리고 예전의 많은 식민지 국가들이 독립을 획득함에 따라 생겨난 신생국들이 그 예이다. 제2의 물결은 “역류”로서 세계 도처에서 공산주의의 팽창과 신생국에서 신생 민주주의의 급속한 붕괴로 나타났다. 특히 신생 민주주의는 라틴 아메리카와 그 밖의 세계 여러 곳에서 군사 쿠데타와 여러 형태의 독재정권에 의해 붕괴되었다.

제3의 민주화 물결은 1970년대 중반 그리스, 포르투갈, 스페인 같은 유럽의 지중해 지역에서 민주주의의 복원과 함께 시작되었다.[158] 여기에는 라틴 아메리카에서 민주적 통치와 아시아, 아프리카의 일부 국가들에서 문민지배로 이행하기 위한 새로운 노력들이 포함되었다.[159] 제3의 물결은 1980년대 말의 혼란기에 동유럽 공산주의의 몰락과 소련에서 새로운 민주적 계승자가 정권을 수립함으로써 절정에 달했다.

이러한 “제3의 물결”의 광범한 민주화는 신생 민주주의가 흔히 민주적 제한 정부를 충분히 혹은 선험적으로 경험해 보지 못한 국가에서 수립되어 왔음을 의미한다. 신생 민주국가들의 지도자들은 민주정치의 미묘한 차이나 제한에 관한 노련한 지식이 거의 없거나 전혀 없는 또는 실제로 어떠한 종류의 통치경험을 쌓은 바가 없는 검증되지 않은 지도자들

---

157) Samuel P. Huntington, *The Third Wave : Democratization in the Late Twentieth Century*(Norman : University of Oklahoma Press, 1991).

158) Geoffrey Pridham, ed., *The New Mediterranean Democracies : Regime Transition in Spain, Greece, and Portugal*(London : Frank Cass, 1984)과 Guillermo O'Donnell, Philippe C. Schmitter, and Laurence Whitehead, eds., *Transitions from Authoritarian Rule : Southern Europe*(Baltimore : Johns Hopkins University Press, 1986) 참조.

159) Larry Diamond, Juan J. Linz, and Seymour Martin Lipset, eds., *Democracy in Developing Countries*(Boulder, CO : Lynne Reinner, 1988) 참조.

이다. 어느 학자가 지적하듯이 민주주의는 "정치지도자들 사이에서 보편적이지 못한 특질들인 인내, 관용, 절제"를 요구한다.160) 그러나 이들 신생국 지도자들은 심지어 노련한 정치가들과 민주주의가 확립된 국가들에게도 심각한 예외적인 경제적 · 사회적 도전에 직면해 있다.

경제적 도전은 두 가지 이유에서 특히 중요하다. 첫째, 많은 신생국들은 급속한 경제개혁을 추진함으로써 불가피하게 혼란을 초래하여 경제성과를 감소시키고 있다는 것이다. 그러한 경제적 붕괴는 출발부터 민주주의를 불신하게 만든다. 둘째, 동유럽, 아프리카, 아시아, 라틴 아메리카 등지에서 민주주의를 요구하는 많은 사람들은 북미와 서유럽의 산업 민주주의가 누리던 경제적 번영을 보았기 때문에, 민주주의가 자기 나라에도 경제적 변화와 소비자 사회를 가져다주기를 희망했다는 것이다. 그들이 민주주의를 원한 것은 민주주의가 그들에게 권력을 부여하는 수단이기 때문이라기보다는 그들을 부유하게 만들어줄 것으로 기대하기 때문이다.

민주주의에 대한 그러한 경제적 보상이 빨리 이루어질 것이라는 희망은 거의 없다. 실제로 공산주의 정권을 대신하게 된 대부분의 신생 민주주의 국가에서 당장의 경제적 결과는 실망스러운 것이었다. 예를 들어, 러시아는 공산주의하에서 비록 경제가 어려웠지만 견고하였으나, 민주주의를 수립함에 따라 엄청난 경제적 재난을 경험하고 있다. 표 [12-1]은 러시아 경제가 탈공산주의 정권의 첫 4년 동안 어떻게 고통받았는가를 보여주고 있다. 이는 구체적으로 다양한 생필품을 충분히 구입하기 위하여 노동자들이 일해야 했던 평균 노동시간을 측정한 것이다. 러시아 경제는 결국 향상되고 있지만, 여전히 필수품의 가격이 증가하고 있다. 이로써 왜 많은 러시아 사람들이 민주주의의 가치에 대해 이제는 회의적으로 여기는가를 이해할 수 있다. 민주화와 함께 흔히 발생하고 있는 이러한 경제적 실패는, 정부형태로서의 본래적 가치 때문에서가 아니라 신속한 경제적 번영을 가져온다는 생각 때문에 민주주의를 지원했던 많은 사

---

160) Dennis Austin, "Reflections on African Politics : Prospero, Ariel and Caliban," *International Affairs* 69(April 1993) : 219.

표 [12-1] 러시아에서 노동시간으로 환산한 품목별 비용

품목별 구매비용을 충당하기 위한 노동시간			
품 목	1990	1992	1994
설탕 1파운드	13분	61분	29분
빵 1파운드	3분	17분	14분
우유 1/2갤론	19분	76분	70분
소시지 1파운드	54분	197분	147분
가솔린 1갤론	49분	187분	76분
여성의류	6일	9일	6일
남성양복	12일	22일	11일
텔레비전	54일	253일	71일

자료 : *New York Times*, 16 October 1994.

람들에게 환상에서 깨어나게 해준다.

많은 신생 민주국가들은 또한 독재정부가 퇴진하자 해이한 분위기를 틈타 터지기 시작한 인종적 폭력사태를 통제해야 하는 난관에 봉착하고 있다. 수세기 동안 잠재된 갈등이 되살아나고 있는 상황에서 국가의 통합성을 유지하기 위해 오랜 불만을 품어온 사람들을 진정시키고, 국내적 평화를 보존하는 것은 민주주의가 확립된 체제에서조차 기술과 인내를 요구하는 문제일 것이다. 신생 민주국가들은 인종적 갈등이 계속되고 심지어 증가하는 경우, 예전의 억압방식으로 회귀하는 것을 회피하기란 어려울 것이다. 자발적으로 수립된 신생 민주주의 국가들조차 국내의 혁명운동이나 게릴라운동을 무장해제하거나 약화시키는 데 성공하지 못할 수도 있다.[161] 이것은 질서 수립과 민주적 정통성 구축의 과제를 곤란하게 만들 것이다.

그러한 극심한 도전에 직면하여 이러한 많은 신생 민주국가들은 오랫동안 버티기 어려울 것으로 보인다. 만일 많은 신생 민주국가들이 실패

161) Jeffrey J. Ryan, "The Impact of Democratization on Revolutionary Movements," *Comparative Politics* 27(October 1994) : 46~66.

한다 할지라도, 민주주의를 향한 최근의 경향은 미래의 민주화 실험을 위해 중요한 유산들을 남겨줄 것이다. 첫번째 유산은 오늘날 세계의 대부분 국가들에서 민주주의가 바람직한 정부형태라는 것이 일반화되었다는 것이다. 두 번째 유산은 민주적 경험이 없던 많은 나라에서 있었던 간단한 민주화의 일화들조차, 미래의 지도자들에게 보다 지속성 있는 민주적 체제를 구축할 수 있다는 좋은 모범과 열망을 제공해 줄 것이라는 점이다. 마지막으로 모든 나라의 국민들이 민주적 규범을 수용함으로써 독재적인 통치자들조차 민주화를 외치게 할 가능성을 높일 것이다. 만약 그러한 "위선적 민주주의(pretend democracy)"로 인해 민주적 이상이 불신받게 되면, 아예 민주주의가 전혀 없는 것보다 더욱 나쁠 수 있다.[162] 다른 한편, 권위주의적 경향의 일부 지도자들은 민주주의에 대한 국내외적 기대에 의해 민주주의적 정교성과 시민적 자유에 더 많은 관심을 기울이지 않을 수 없게 될 것이다. 예를 들면, 멕시코가 지난 10년 동안 민주화를 위해서 많이 노력했던 부분적인 이유는 멕시코 시민들과 세계인들 사이에서 고조된 민주화의 기대에 부응하기 위함이었다고 주장하기도 한다.

3. 민주화의 대안적 모델?

현대에서 민주주의는 서구의 가치, 경험, 제도에 의해 정의되어 왔다. 앞에서(1장 참조) 필자는 민주주의를 기본적인 인권을 효과적으로 보장하는 자유·경쟁선거에 기초하여 정의했다. 이것은 북미와 서유럽에서 계승되어 온 민주주의의 패턴이다. 비서구적 상황에서도 성공적인 '서구적' 민주주의의 사례들이 있다. 인도와 일본에서는 '서구형 민주주의'가 그들의 상이한 문화적 유산에 대한 부분적인 수정만으로도 성공했다. 그러나 서구적 모델은 또한 서양의 가치와 전통이 약하거나 존재하지 않는 다른 상황에서 여러 차례 시도되었으나 실패해 온 패턴이기도 하다.

162) Austin, "Reflections on African Politics," p. 212.

과거에 아프리카, 아시아, 남미에서 서구식 민주주의는 성공했다기보다는 불안정하였다. 이러한 실패들은 비서구 국가의 일부 학자들로 하여금 자국의 전통과 문화에 보다 적합한 민주주의의 새로운 모델을 찾도록 고무시켰다. 20년 전에는 그러한 대안이 공산주의의 민주적 형태에서 찾아질 것이라는 제안이 가능한 것으로 보였으나, 동유럽과 소련의 붕괴로 공산주의와 민주주의의 조화에 대한 모든 희망이 무너졌다. 레닌-스탈린주의적 공산주의의 비인도적 속성이 폭로됨으로써 아직까지도 민주적 공산주의를 서구적 민주주주의 가능한 대안으로 간주하는 사람은 거의 없다.

그 밖의 곳에서 제3세계적 대안에 대한 탐색 역시 실망을 거듭해 왔다. 아프리카의 지식인들은 투표함(ballot box)에 의존하는 서구적 민주주의를 비판하고, 아프리카 "경제의 역사적 특수성과 아프리카적 사회조직의 양식(modes)"에 기초한 새로운 형태의 민주주의를 요구했다.[163] 그러나 서구적 민주주의 모델의 한계를 지적하는 것은 쉬워도 아프리카나 다른 개발도상국가의 특수한 조건들에 알맞은 새로운 민주적 패턴을 찾아내는 것은 훨씬 어려운 일이다. 그리고 아마도 그러한 모델이 빨리 개발되어져야 한다는 것은 지나친 기대일 것이다. 서구적 민주주의가 서유럽과 북미의 상황에 부합되는 데는 수십 년, 때로는 수세기에 걸친 진화의 과정이 있었던 것이다. 아프리카의 지식인 클로드 아케(Claude Ake)는 다음과 같이 쓰고 있다.

> 독특한 아프리카 민주주의는 합리적인 청사진으로부터 등장할 어떤 것이 아니다. 그것은 혹독한 투쟁의 과정에서 얻은 실천적 경험과 그때마다의 대응으로부터 나올 것이다. 그래서 아프리카 민주주의는 현재의 자유민주주의 형태와는 매우 다를 것이다. 실제로 최근 아프리카 민주화를 지지하는 국제공동체로부터 의혹과 심지어 적대감까지 유발시키기에 충분할 만큼 다르다.[164]

---

163) Adebayo Adedeji, "An Alternative for Africa," *Journal of Democracy* 5 (October 1994) : 119~132.

164) Claude Ake, " The Unique Case of African Democracy," *International Affairs*

아케는 아프리카에 관해 쓰고 있지만 그의 주장의 핵심은 다른 비(非) 서구지역에도 적용된다. 그러한 상황에서 민주화는 점진적으로 등장할 것이며, 전통과 문화에 부합되는 새로운 형태의 민주주의로 구현될 것이다. 그렇지 않으면 민주화는 실패하거나, 아케가 명명한 바처럼 "소외의 민주주의(democracy of alienation)"를 만들어낼 것이다. 민주주의에 관한 비서구 국가들의 다양성을 이해해야 한다는 그의 주장은 아프리카, 아시아, 라틴 아메리카의 국민들이 그들 나름대로의 민주주의를 수립하는 데에 있어서 매우 중요하다. 흔히 자신의 정치체제를 서구 민주주의에 비추어 평가하고 비서구형 민주주의가 서구의 민주주의와 같은 결과를 내지 못할 때 지지를 철회하는 개발도상국가의 국민들은 이러한 특수성과 다양성을 기억해야 할 것이다.

분명한 것은 개도국에서 민주주의가 생존력 있는 형태가 되려면 억압으로부터 해방을 요구하는 국민의 열망에 부합되어야 한다는 것이다. 개발도상국 사람들이 받는 그러한 억압은 정치적인 것만은 아니다. 억압은 또한 개발도상국가의 많은 사람들이 생존을 위해 투쟁하는 가운데 직면하는 가혹한 가난과 절망으로부터도 나온다. 이러한 세계에서 민주주의를 성공시키기 위해서 국가는 경제적·사회적 문제들에 본격적으로 착수해야 할 것이다. 코스타리카의 노벨 평화상 수상자 오스카 아리아스(Oscar Arias)는 21세기를 맞이하면서 민주주의가 직면한 도전을 다음과 같이 잘 포착했다.

> 만일 정부형태로서의 민주주의가 지구상의 굶주리고 궁핍한 많은 사람들의 조건을 개선시킬 수 없다면 단지 선거적 정통성과 형식절차들만으로 민주주의를 지탱할 수는 없을 것이다.[165)]

69(April 1993) : 243

165) *Mershon Memo*, Spring 1992, p. 3.

Ⅲ. 결 론

최근 지구상의 멀리 떨어진 지역들 간의 보다 긴밀한 상호작용 경향은 21세기에는 더욱 빠르고 넓게 확산될 것이다. 오래 전부터 북아메리카 사람들은 자기 국가들의 다양성과 규모가 여타 세계를 무시할 정도로 압도적이라고 생각해 왔다. 그러나 이것은 더 이상 사실이 아니다. 미국인들은 축소된 세계의 일원이라는 맥락에서 자신들의 경제적 · 정치적 행동을 인식해야 한다. 그러한 맥락에서 비교정치 연구의 필요성을 찾을 수 있다. 또한 우리가 다른 지역에서 발견한 바를 우리 사회의 문제와 도전을 이해하고 해결하는 데 적용해야 할 필요가 있다.

만일 우리가 통치의 '실험(experiments)'으로서 세계 여러 나라들의 경험과 사례를 이용한다면, 정치학은 '실험실 과학(laboratory science)'이 될 수 있다. 공통적인 문제들에 대해 각기 다른 접근법들을 발견하여 설명함으로써, 그리고 여러 가지 상황들의 정치를 비교분석함으로써 우리는 정치체계, 정책, 관행들을 더욱 잘 이해할 수 있다.

찾아보기

[ㄷ]

[ㄹ]

[ㅁ]

[ㅂ]

[ㅅ]

[ㅇ]

[ㅈ]

[ㅎ]